カナダ先住民と近代産業の民族誌

北西海岸におけるサケ漁業と先住民漁師による技術的適応

立川陽仁著

御茶の水書房

ＨＡ氏の漁船〈ＰＦ〉。こんにちのカナダ太平洋岸で活躍する、重装備化されたまき網漁船の典型である（出典：ＨＡ氏）。

◉本著の刊行にあたっては、独立行政法人日本学術振興会の科学研究費補助金「研究成果公開促進費」（学術図書）を得ることができた。日本学術振興会には感謝します。

カナダ太平洋沿岸の二大加工企業の１つ、カナディアン・フィッシング・カンパニー（バンクーバー、2006年8月／著者撮影）。

バンクーバー島東岸の「湾」と呼ばれる水域でのまき網によるニシン漁（2000年3月／著者撮影）。

2000年以来、著者が乗船してきたＨＡ氏所有のまき網漁船〈ＰＦ〉（2006年8月／著者撮影）。

1999年以来、著者がフィールド調査の拠点としてきたバンクーバー島東岸のキャンベル・リバーの町並み（2006年8月／著者撮影）。

クワクワカワクゥによるサケ漁がしばしばおこなわれるジョンストン海峡（2006年8月／著者撮影）。

まき網でのサケ漁撈。網のなかの白いしぶきから大量のサケがいることがわかる（2006年8月／著者撮影）。

水中に漁網を放つ。船長は水面の白いコルク部分をみて漁網の形状を調整する（2006年8月／著者撮影）。

大たもを使ってサケを漁船にあげる（2006年8月／著者撮影）。

漁船にあげられたベニザケ（2006年8月／著者撮影）。

ＢＯ氏から長男のＨＡ氏に首長位を継承するためのポトラッチ（キャンベル・リバー居留地、2005年6月／著者撮影）。

まき網漁船ＰＦの操舵室。漁船を操縦するだけでなく、クルーたちのコミュニケーションの場となる（2006年8月／著者撮影）。

現在のクワクワカワクゥによるサケの代表的な加工法である瓶詰め。このあと各瓶に1匙の塩を入れたあと、蒸し器に入れる（2006年8月／著者撮影）。

カナダ先住民と近代産業の民族誌——目次

目次

Ethnography on the Aboriginal People of Canada and the Modern Industry:

The Commercial Salmon Fishery and Technological Adaptation among Aboriginal Fishers on the Northwest Coast

カナダ先住民と近代産業の民族誌

北西海岸におけるサケ漁業と
先住民漁師による技術的適応

序　章

キャンベル・リバー市にあるＨＡ氏の自宅。2000年以来、著者はここに下宿してきた（2005年6月／著者撮影）。

はじめに

一般に「北西海岸」（Northwest Coast）と呼ばれるカナダの太平洋沿岸部は、この地域を生活圏とする先住民の固有の文化によって幅広く知られた地域である。トーテム・ポールなどに代表されるレッド・シダーを使った伝統的アートは、いまや「カナダ文化」という名で表象されるモザイクの一片として不可欠な要素になっている。

また、これらのアートは、カナダ国民や海外からの観光客だけでなく、フランツ・ボアズやクロード・レヴィ＝ストロースなどの著名な人類学者たちをも魅了し、彼らをして「未開芸術」や神話学に関する優れた研究を世に送りださせた［e.g. BOAS 1955; LÉVI-STRAUSS 1982］。しかし人類学、社会学、経済学などの人文・社会科学にとっては、これらの伝統芸術以上に、ポトラッチと呼ばれる儀式こそが「北西海岸」という名をよりいっそう有名なものにしたといえる。ボアズによって紹介されたポトラッチの「異常な」競覇的特性は、その後彼の弟子である人類学者たちによって熱心に研究されただけでなく［BARNETT 1938; CODERE 1950, 1956, 1961; DRUCKER and HEIZER 1967; GOLDMAN 1975; SUTTLES 1960; WALENS 1981, 1982］、さらには人類学を越えて、モース、バタイユ、ベネディクトによってさまざまな学術領域にまで広められたのである［バタイユ　一九七三；ベネディクト　一九七三；モース　一九七三、一九七六］。

これらの芸術や儀式がさまざまな分野で知られているのとは対照的に、北西海岸の先住民そのものの存在や、現代を生きるこれらの先住民の日常についてはそれほど知られているわけではない。ポトラッチの事例やそれから生まれた交換理論を熟知している人類学者でさえ、この地域の先住民がほかのカナダ先住民と同様に一九世紀後半から二〇世紀全般を通じていわゆる「近代化」の波に巻き込まれた事実、とりわけ現地に導入された近代的なサケ漁業(commercial salmon fishery)に関わり、この産業を通じてごく最近まで生計を立ててきた事実を知らないことは、けっして珍しくはない。本著は、こうしたいままで語られることの少なかった、現代を生きる北西海岸先住民の日常、および彼らによるサケ漁業の操業に関する民族誌として位置づけられるであろう。

本著が依拠するデータの多くは、バンクーバー島北東部のキャンベル・リバー(Campbell River)という町に住むクワクワカワクゥ(Kwakwaka'wakw)(1)という先住民族のなかの、ある親族集団とともに生活するなかで収集されたものである。この親族集団をはじめとするキャンベル・リバーのクワクワカワクゥは、一九世紀後半から現在にいたるまで、サケ漁業の操業をおこないつづけている。本著は、この親族集団の成員たちがおこなうサケ漁業の操業を事例としつつ、北西海岸における現役の先住民の漁業漁師(commercial fishermen)にとってのサケ漁業の意義を人類学的に理解しようとするものである。

世界システムないしグローバリズムが席捲するなか、こんにちの北米の先住民族は、全般的に、その〈周縁〉として位置づけられることに疑いの余地はない。そしてその〈周縁〉としての先住民族の位置づけは、さまざまな学問分野のなかで「近代化の犠牲者」として描きだされてきた。しかし北米の先住民族が全般的に「近代化の犠牲者」と描かれてきたなかにあって、北西海岸の先住民族に限っていえば、その扱いはしばしば両義的であったといえる。一方でマクロな視点に立つ政治学、法学、歴史学などの分野では、しばしば「近代化による犠牲者」としての先住民像が繰り返され、かつ強化されてきたが、他方でミクロな視点に立つ研究——その多くは民族誌的な資料にもとづいた人類学的なものである——はこの先住民像に対して異議を唱えてきた。後者の研究のなかでは、むしろ先住民が当該地域における「近代化」に巧みに適応していく姿が描写されてきたのである[e.g. CODERE 1951, 1960; KNIGHT 1996]。

果たしてどちらの見解がより実状に近いのかという問いに答えることは、本著の目的とするところではない。しかしクワクワカワクゥの生活する村の一つであるケープ・マッジ（Cape Mudge）にはじめて筆者が訪れたときの印象を述べるとするならば、それはどちらかというと「近代化による犠牲者」という先住民像に反するものであった。筆者に限らずケープ・マッジ居留地を訪れた人は、立ち並ぶ近代的な個人住宅、その住宅の手入れされた芝生の庭、その庭に立つ巨大なパラボラ・アンテナ、駐車場におさまっている複数台の乗用車、そして現代風に建築された小学校や教会をみて驚くのではないであろうか。さらに、現在でもおこなわれているポトラッチという儀式では、いまだにその開催にあたって主催者となる個人が一〇万ドル[2]以上の準備資金を用意している。疑う余地のない事実であるが、これらの物質的な栄華のほとんどは、彼らがサケ漁業に関わるなかで獲得してきたものである。対して、キャンベル・リバーから北に約三〇〇キロメートル先のアラート・ベイ（Alert Bay）という村の居留地には、ケープ・マッジほどの煌びやかさはない。聞けば、この村の先住民はサケの減少が著しくなった一九九〇年頃以降、サケ漁業から撤退しているということである。たしかに村の波止場に停泊している漁船の数も少なく、また、ただでさえ少ない漁船の多くは夏のサケ漁シーズンにも停泊したままである。しかし人びとの話では、少なくとも一九七〇年代まではアラート・ベイも「世界でもっとも一人あたりのタクシー利用の多い村」――つまり誰もが一ブロック先のスーパーにいくにもタクシーを利用する――と噂されるほど繁栄していたそうである。本当に世界でタクシー利用数が一位か二位か……はいざ知らず、少なくとも当時まで、この村がサケ漁業から多大な経済的恩恵を受けてきたことはたしかなことであるように思われる。

このように、クワクワカワクゥおよび北西海岸全域において、サケ漁業は少なくとも一九七〇年頃まで、そして一部の人びとにとっては現在にいたるまで、多大な経済的貢献を果たしてきた。しかしブリティッシュ・コロンビア

海側からみた現代のアラート・ベイ（2006年8月／著者撮影）

（British Columbia）州の基幹産業の一つに数えられたサケ漁業も、現在では産業存続の岐路に立たされており、そしてそのことはアラート・ベイその他の村で多くの先住民漁師が漁業から撤退している実情に窺えるであろう。では、ケープ・マッジの先住民漁師たちだけがサケ漁業でいまだ経済的に潤っているのかというと、必ずしもそうともいいきれないのである。つまり、ケープ・マッジの漁師たちもまた、サケ漁業の経済的不振に悩まされているのである。しかし不思議に思われるかもしれないが、ケープ・マッジの人びとはいまだにサケ漁業から退こうとはしていない。さらにいえば、漁業から退いたアラート・ベイの漁師でさえ、単に「もうサケ漁業では生計が立てられない」という、われわれには十分すぎると思われるような理由でサケ漁業から撤退したことに対して、何かしら後ろめたさを感じているようである［岩崎・グッドマン 二〇〇七：九三］。以上のことは、北西海岸の先住民にとって、サケ漁業が単に生計を立てるための手段ではないということを示唆している。

では彼らにとって、サケ漁業の意義とは何なのか。より具体的には、経済的ではないサケ漁業の意義とは何なのであろうか。この問いこそが本著の出発点であり、一貫して答えを捜し求めるべき問題である。これに対して筆者は、サケ漁業の操業とは生業活動の一環としてのサケ漁撈とは違う意味で、彼らにとって〈日常〉であり、かつ〈伝統〉として位置づけられているという答えを用意するつもりである。では、従来自給自足にもとづく生業活動に依存してきた彼ら先住民にとっては異質であるはずの資本主義的なサケ漁業が、いかにして彼らの〈日常〉や〈伝統〉へと変貌するのか。本著において、筆者はその論理をフィールド調査にもとづく人類学的な手法から論じようと思う。

ただし、北西海岸先住民社会におけるサケ漁業の意義は、必ずしも一様ではない。先述のケープ・マッジや筆者のフィールドであるキャンベル・リバーのように、現在でもサケ漁業の操業を維持する人口の多いコミュニティがある一方で、アラート・ベイのように、いまや多くの人びとがサケ漁業から退いてしまったコミュニティもある。これらのコミュニティでは、ふだんの生活様式から経済環境にいたるまでのさまざまな点において違いがあるし、同時に――その帰結として――コミュニティにおけるサケ漁業の意義も違ってくるはずである。この意味で、本著の主たる対象が現在でもサケ漁業の操業、しかもまき網での操業をおこなうキャンベル・リバー在住の先住民集団であることには、注意を喚起しておく必要があるかもしれない。本著は基本的に、いまだ現役である先住民の漁業漁師、とりわけまき網という漁法で操業をおこなっている漁師について言及するものである。ただ、本著での議論は、大筋においてキャンベル・リバー以外に住む、現役の先住民漁業漁師たち――クワクワカワクゥであるかどうかを問わず、北西海岸全域にまたがって活躍する先住民の漁師たち――にもあてはまるものと考えられるし、さらにいえば、ある程度であるならば、すでに漁業から退いた先住民たちにもあてはまるはずである。

本著の構成

本著は、この序章と終章をのぞき、五章で構成されている。

第一章では、本著が拠って立つ方法論的な戦略と、本著で利用されるデータを筆者が採取したフィールド調査についての検討がなされる。つづく第二章では、本著に登場するクワクワカワクゥおよび北西海岸先住民全体の歴史、社会構造、宗教が概説されるほか、レクウィルトク（Lekwiltok）というクワクワカワクゥの冬村集団の例から伝統的な生業活動の再構成がおこなわれる。

第三章から第五章までの三つの章は、北西海岸のサケ漁業と先住民との歴史的な関係について述べ、分析をおこなう箇所である。まず第三章では、マクロな視点から、サケ漁業をめぐる法、政治、経済的な動向の軌跡を、おもに歴史学的な研究成果に依拠しつつ、たどっていく。それに対し、第四章では、サケ漁業と先住民の関わりについて、実際に漁がおこなわれる海上の漁船を対象に据え、ミクロな視点から記述していく。この章で利用されるのが、キャンベル・リバーに住むクワクワカワクゥのある親族集団に関する筆者のフィールド・データとなる。

第三章と第四章での記述をふまえ、第五章では、本著の本題となる「先住民漁業漁師コミュニティにとってサケ漁業とはいかなる意義をもつのか」という点を考察する。この章ではまず、第四章で詳述される現役先住民漁師の操業の事例に確認される二つの特徴を検討し、それらの二つの特徴がサケ漁業の技術革新に対する先住民なりの適応の産物である点について分析を加える。つぎに、これら二つの特性がサケ漁業という「近代」の産物を「日常化」し、かつ「伝統化」していった過程を分析し、最後に、このような「日常化」ないし「伝統化」が果たして先住民漁師にとって何を意味するのかという点を考察する。
本著の結論部となる終章では、本著で展開される議論を総括し、かつ、漁船というミクロな空間で培われたサケ漁業の意義が、マクロな政治・経済的な次元ではいかなる意義をもつのかという点について言及する。そして最後に、本著の将来的な課題を、現在サケ漁業にとって代わらんとする勢いでバンクーバー島周辺地域において成長をつづけているサケの養殖業との兼ね合いから論じることにする。

註

（1） 従来この民族集団は「クワキウトル」（Kwakiutl）と呼ばれてきた。それに対し、本著では一九八〇年代に自称として公表された「クワクワカワクゥ」を民族名称として使用する。クワクワカワクゥとは彼らの民族語であるクワクワラ（Kwakwala）で「クワクワラを話す人びと」という意味である［MACNAIR 1986］。クワキウトルという名称が、じつはこの民族を人類学に知らしめたフランツ・ボアズの調査対象であったフォート・ルパート（Ft. Rupert）の親族集団の名称であったことをふまえると、新名称のほうが民族集団としての彼らをより正確に反映していると考えられる。なお、本著では、民族、ネーション、クランの固有名の表記に際し、ガロワ［GALOIS 1994］を参照している。
（2） 以後、本著の通貨単位はすべてカナダドルである（二〇〇九年五月二八日現在、一ドル約八六円）。

第一章

目的と方法

ＨＡ氏の自宅の1室。筆者はフィールド調査のたび、この部屋を週100ドルで借りている(2008年9月／著者撮影)。

本章では、本著が依拠する方法論、主たる分析の単位、データを収集するためのフィールド調査について紹介し、検討を加える。

序章の冒頭部分でも述べたように、本著は、カナダの北西海岸の先住民社会におけるサケ漁業の歴史的・現代的な意義を、主としてキャンベル・リバーに住むクワクワカワクゥの漁業漁師の例から、人類学的に――民族誌的な事例をもとにして――検討することを目的としている。つまり本著には、いうなれば二つの横顔《プロフィール》があることになる。本著の第一の横顔《プロフィール》とは、フランツ・ボアズ以来の伝統を汲むクワクワカワクゥの民族誌というものである。そこで本章の第一節では、クワクワカワクゥをはじめとする北西海岸の先住民に関する人類学的な諸研究（以下ではこれを便宜的に〈北西海岸人類学〉と呼ぼう）の軌跡をたどり、その特徴を検討していく。この作業によって、本著が〈北西海岸人類学〉のなかに占めるべき位置を特定できるであろう。

本著のもう一つの横顔《プロフィール》は、近代漁業とその労働者（としてのカナダ先住民）との関係史をたどっていくことを通じての、いわゆる「周縁」による世界システムないしグローバリズムの受容に関する研究というものである。世界システムにおいて「周縁」に位置するとされる社会といわゆる「近代」との遭遇に言及する研究は、英米の人類学はもちろん、日本の人類学でも蓄積されつつあるが、一言で「近代（化）」といってもそこにはさまざまな形態があるものである。北西海岸の先住民社会にとって、この「近代（化）」はまず、サケという動物資源の捕獲を目的とする、賃労働としてのサケ漁業の導入という形で具現化された。では、このような形で先住民の前に現れたサケ漁業の意義を、われわれはいかにして理解することができるであろうか。この問いをふまえ、第二節では本著の方法論上の戦略と具体的な分析対象の設定について述べることにする。そして最後に、第三節では、本著のデータが収集された筆者によるフィールド調査の状況について概説する。

第一節　〈北西海岸人類学〉の研究史にみられるサケ漁業

アメリカの文化人類学の父と呼ばれるフランツ・ボアズは、同時に〈北西海岸人類学〉においてもパイオニアとして位置づけられる。[(1)] ボアズは一八八六年からすでに、北西海岸、とくにクワクワカワクゥが住むバンクーバー島でフィールド調査をおこない、みずから多くの研究成果を発表しただけでなく、彼の弟子たちが研究を継続していく上で有用かつ膨大な資料の蓄積にも尽力した［BOAS 1966: 423-431; ROHNER (ed.) 1969］。

つまり、〈北西海岸人類学〉の歴史はアメリカの文化人類学の歴史と同じくらい古いということになるのであるが、実際にこの〈北西海岸人類学〉の歴史をひもといてみると、サケ漁業の操業はおろか、先住民の経済活動――生業活動を含めて――に焦点をあてた研究はほとんどみられないという現状につきあたることになる。その理由として、筆者はつぎの三点をあげたいと思う。

（1）ボアズにとっては先住民の家族史（family history）が、そしてのちに〈北西海岸人類学〉のメイン・ストリームを形成するボアズの弟子たちにとってはポトラッチが、おもな研究対象であった［ROHNER (ed.) 1969: 38; 立川 一九九九b］。とくにベネディクトやモースによって強調されたクワクワカワクゥのポトラッチの競争性［cf. ベネディクト 一九七三：モース 一九七三、一九七六］は、きわめて多くの人類学者を魅了した［BARNETT 1938; CODERE 1950, 1956, 1961; DRUCKER and HEIZER 1967; DUNDES 1979; GOLDMAN 1975; MASCO 1995; MURDOCK 1936; KAN 1989; PIDDOCKE 1965; ROSMAN and RUBEL 1971; SUTTLES 1960; VAYDA 1961; WALENS

1981]。その帰結として、経済活動の分野の研究がおざなりになってしまったことは否めない。

（2）人類学者、おもにボアズ派の人類学者は、北西海岸における水産資源の豊富さを過信していた。そのため、先住民が食料となる資源を採取するにあたり、何か特殊な生態学的適応に迫られたという発想自体ほとんど得られなかった。「水産資源の宝庫」という神話は後にサトルズによって検証の必要性を主張されたが［SUTTLES 1960］、それでもボアズ派人類学者たち(2)はそれにとりいろうとしなかった［cf. DRUCKER and HEIZER 1967: 39; ROSMAN and RUBEL 1971］。

（3）パイオニアとしてのボアズ以降、長期のフィールド調査をおこなった人類学者がほとんどいなかった(3)。一九二〇年代以後、人類学が方法論としてフィールド調査を採用してきたことを考えると、これは意外なことに思えるであろう。しかし、〈北西海岸人類学〉ではこれはむしろふつうのことであった。われわれは、これら長期のフィールド調査を経験していない人類学者たちの「出不精」を責めるわけにはいかない（本章注（3）参照）。それでも、経済活動の分野の研究はとりわけフィールド調査を必要とする分野であるから、彼らがこのテーマを扱わなかったのはある意味当然のことだと考えられる。

もっとも、〈北西海岸人類学〉がまったく先住民の経済活動について紙幅を割かなかったわけではない。とくにボアズは、クワクワカワクゥの生活世界を隈なく記録した数少ない人類学者であり、クワクワカワクゥをはじめとする先住民の経済活動にも多くの紙幅をたしかに割いている。けれどもボアズによる記述は、論文の冒頭に付される「民族集団の概説」に相当するような箇所で、きわめて概説的にされる場合がほとんどであった［e.g. BOAS 1897, 1921, 1966］。さらにいえば、これらの記述はあくまで伝統的な生業活動にあてられていたのであり、ボアズがフィールドで実際に観察しているはずの「近代」を象徴するサケ漁業の操業や缶詰工場での労働については、彼の死後――彼の弟子であるローナーが編集する形で――発表された日記のなかでしか記述されなかった［cf. ROHNER (ed.) 1969: 94, 251-252］。

上記の理由（2）で示したサトルズとボアズ派人類学者との論争は、後に〈北西海岸人類学〉における生態人類学の勃興をもたらす。この生態人類学が、〈北西海岸人類学〉のなかでは唯一先住民の経済活動をとり扱った分野である。これら生態人類学者の成果の一部は第二章で具体的にとりあげるつもりであるが、これらの研究の特徴を簡単に述べるならば、フィールド調査にもとづく一部の詳細な報告［e.g. MACNAIR 1971; OBERG 1973］をのぞいて、文献資料にもとづく伝統的な生業活動――おもに漁撈――の再構成にとどまったということであろう。もっともその再構成はきわめて綿密かつ具体的なもので、十分評価に値する。たとえばドナルドとミッチェルは、民族集団ごとの一年におけるキャンプ移動のルートと各キャンプ地に滞在するおおよその時期、キャンプ地ごとに編成される生産単位の規模とその季節的な変遷、奴隷の役割のほか、民族集団内の各クランの序列とそのクランが所有する水産資源量の数量的一致関係などを検証してきた［DONALD 1997; DONALD and MITCHELL 1975, 1994; MITCHELL 1983; MITCHELL and DONALD 1988］。

とはいえ、これら生態人類学者にしても、サケ漁業の操業を考察の対象に据えることはなかった。その理由としては、彼らが漁業操業のフィールド調査をおこなっていないことがもちろんあげられるが、そのほかにもつぎの二点が考えられる。

（i）〈北西海岸人類学〉のメイン・ストリームが本質主義的な立場を捨てきれていなかった。漁業操業は近代的な漁法でおこなわれるから、それを研究して何か先住民固有の「伝統的」特性がみいだせるとは思われなかったに違いない。生態人類学者が現代の漁撈（これも近代的な漁法でおこなわれる）を研究しないのも、同じ理由によるものと思われる。

（ii）（ i ）に関連して、〈北西海岸人類学〉は、伝統的にサケ漁撈（女性の場合はサケの保存）をおこなっていた当該地域の先住民がサケ漁業と缶詰加工業に適応するのは容易であったという、誤った思いこみをしていた。

上記二つの理由のうち、とくに問題にしたいのは（ii）のほうである。たとえば一九九〇年にスミソニアン研究所から公刊された権威ある*Handbook of North American Indians, vol. 7, Northwest Coast*において、〈北西海岸人類学〉の第一人者であるキューは、以下のように述べている。

「漁業の技術は先住民の専門的知見から発達したのであり、この産業の導入を支えたのも彼らの技術［equipment］であった。とくに重要なのは、……海峡での魚の動きや小さな舟のナビゲーションに関する知識であった。先住民の女性は魚の臓器除去や保存に長けており、缶詰工場や……塩漬け工場ではとくに職業訓練を必要としなかった。さらに、先住民は家族集団で漁場間を旅したり、一時的につくられたキャンプで協力的に共同生活・労働したりすることにも通じていた。これらの能力はすべて、工場主たちの要求する労働のあり方に適合するものであった」［KEW 1990: 162-163］。

もっとも、クワクワカワクゥなどの先住民が、かつてサケ漁業の操業で莫大な収入を得、それをもとにポトラッチの規模を拡大させたという主張をおこなった点に限っていえば、人類学者のなかにはサケ漁業の先住民社会における重要性に気づいていた者もいた［e.g. CODERE 1950, 1961］。けれどもこれらの人類学者があえてそのサケ漁業の研究をしようと考えなかったのは、上記のキューの主張と同じく「きっとそれが先住民にとっては簡単なものであったに違いない」という思いこみが人類学者にあったからと思われる。しかし後に社会学者のナイトが痛烈に批判したように、キューら〈北西海岸人類学〉のメイン・ストリームによるこの前提は、フィールド調査を怠った人類学者の感傷的な偏見でしかなかった。二〇世紀初頭までの先住民の賃労働の実態に関する詳細な民族誌を作成するなかで、ナイトは、漁業操業と先住民の伝統的な漁撈が、活動空間の上でも技術的な側面においても、さらには二つの活動をとり巻く経済システムの点においてもまったく異質のものであったのだということを明示している［KNIGHT 1996: chap. 9］。ナイトの記述からわかるのは、漁業操業とは伝統的な漁撈の単純な修正とはほど遠い、あくまで「近代的」産業下の労働なのであったということである（この点については第三章以降で具体的に述べることにしよう）。つまり先住民は、「近代」産業としてのサケ漁業に参入するにあたって、けっして容易ではない適応を強いられ、また――現代でも操業をつづけている点から判断するに――その適応に「成功」したのだとみなさなければならない。このことは、二つの活動の間に安易に連続性を想定する上記の前提が――ナイトの言葉を借りれば――人類学者の単なる「好意的なロマンティシズムでなければ漁業に関する無知」［KNIGHT 1996: 10］でしかないことを例証している。〈北西海岸人類学〉の問題点は、まさにここにある。

他方で、これらボアズ派人類学とは裏腹に、非ボアズ派の人類学者、および歴史（人類）学や法学のスタンスをとる研究者のなかには、先住民とカナダの植民地化、および「近代化」の歴史に少なからず言及した者もいた。これらの研究者は、サケ漁業が当該先住民社会にとってきわめて異質なもの、つまり「近代性」、とりわけ近代資本主義経済システムの諸特性を備えたものであることを十分認識していた［cf. ASCH (ed.) 1997; BOXBERGER 1989; DUFF 1964; FISHER 1977; HARRIS 2001; MEGGS 1991; MUCKEE 1996; MUCKLE 1998; TENNANT 1990; NEWELL 1993］。これらの研究では、政策決定者のしたためた白書や統計資料に依拠したマクロな視点からの議論が展開されており、だいたいにおいて「一九九〇年代に入るまで、総じていえば、先住民は国家の漁業政策の犠牲者であった」という結論に落ちついている。たとえばフィッシャーは、先住民の労働力は北西海岸の産業のなかで不安定かつ一時的なものであり、単に「白人」による満足感を満たすものでしかなかったと主張し［FISHER 1977: 109-110］、またボクスバーガーやニュウェルは、北西海岸においてサケ漁業をめぐる諸政策は先住民に不利に働き、最終的に先住民を同産業から排除したと結論づけている［BOXBERGER 1989; NEWELL 1993］。大筋において、彼らの主張は的を射た意見かもしれないが、フィールド調査によって先住民のミクロな生活世界を観察する人類学者として、筆者は、先住民を一概に犠牲者として描くこの主張に疑問を抱かないわけではない。ナイトが先住民の労働現場に関する豊富な民族誌資料をもとに再構成した、二〇世紀初頭の先住民労働者のいきいきとした姿は、先住民の労働に対する俯瞰的なトップ・ダウン的なまなざしと、生活世界からのボトム・アップ的なまなざしが必ずしも一致しないことをわれわれに例証している［KNIGHT 1996］。おそらくフィッシャーらの俯瞰的な視点からの研究では、本著の序章で筆者が紹介したケープ・マッジ居留地の「繁栄」や、――彼らの研究では先住民漁師の著しい衰退がすでにはじまっていたとされる一九七〇年代における――アラート・ベイの経済的な絶頂期などは、「局所的な例外」として片づけられてしまうであろう。統計的にみれば、これらマクロな研究が上記の例を例外視する措置は正しいのかもしれないが、この措置によって失われるものも計り知れない。すなわち、先住民社会内部にある多様性、政治的圧力のなかで生まれてくる先住民のさまざまな生活上の戦略、住民の「狡猾な」立ち振る舞いなどが、当然看過されてしまうはずである。

本節で概観したように、とくにボアズとその弟子たちから構成される〈北西海岸人類学〉の研究史は、これまで先住民と「近代化」の遭遇に大きな注意を払ってこなかった。そこにはたしかに人類学者による長期のフィールド調査を阻害するさまざまな政治的要因があったのであるが、ほかにも、サケ漁業を「近代」の産物ではなく伝統的な生業活動の修正版とみなす、誤った視点が存在していたという要因も指摘できる。他方、歴史学・歴史人類学的な研究では、先住民の「近代化」が正面から議論されてきたものの、マクロな視点にたつ故に、先住民は悲観的にしか描写され得なかった。このような〈北西海岸人類学〉の研究動向のなかで、本著は、北西海岸におけるサケ漁業の導入を先住民の「近代化」の経験として捉えつつ、ミクロな生活世界の側から先住民にとってのサケ漁業の意義を検討するものとして位置づけられるものであることをめざしている。

第二節　方法――サケ漁業の「近代性」をどう読みとるか

1　漁業の「近代化」の条件

本著の主題である北西海岸のサケ漁業が、「近代的」産業であることに疑いの余地はない。では、「近代的な漁業」ないし「漁業の近代化」とは具体的に何をさすのか。本著の依拠する方法論上の戦略を提示する前に、まずはこの「漁業が近代化する」ための条件を特定することからはじめたい。

「漁業の近代化」にまつわる条件として最初にあげられるのが、電動（電子）機器類の導入をはじめとする、（主として）ハードな技術の発展である。現代の多くの漁船やそのほかの漁業設備にGPSやソナー、さらには漁網を引きあげるための電子機器類が搭載されていることは、いまや周知の事実となっている。これらの機器類の導入は、まずもって漁獲の増大や漁場の空間上の拡大をめざしたものであり、概してそれに見合う経済的な効果を導いてきたようである（ただしこうみなすことについては異論の余地もあろう）。しかしその反面、国際的な経済水域の問題や資源の乱獲に端を発する漁業規制など、新たな政治・環境面での問題を生みだしてもいる［cf. 秋道・岸上（編）二〇〇二：岩崎・グッドマン 一九九九、二〇〇二：岸上（編）二〇〇三：大村 二〇〇三］。

さらに、こうした機器類の導入は、漁船上のミクロな世界にも強く影響を及ぼしている。たとえばバルトは、ノルウェーのニシンまき網漁船の技術革新により、かつては船長と権威を二分していた「ネット・ボス」（net boss, 日本でいういわゆる「漁撈長」に匹敵する）の役割の質的な変化が起こり、そしてこの変化がネット・ボスと船長の関係を変容させたという例を紹介している［BARTH 1966: 6-10］。同様に、三輪も、日本の遠洋イカ釣り漁船では電子機器類の搭載によって漁師がこれら機器類の操作や簡単なメンテナンス技術の習得を期待されるようになったと紹介している［三輪 二〇〇〇：三三－五五］。漁業に電子機器類が導入されることによって引き起こされる変容は、必ずしもマクロな政治・環境面のものだけでなく、漁船というミクロな次元における漁師の仕事の質の変化、クルー間の関係の変化などにも及ぶのだということが窺える。

「漁業の近代化」のもう一つの条件は、漁港の発達、漁村と都市とのネットワーク化、および、漁業という産業そのものの定住地、漁港、水産企業という三極構造への分化である［cf. 大津・酒井 一九八一：山岡 一九六五：若林 二〇〇〇］。このような漁業構造の多極化はさらに、これに付随する別の条件を導いてもいる。若林がいうように、漁業構造の多極化は、かつては陸上とせいぜい沿岸部に制限されていた漁業関係者、とりわけ漁師の活動領域を遠洋にまで拡大させるだけでなく、分化した各極の結節点としての漁船の機能を増大させる状況をもたらしたのである［若林 二〇〇〇：一五－一六］。先に紹介した遠洋イカ釣り漁船はこの端的な例を提供してくれるであろう。三輪によれば、現在の遠洋イカ釣り漁船は、生産（イカ釣り）の場であるだけでなく、加工の場としても機能しているのである［三輪 二〇〇〇：三八－四六］。

「漁業の近代化」に伴うこれらの条件は、本著のなかで示されるように、北西海岸のサケ漁業にもあてはまるものである。そこで以下では、これらの条件を分析に反映させるために本著が採用する方法論上の戦略をとりあげ、検討を加えていきたい。

2 労働へのまなざし――より生活世界に根ざした「近代化」経験の理解を求めて

フランクの従属理論、およびウォーラーステインの世界システム論は、既存の一国史観を放棄し、かわりに近代資本主義経済の世界的な拡大という現象のなかで世界をみつめる必要性を強調したものであるが［FRANK 1966, 1978; ウォーラーステイン 一九八一］、これらの理論はとりわけその後の人類学にとって、相反する二つの効果をもたらしたといわれている。つまり、一方でそれは調査地を孤立した社会として捉える構造機能主義的な見方に反省をうながしたが、他方では、世界システムの周縁の人々をあまりにも無力な犠牲者として描きすぎる故に、批判的に受けとめられたのである［cf. WOLF 1982: 21-23］。この批判が引き金になり、以後の人類学は、世界システムの拡大に対する周縁社会側の積極的かつ多様な対応をとりあげていくことになる。

一般に、世界システムの周縁社会への拡大は、まず周縁社会の経済的な領域のなかでおこるものである。かつて筆者がクワクワカワクゥのポトラッチの脈絡において指摘したように、少なくともこのことはクワクワカワクゥに対してはあてはまるようである［立川 一九九九ａ］。人類学史では、社会変化の分析に際して経済的な側面に焦点をあてた人類学者として、ウルフの名をあげることができるが、マルクス理論に拠って立つ彼の理論は、本著の方法論に対して明らかに重要な示唆を与えてくれるものであろう［WOLF 1982］。ただ、前川がわかりやすく説明してくれているように［前川 二〇〇〇：二二］、結局ウルフは状況を俯瞰的視点から見下ろすことに終始しており、地元住民によるボトム・アップ的な視点に迫りきれてはいない。

では、経済領域における地元住民の「近代化」の経験を、より住民に近い立場から理解するにはどうすればいいのであろうか。この問いに対して有益な示唆を与えてくれるのが生態人類学的な諸研究であろう。たとえばシベリア牧畜民に関する民族誌を書いた高倉［二〇〇〇］は、ウルフと同じく経済的な領域をとりあげながらも、綿密なフィールド調査の成果に依拠しつつ、とくに労働技術の面——住民によるトナカイの馴化や飼育など——に重点をおいて分析している。そして、シベリア牧畜民が幾度となく押し寄せる経済システムの変容になんとか適応できた要因の一つとして、牧畜技術の連続性をあげる。すなわち、帝政ロシアからソビエトへ、またソビエトから自由経済化へと政治・経済システムが移行し、そのたびごとにシベリアでのトナカイ牧畜をとりまく経済状況は変化したものの、実際にトナカイを飼育する民の労働に使う技術（トナカイの飼育の技術）そのものは安定していたのであり、だからこそ適応できたのだという点が強調されるのである。

同じく、伝統的に流し網（drift nets）でニシン漁をおこなってきたシェトランド人の水域にノルウェー人のまき網漁師が介入してきた際の諸問題を扱ったグッドラド［GOODLAD 1972］によれば、一部の若いシェトランド人漁師によるまき網への乗り換えには多くの技術的な問題——たとえば、まき網に慣れ親しんだクルーがいない故の、それに精通したクルーを獲得する困難性、あるいは（スコットランド人嫌いの）シェトランド人調理師が技能の乏しいスコットランド人漁撈長に向けた、よりいっそうの嫌悪感——がみられた。グッドラドはこの事例を通じて、こうした最新式漁具への乗り換えを単に経済的効果をねらった進化とみなすことに警笛を鳴らしている。

綿密なフィールド調査にもとづいてシベリア牧畜民の労働技術を詳細に記述しようとした高倉や、シェトランドにおける漁法の転換の困難性を扱ったグッドラドの戦略は、本著の方法論においても二つの有益な示唆を与えてくれるものである。まず、経済システムの度重なる変容のなかでの牧畜技術の連続性に関する高倉の指摘は、世界システムの周縁を無力な犠牲者と描いてきたウォーラースティンやフランクに対する人類学側からの批判を確認させてくれる。さらには、高倉とグッドラドによる住民の労働の現場やその技術への着眼は、より住民の側に近い生活世界から住民の経験を記述するための重要な戦略になることを教えてくれる。

労働の現場やその技術へのまなざしは、クワクワカワクゥと「近代的」サケ漁業との遭遇を論じようとする本著にとっても不可欠な戦略となるであろう。しかし本著でクワクワカワクゥ漁師による漁業操業の労働技術を論じようとする場合、高倉の紹介するシベリア牧畜民の事例とは明らかに違う点があることに注意しておく必要がある。それは、シベリア牧畜民とは違って、北西海岸の先住民がサケ漁業の操業をはじめる場合、まず技術的側面の非連続性に直面したことである。この点で、北西海岸における先住民のサケ漁業への参入は、むしろグッドラドの紹介する事例に近いといえるであろう。したがって、本著では単に操業の技術を綿密に記述するだけでは不十分であり、過去に先住民漁師がこうした技術的断絶をいかに乗り越え、また現在の漁師たちがその技術をどう学習するのかといった点にも注意を払う必要がある。

3　分析単位としての漁船

先述のように、生態人類学は、技術革新としての漁業の近代化を理解する点で多くの成果をあげてきた。しかし――あくまで漁撈研究に関していうならば――生態人類学の研究では、どちらかというと人口規模が小さく、また都市化されていない「漁村」、およびその村から遠く隔てられない沿岸水域での漁が、多くの場合は研究対象となってきた。けれども筆者がフィールド調査の拠点としたキャンベル・リバーや、筆者のインフォーマントたちが陸揚げするバンクーバー、プリンス・ルパートなどのカナダの都市は、「漁村」とはとうてい呼ぶことができないところである。

たとえば上記にあげた行政区のなかではもっとも小さなキャンベル・リバー市でさえ、かつては漁村と呼べたかもしれないが、現在では、港のある一区画だけがいまだこの町に多くの漁師人口を抱える事実を匂わせるのであって、市全体は——市がキャンペーンしているように——観光地の様相を呈している状況なのである。つまり、先述したように、現在のカナダでは、漁師の定住地、港、企業（陸揚げ地）などが多極化しているのである。それと同時に、漁船もまた大型化され、上記三つの極を自由に往来する結節点としての機能を帯びるにいたっている。また、操業空間が沿岸から沖合・遠洋へと拡大されるにつれて、漁師の海上での生活は以前にも増して長く、またそれ故に軽視できないものになっている(4)。これらの状況をふまえ、本著では主たる分析の対象を海上で実際に操業する漁船に据えることにする。


こうした意味での「漁業の近代化」、とりわけ漁船という空間の重要性に目を向けてきたのが、近年「海洋人類学」(maritime anthropology) と呼ばれるようになった分野や［e.g. ANDERSON and WADEL (eds.) 1972; ACHESON 1977, 1981］、(おもに一九九〇年代以後の) 漁業社会学、漁業経済学である［cf. 三輪 二〇〇〇：大津・酒井 一九八一：山岡 一九六五：若林 二〇〇〇］。これらの分野において、筆者がとくに注目するのが、三輪による遠洋イカ釣り漁船の漁業経済学的な研究と、若林による遠洋カツオ一本釣り漁船の漁業社会学的な研究である［三輪 二〇〇〇：若林 一九九一、二〇〇〇］。これらの研究はともに陸上ないし沿岸部ではなく、海上つまり沖合や遠洋の問題——若林［二〇〇〇］の言葉にしたがえば、これらはそれぞれ「オカ」と「オキ」というふうに名づけられるであろう——として漁業を対象化し、「漁業の近代化」が海上にいる漁船のなかに凝縮的に反映されている様をつぶさに記述している。

ただ、両者の研究にはアプローチ上の違いがあることも指摘しておかなければならない。三輪の場合、どちらかという生産的側面（船上生活のうち、実際に操業をおこなう時間）に記述の重点がおかれている。漁師たちがイカ釣りをすると同時にそれを漁船内で加工していく過程の記述からは、「漁業の近代化」に伴う操業と加工業との組織的な連関がみてとれるが、他方で漁師たちがふだん——船上でも船外でも——どのような社会関係を築いているかという点については言及がなされていない［三輪 二〇〇〇］。これに対し、若林のほうは生産的側面と同時に消費的側面（船上生活のうち、生産的側面以外の娯楽、休息時間などの時間）にも記述の重点をおいている［若林 二〇〇〇］。その結果、生産的側面と消費的側面それぞれにおけるクルー間関係の相違や、いわゆる「オキ」と「オカ」の関係がより明確に描きだされる傾向にある。

漁船、より詳しくいえば、船上のクルー集団を研究の対象とする意義について、若林は以下のように述べている。若林はクルー集団を研究単位として位置づける利点として、三つの点をあげている。

「第1に、漁業社会という全体社会を理解しようとする場合、個のレベルを通して全体を捉え直そうという志向、あるいは、個と全体の連関性を検討する志向が重要となる。この場合、個とは従来の漁村社会研究では、イエが看取されたが、漁業社会研究における最小の単位として漁船が想定できる。第2に、人間が水陸二界に存在する（あるいは、人間の活動が陸上と海上に両方される）という漁業の特殊性からして、両界を結実する現代的な基盤は漁船である。第3に、漁業社会の研究視角として想定できる、伝統的漁村と漁港、漁業企業体の3つの側面を連結できる直截的で基本的な単位は漁船である」［若林二〇〇〇：一五］。

この若林の指摘から、「漁業の近代化」のさまざまな局面は、いわゆる「オキ」での船上生活のなかに凝縮的に反映されるということが窺えるであろう。漁船は、漁業の「近代化」に伴って設置されたさまざまな施設を往来する唯一の存在であるだけでなく、――遠洋イカ釣り漁船が漁だけでなく加工も担っていることからもわかるように［三輪二〇〇〇］――その内に漁業の多極化を体現していることもある。さらには、若林による遠洋カツオ一本釣り漁船における消費的側面（食事の風景など）の記述からは、漁船でのクルーの構造や生活は、「オカ」における社会関係や生活様式を象徴するものだということが理解される。北西海岸のサケ漁業の操業のように、主として沖合で操業がなされる漁業形態を研究する際、漁船を分析の単位に据える利点はまさにこれらの点に窺えるであろう。

とはいえ、本著は三輪や若林とまったく同一のアプローチにたっているわけではない。まず、三輪の研究では、漁船のクルーたちの関係が生産的な側面に限定して記述されているため、労働の現場を越えたところでのクルーたちの関係がみえてこない。若林は消費的な側面にも言及することによって、この点を克服している。しかし北西海岸において操業するサケ漁船の先住民クルーと若林の研究対象であるカツオ一本釣り漁船のクルーはまったく同じ社会環境のなかにあるのではない以上、若林の方法論をそのまま本著に移植することには、当然限界がある。若林は漁船での生産的側面と同様に消費的側面におけるクルー間の関係について論じ、その過程で「オキ」と「オカ」が連続している点を力説する。より正確には、オキの世界はオカの世界を反映したものだという議論を展開している。第四章以降で詳述するように、クワクワカワクゥの漁業漁師社会においてもこれと同様の状況がみられる。しかしクワクワカワクゥ社会では、漁船上におけるクルーたちの行動、戦略、コミュニケーションなどが、ときとして陸上の世界における社会秩序も変容させる重要な因子になることがあるのである。つまり、「オカ」と「オキ」のクルーの社会関係を静態的に眺めるだけでなく、二つの世界のダイナミズムを捉える視点が不可欠となるであろう。

4　労働の〈日常化〉、〈伝統化〉、および認識の次元

第二節のここまでの箇所で述べてきたように、本著では海上の漁船を主たる分析の単位と据えつつ、そのなかのクルーたちによる労働の様相を詳細に記録するという手法をとることになる。では、その詳細に記録された労働をいかに分析するのか。この問いに答えるにあたって本著がまず用意するのは、「クルーによる労働は、サケ漁業における技術発展に対する適応戦略である」という前提である。

北西海岸のサケ漁業では、幾度となく技術的な革新がおこなわれた（これについては第三章、第五章にて紹介する）。また、ナイト［KNIGHT 1996］が強調したように、クワクワカワクゥをはじめとする先住民の漁業漁師たちは、その技術革新がおこなわれるたびに、それへの適応に迫られた。本著の第四章で詳述される現在のクワクワカワクゥ漁業漁師による操業の記録は、まさにそのような適応の産物だと考えられる。では、実際にクワクワカワクゥ漁師は、いかにして漁業の技術革新を乗り越えようとしたか。彼らの実践を筆者なりに整理するなら、おそらく伝統的な文化的特性（具体的には、クワクワカワクゥのランク制度がそれにあたる）と徒弟制度という二つの特性を彼らが操業のなかに埋め込んだことが、漁業の技術革新に対する適応を可能にした要因である。

いずれの特性も、当初は効率重視のサケ漁業の技術革新に対するクワクワカワクゥ漁師なりの対応として導入されたものであり、その成果については、統計資料のなかで示される数値とは裏腹に、筆者の参与観察やインタビュー記録からはそれなりに認められる。(5) しかし彼ら先住民漁師がサケ漁業の操業に編みこんだ上記二つの特性は、技術面での適応とは異なる別の意義ももつものであった。その意義こそが、サケ漁業の操業のなかにある種の「日常性」ないし「伝統性」をもたらすというものである。この点をふまえ、本著の第五章では、サケ漁業の操業の「日常化」ない

し「伝統化」という点について、以下のような問題を設定する。第一に、そもそもサケ漁業の「日常化」、「伝統化」とは何を指すのかという問いである。この問いを検討するにあたっては、いわゆる「近代化」の影響について論じた歴史学的な研究が参照できる。これらの研究から、かつて日常の領域に埋め込まれていた労働が「近代化」によって日常の領域から切り離される過程が理解されるはずである。さらには、北西海岸の先住民漁業漁師たちがサケ漁業の操業を「日常化」し、「伝統化」するということの意義――労働のなかに日常性と伝統性を復権すること――も明らかになってくるはずである。

つづいて、先住民漁師がサケ漁業の操業を「日常化」し、「伝統化」する手法が問われるべきであろう。つまり、「いかにして彼らはサケ漁業の操業を日常化し、伝統化したか」という点である。この点に関して、筆者はあるクワクワカワクゥ漁師の実際の操業例の観察から、「伝統的文化の要素の操業への導入」、および「徒弟制度の導入」という二つの答えを用意し、それぞれについて検討を加えるつもりである。このうち、とくに後者の論点については、レイヴとウェンガーや福島に代表される理論的研究をはじめ［福島 二〇〇一：レイヴ・ウェンガー 一九九三］、さまざまな事例研究が利用され得るであろう［e.g. 福島（編）一九九五：HUTCHINS 1995］。これらの研究では、一般に暗黙知、ワザなどの名で知られるマニュアル化できない技能や知識の習得をめざし、なおかつそうした技能の学習と労働の境目が未分化であるような集団のなかで、いかに技能が学習され、伝達されるのか、いかに技能を磨こうとするモチベーションを形成するのか、また、集団内における成員の地位の移動はいかなるものなのかなどの点について分析がなされている。これらの研究の成果はもちろん、クワクワカワクゥの漁業漁師がなぜあえて漁業の技術発展に適応するために徒弟制度を利用したのか、また徒弟制度のなかのいかなる特性がクルーの技能向上に貢献したかを知るためだけでなく、徒弟制度のいかなる要素が労働の日常化をもたらしたのかという点を知るためにも有益な示唆を与えてくれるはずである。

サケ漁業の操業の「日常化」および「伝統化」について、最後に問われるべき問題は「なぜ」に相当する点、つまり彼ら先住民漁師がサケ漁業の操業を「日常化」し、かつ「伝統化」した理由や意義についてである。この問いに取り組むにあたり、筆者は、「近代」という彼らにとっては「異質」な「外」の世界を「内」なる世界に引き入れることの意義、およびその戦略を、レヴィ＝ストロースや小田による構造主義的な手法から論じていくつもりである。

第三節　フィールド調査について

筆者は、以上に論じてきた本著の戦略を遂行する道具として、クワクワカワクゥの生活世界の観察からボトム・アップ的に議論を展開するという人類学的な手法を使っている。そしてこうした人類学的な手法で分析をおこなっていく上で、もっとも重要なデータを提供してくれるのが、現地でのフィールド調査である。そこで以下では、筆者がおこなったフィールド調査について説明を加えておくことにしたい。それによって本著のさまざまな特性、つまり長所と限界が理解されるはずである。

1　フィールド調査の概要

これまで、筆者はクワクワカワクゥが生活拠点とするカナダの太平洋沿岸、バンクーバー島東岸のキャンベル・リバーにおいて、長短併せて一〇回、通算約二一ヶ月間のフィールド調査をおこなっている。そのうち、本著の作成に際してもっとも利用されたのは、二〇〇〇年一月から二〇〇一年の一月までの計一二ヶ月間おこなわれた第四回目のフィールド調査、および二〇〇三年一〇月から約二ヶ月間おこなわれた第五回目のフィールド調査で収集されたデータである。(6)

二〇〇〇年に実施された第四回のフィールド調査以後、筆者はキャンベル・リバーに住むＨＡという人物の家に下宿させてもらい、主としてＨＡの属すクラン（このクランをＷと呼ぶことにしよう）がおこなう経済活動の参与観察を実施している。このＷクランはママレレクァラ－クィクサタヌクゥ（Mamalilikulla-Kwikwsatanuk）というネーション（カナダにおける先住民行政の単位、第二章で詳述）に属すもので、本来はキャンベル・リバーのはるか北方、ジョンストン海峡（Jonstone Strait）上のビレッジ（Village）島とギルフォード（Gilford）島を居留地としている。しかしＨＡの祖父の代に、Ｗクランの成員のほとんどは親族・姻族関係を頼ってキャンベル・リバーに転居してしまっており、Ｗクラン以外の同ネーションのほとんども、ほかの地域に移り住んでいる状況である。二〇〇〇年当時、ＨＡの父ＢＯがＷクランの世襲首長兼ママレレクァラ－クィクサタヌクゥ・ネーションのチーフ・カウンセラー（councilor）であったため、ネーションの事務所もキャンベル・リバーにある。なお、二〇〇五年の六月、ＢＯの長男であるＨＡは、首長位を継承した。

ＨＡをはじめ、Ｗクランの男性成員のほとんどは、いまでもサケ漁業と春のニシン漁業の両方あるいはいずれかの操業に携わる漁業漁師である。二〇〇〇年当時、Ｗクランにはだいたい四隻（実際には六隻ほど確認されたが、そのうち一、二隻は一時的に違う所有者に委ねられたこともあった）のまき網漁船があり、それぞれＢＯと彼の三人の息子たちによって所有されていた。このうち筆者はＨＡの漁船〈ＰＦ〉に乗船を許可され、春のニシン漁業、夏のサケ漁業シーズンのほか、これら二つの漁業シーズンの合間におこなわれる漁撈活動と養殖場労働といった、Ｗクランがおこなう経済活動のすべての参与観察を実施した。具体的には、漁船上では甲板でのクルーの作業を補助および観察するほか、操業が許可される日（現地ではこれをopeningと呼ぶ）ごとの漁場（現地ではこれをpointと呼ぶ）を地図上に確定したり、その時間、具体的な漁網の仕掛け方、トラブルの発生の有無、漁獲などを記録したりした。また、船外ではクルーたちとともに行動することでクルー間のコミュニケーションの様相を観察したり、漁に関わりのあることと・ないことについての素朴な質問を、平易な形でぶつけたりもした。

筆者とHAとのであいはその一年前である一九九九年にさかのぼる。一九九九年の春に予備調査という名目でキャンベル・リバーを訪問した筆者は、HAのオバでネイティブ・エスノグラファーとしても名高いDAという女性に連れられ、アラート・ベイで開催されるポトラッチにでかけた。(7) このときDAが筆者の寝床として用意してくれたのが、上記〈PF〉という漁船であった。これが筆者とHA、およびWクランとの最初のであいである。筆者にとって幸いなことに、HAは筆者とあう以前に、日本のテレビ局の取材班が遭難しかけていたところを救助したり、また日本の水産加工企業からの接待で訪日したりした経験があり、筆者とであった頃にはすでに親日家であった。さらに、クランにおける彼の世襲首長の長男としての地位、そして本来的に彼に備わっていた厚い人望は、「HAの日本人の友人」としての筆者の信頼をWクラン内で築くのに、おおいに貢献したと思われる。このような経緯でHAと親しくなった筆者は、「来年キャンベル・リバーに一年滞在してあなた方の文化を学びたい」と相談をもちかけてみた。対してHAは、「じゃあ、ぜひうちに住んだらいい」というありがたい返事をくれた。これが、筆者がWクランとともに長期的に滞在できるようになった経緯である。

その後、筆者は二〇〇〇年の一年間をHAらとすごし、(8) 二〇〇一年に帰国してからも電子メールでコミュニケーションをとりつづけた。筆者が論文やエッセイなどをしたためたらそのコピーを現地にいく際に手渡し、論旨を口頭で説明した。そして二〇〇六年に博士論文を書きあげた直後の夏、筆者は現地で博士論文のごく簡単なプレゼンテーションをおこなった。このプレゼンテーションではいくらかの事実訂正がなされたが、彼らは筆者の論旨に対しておおむね賛同してくれた。なお、学位論文を書いた際のこのプレゼンテーションは、二〇〇〇年当時からのわれわれの約束であった。

2　本調査の長所と短所

上記の筆者によるフィールドへのアクセスの仕方は、こんにちの北米の先住民社会における典型的なフィールド調査の手続きとはまったく異なるものである。こんにち、北米先住民社会でフィールド調査をしようと思えば、一般的にはまずネーションの事務局に調査許可申請を提出しなければならない。そしてその申請が許可されるという幸運に恵まれれば（しかし実際には、この段階で相当数が脱落する）、さまざまな制限を伴いつつも、なんとか調査をおこなえるという手筈になる。そして調査成果としての論文は、発表の前にネーションの評議会でその内容を審査され、許可がおりればようやく公表できるようになる。それに対して、筆者の場合、HAとの個人的な友好関係、および彼のクラン内での人望と地位の助けもあり、幸運にも上記のような手続きをふまずにフィールド調査をおこなうことができた。また、研究成果の公表においても、筆者はHAとの間で論文の内容を紹介することは約束したが、評議会で事前に内容公表の審査をされることはない。実際、たとえわれわれの間で意見の相違があったとしても、HAたちが発表を控えるよう訴えたことはなかった。このことに関して、HAが筆者にいってくれた言葉は大変ありがたかった——「意見が違っても、それを議論することが大事なのであって、意見を一致させることが大事なのではない」。

このように、北米の先住民社会のフィールド調査をおこなおうとする者としては、筆者はきわめて恵まれた環境にあったといえる。しかし公的な調査許可ではなく世襲首長との個人的な友好関係に依存した調査である以上、筆者の調査には制約もあったし、また筆者がみずから自粛した活動もあった。たとえば、公的な調査許可がとれれば閲覧できるかもしれないネーションの事務局の資料類――ネーションやクランの成員名簿、小さな会議の議事録など――は、ごく一部をのぞいて閲覧することができなかった（というよりも、HAが好意でみずから見せてくれる資料以外を、筆者側から見せてくれるよう要求することをしなかった）。また、HAにせよWクランのほかの人にせよ、筆者の質問には快く答えてくれたが、一般にわれわれが「インタビュー調査」として思い浮かべる形式――あらかじめ考えておく質問事項、ノートへの記録、会話の録音、写真撮影など――を備えたインタビュー調査は嫌がる傾向があったので、筆者はこの方式によるインタビュー調査を差し控えることにした。いわゆる「インタビュー」のようなものは、仕事場から家までの車中での雑談、ホーム・パーティでの酒を飲みながらの雑談から拾い集めるしかなかったのであるが、このような「インタビュー」では、当然こちらの聞きたいことの半分も聞きだせなかった。

筆者のような形でフィールド調査をおこなう場合、公的な調査許可を得ておこなう調査と比較して、当然ながらいくつかの限界がある。上述のように、一定の形式を備えたインタビューができないというのはその一つの例である。それ故に一定時間内に得られる情報は断片的になり、かつ量的にも少なくなってしまう。

このフィールド調査のもう一つの限界は、クワクワカワクゥ社会に占める筆者の位置の脆さに起因している。筆者は二〇〇〇年以後、数多くのクワクワカワクゥと知りあうことができた。けれどもその人脈は、すべてHAとのつながりを軸とし、また中継して拡大したものである。したがって、筆者がもつクワクワカワクゥ社会へのネットワークは、HAの社会関係が及ぶ範囲に制限されているし、またHAとの関係がこじれれば途絶えてしまうような脆さももっている。同社会における筆者のこうした立場は、筆者が得たデータの性質にも反映している。つまり、基本的に、筆者がフィールド調査およびその後の電子メールでのやりとりのなかで得た情報とは、ほぼすべてがHAという個人や彼の属すクランとネーション、あるいは広くてもせいぜい北西海岸の漁業漁師コミュニティを出所としているのであり、ＨＡと同じクワクワカワクゥであってもたとえばアラート・ベイやポート・ハーディなどほかの地域に住む人びとのデータを含めた総合的なものではないのである。

かつてクワクワカワクゥ社会でフィールド調査をおこなったフランツ・ボアズも、筆者と同じような状況——ジョージ・ハント（George Hunt）というインフォーマント一人にデータ収集のほとんどを依存していた［cf. CANNIZZO 1983］——にたたされていた。ボアズはのちに、みずからのフィールドであったフォート・ルパート以外に住むクワクワカワクゥの多様性が捉えきれていないという批判を受けているが［ASSU with Inglis 1989: xiv］、これと同様の問題点を筆者のフィールド調査も抱えていることになる。つまり、筆者はＨＡとの関係を軸に、キャンベル・リバー——ここに住むクワクワカワクゥはもっとも近代化されていると評されている——でフィールド調査をおこなったので、それより北のポート・ハーディやアラート・ベイのクワクワカワクゥについては多くを理解していないであろうことを認めざるを得ない。これに対して筆者は、もちろんそれなりの対策を講じてはいるが——短期間ではあるが、アラート・ベイに滞在してインタビューをおこなうなど——、それで十分キャンベル・リバー以外に住んでいるクワクワカワクゥの生活世界を理解しているとは考えていない。

以上で述べたように、筆者はＨＡ、およびＷクランとのであいによって、北米の先住民社会で長期のフィールド調査をおこなう幸運に恵まれた。このような幸運がなければ、現在の北米先住民社会で、長期のフィールド調査をおこなうことはできないかもしれない。しかし他方で、筆者の調査には上記の限界もまた指摘できるのも事実である。

註

（1）もっとも、クワクワカワクゥの研究者としては、ボアズ以前に地質学者のジョージ・ドーソンがいた。ドーソンはボアズ以前（一八八五年）にフィールド調査をおこなっており、すでにクワクワカワクゥの民族語彙に関するすぐれた業績を残していたが［DAWSON 1887］、なかでもドーソンへの評価が高まったのは、ポトラッチの贈与についてボアズが誤解していた点を、ボアズより早く調査をおこなっていたドーソンが正しく理解していた点である［立川一九九九b：一七〇］。

（2）サトルズもいわゆるボアズ派人類学者であるが、ここではボアズによる〈北西海岸人類学〉の伝統の流れを汲むポトラッチ研究者たちに限って「ボアズ派人類学者」といっている。

（3）ボアズ以後、少なくとも一年以上のフィールド調査をおこなった人類学者として、オバーグとローナーをあげることができる。オバーグは一九三〇年代にアラスカ（トリンギットのテリトリー）のクラクワンとシトカで、ローナーは一九六〇年代にバンクーバー島東沿岸の島嶼部ギルフォード島（クワクワカワクゥのテリトリー）でフィールド調査をおこなっている［cf. OBERG 1973: xii; ROHNER 1967: preface］。それ以外の人類学者が長期のフィールド調査をおこなえなかったのにはいくつかの理由がある。まず、ボアズの時代にはすでに、北西海岸に入っていく人類学者は「ポトラッチ禁止法」（第二章参照）をめぐってカナダ政府にその撤回を求めるよう働きかけるなど、政治的な活動にも携わるよう先住民から圧力を受けていた。また、二〇世紀の半ば以後に活躍した人類学者の場合、本章の第三節でもとりあげるように、調査許可を得る上でさまざまな困難があるために長期のフィールド調査がしにくくなったのである。

（4）飯田がいうように、たしかに世界的にみれば、いまでも沿岸で小規模な操業をおこなう漁師のほうが圧倒的に多いかもしれない［飯田二〇〇五：二］。けれども他方では、漁業の近代化は世界各地でゆっくりと、しかし確実に進行しているのであり、少なくとも北西海岸に導入されたサケ漁業は当初から伝統的な水域の沿岸部における日帰り漁ではなく、むしろ遠地でも出稼ぎであった。

（5）カナダ政府の統計資料によると、一九九七年のサケ漁業における漁獲のうち、先住民漁師によるものはわずかに五パーセントである［cf. 岩崎・グッドマン 一九九八：七九］。もっとも、この統計では漁業漁師全体のなかの先住民漁師の人口比率があげられていないので、この統計だけをもって先住民漁師の技術の低さを指摘することはできない。あくまでフィールド調査に関する限りではあるが、この点に関する筆者の印象はむしろ「現役の先住民漁師の技術水準は高い」というものである。筆者がそう考える根拠は、まず、筆者が参与観察のために乗船したクワクワカワクゥ漁師の船団は、つねに陸揚げ時に公表される全漁船の平均陸揚げ高の、倍以上の数値を示していたことである。しかしこの事実だけでは、たまたまこの船団の漁師だけが優秀である可能性もすてきれない。しかしこの船団とほかの漁船でおこなわれた無線によるコミュニケーションを聞いてみても、先住民漁師が概して非先住民漁師よりも高い漁獲ノルマの水準をみずからに課していることがわかる。たとえばシーズンのピーク時に「今日の漁獲はベニザケ一、〇〇〇尾だ」という会話がなされれば、先住民漁師の間ではスランプだとみなされるのに対し、ヨーロッパ系カナダ人漁師の間では好漁ととられることが多々あった。さらに、北西海岸の大手加工企業の一つであるカナディアン・フィッシング・カンパニー（Canadian Fishing Company）の従業員は、筆者のインタビューに対し、しばしば「二〇パーセントの（先住民）漁師が六〇パーセントのサケをもってくる」と語ってくれた。この「二〇」とか「六〇」という数値の信憑性はいざ知らず、これらのことは、少なくとも、先住民漁業漁師の技術がヨーロッパ系カナダ人漁師に劣らないということを示唆してくれるであろう。

（6）筆者のフィールド調査の時期と期間は、以下の通りである。第一回が一九九四年の三月に約二週間、第二回が一九九六年の三月に二週間。この二回のフィールド調査をおこなったとき、筆者はまだ大学の学部、大学院の修士課程に在籍していた。第三回のフィールド調査は一九九九年の四月初旬から六月下旬にかけての約三ヶ月間であり、これが本著にとってもっとも重要なデータを提供することになる、翌年の第四回フィールド調査の予備的な調査となった。この第四回の調査を終えた三年後となる二〇〇三年の一〇月、筆者は第五回目のフィールド調査を約二ヶ月間おこなっている。また、その後は二〇〇五年の六月（一週間）と九月（三週間）、二〇〇六年の八月（一ヶ月）、二〇〇七年の九月（三週間）、二〇〇八年の九月（三週間）にもフィールド調査をおこなっている。本文中にも記載しているように、これらすべての調査はすべてキャンベル・リバーを拠点としておこなわれたものである。なお、第五回目以後のフィールド調査は、日本学術振興会、科学研究費補助金を利用している。具体的には、第五回の調査は特別研究員奨励費（「サケ神話の脱構築――クワクワクワクゥ社会におけるサケの特権化とその特権化」課題番号一五‐二〇四五、代表：立川陽仁）、第六回目から第九回目までのフィールド調査は科学研究費補助金（若手研究B「北米先住民社会における生業および特定資源の意義、利用に関する人類学的研究」課題番号一七七二〇二二五、代表：立川陽仁）、第一〇回目は科学研究費補助金（若手研究B「カナダ先住民の経済的自立をめぐる人類学的研究」課題番号二〇七二〇二三七、代表：立川陽仁）を利用している。

（7）筆者は別のところで、このポトラッチを題材に、現代のポトラッチが伝統を踏襲するにあたって「意味」よりは「型」を重視するという特性を指摘したことがある［立川 二〇〇四b］。

（8）フィールド調査やその後の研究において、筆者はビクトリア大学のリーランド・ドナルド（Leland Donald）元教授にも多大な協力を得てきたことを付記しておきたい。同教授は二〇〇〇年のフィールド調査の際、筆者が同大学の特別聴講大学院生（visiting graduate student）として留学ビザを取得するために多くの労力を割いてくれただけでなく、フィールド調査期間中、ならびに現在にいたるまでの時間においてさえ、筆者の研究に対し数多くの有益な示唆を与えてくれた。

第二章

北西海岸の先住民族

クワクワカワクゥを中心に

ウィワイカイ・ネーションのクィンサム居留地。トーテム・ポールをつくるためのレッド・シダーが見られる（2008年9月／著者撮影）。

本章では、本著で議論の対象となるクワクワカワクゥという民族集団を中心に、北西海岸という地域、およびそこを生活圏とする先住民族集団の概況を説明する。

第一節　北西海岸――地理・風土・民族集団

アメリカの文化人類学史では、北西海岸と一般にいわれる文化圏に関する定義が二つある。一つはクローバーやドライバーなど、北米先住民の文化圏の設定に関心のあった人類学者たちによる定義で、アメリカ合衆国アラスカ州のヤクタット（Yaktat）湾からカリフォルニア州北部まで拡がる沿岸部一帯を北西海岸と設定するものである［DRIVER 1961; KROEBER 1923］。これに対して、もう一つの定義はおもに北西海岸を専門とする人類学者たちによるもので、そこではヤクタット湾からカナダ南部まで、広くてもせいぜいワシントン州までが北西海岸とみなすものである［e.g. McFEAT（ed.）1961］。どちらかというと、本著でいう北西海岸とは後者である。

北西海岸は、文化圏であると同時に、ほかとは明確に異なる特徴をもつ地理的な区分でもある。日本海流が注ぎ込む影響で、高緯度にあるにもかかわらず、冬にもそれほど寒くはならないが、海流の水蒸気が風に運ばれるために多雨になりやすい。沿岸部のほとんどは切りたった山に囲まれたフィヨルドになっており、これらの山々にはトーテム・ポールなど現地先住民の伝統芸術を支えてきたレッド・シダーをはじめ、イエロー・シダー、モミの木、ヘムロック、イチイ、種々のベリー類が生い茂っている。これらの山々は同時に、熊、鹿、ビーバー、オオカミ、マウンテン・ゴートなどの生息地でもある。さらに合間を流れる川には、夏から秋にかけて、太平洋の五種のサケ――ベニザケ（sockeye）、ギンザケ（silverあるいはcoho）、シロザケ（chumあるいはdog）、カラフトマス（pinkあるいはhumpback）、マスノスケ（springあるいはchinook）――やユーラコーンなどの魚が遡上し、また海にはアザラシ、クジラ、シャチ、サメ、オヒョウなど比較的体長の大きな生物が生息した。これらすべては、先住民の経済・宗教生活を支えてきた。

この地域の代表的な先住民族集団としては、本著の議論で中心的な位置を占めるバンクーバー島北東部からジョンストン海峡を隔てた大陸側に住むクワクワカワクゥをはじめ、クワクワカワクゥと南側に隣接するバンクーバー島南部のコースト・セイリッシュ（Coast Salish）、バンクーバー島西岸のヌー・チャー・ヌルス（Nuu-chah-nulth, かつてのヌートカ）のほか、北米大陸側にはヘイルツク（Heiltsuk, かつてのベラ・ベラ）、ヌカルク（Nuxalk, かつてのベラ・クーラ）、ツィムシャン（Tsimshian）、ギクサン（Gitxsan）、ニスガ（Nisga'a）などがある。クィーン・シャーロット（Queen Charlotte）島にはさらに、ハイダ（Haida）という集団がある。一般的には、これらの集団にアラスカのトリンギット（Tlingit）を含めたものが、北西海岸の先住民と呼ばれている（図表2－1）。

北米先住民の通文化的な研究をおこなったドライバーによれば、北西海岸の先住民の言語は三つの語族（phylum）にまたがっており、また社会構造においても北部と南部ではおおいに違いをみせている［DRIVER 1961: 43-45, 237］。たとえば北西海岸の北部――トリンギット、ハイダ、ツィムシャン、ニスガなど――では、厳密な意味での母系出自集団が形成され、それらの集合がさらに半族や胞族を形成したのに対し、南部――クワクワカワクゥ、ヌー・チャー・ヌルス、コースト・セイリッシュなど――では、各成員が父方・母方のいずれの集団に属すかを選択できたり、あるいはどちらにも成員権を主張できたりするような双方的な集団が形成された［DRIVER 1961: chap. 16］。このように、北西海岸と一括りにされてはいるものの、そのなかに属す各先住民族集団には多様性がみられるのである。けれども、ドライバーが指摘するように、北西海岸の先住民族集団には以下のような共通した特徴も確認できる。すなわち、北西海岸の先住民族集団は、（1）レッド・シダーの利用と加工技術に傑出し、（2）生業上、水産資源への依存度が高く、

図表2－1　北西海岸と先住民族の地理的分布

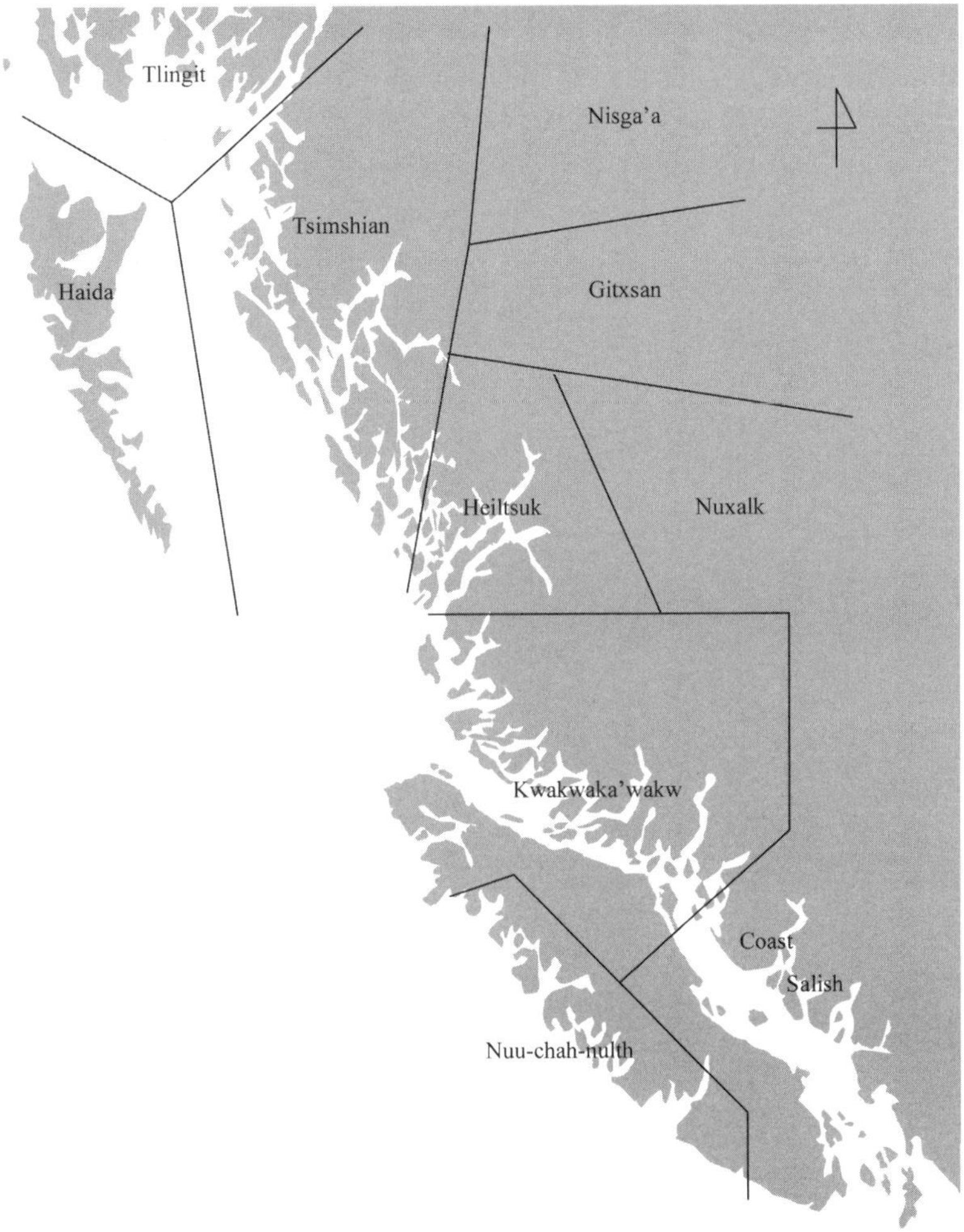

（3）（相対的に）食物資源に恵まれた環境に住み、（4）きわめて高度に階層化された社会構造をもち、（5）ポトラッチと通称される、莫大な財を贈与する儀式をおこなうという共通点があるのである［DRIVER 1961: 20］。

第二節　植民地統治以前のクワクワカワクゥの社会構造

本節では、北西海岸先住民の伝統的な社会構造を、おもにクワクワカワクゥの例から概説する。なお、ここでいう「伝統的」とは植民地統治が開始される以前を指すものとするが、クワクワカワクゥの場合、それはイギリスのハドソン湾会社（Hudson's Bay Company）がバンクーバー島北端のフォート・ルパートに交易拠点を築いた一八四九年以前となる。

1　親族集団の形成――ヌマイム、冬村集団、冬村集団連合

核家族的な単位は別にして、クワクワカワクゥにおいてもっとも基本的な親族集団として紹介されてきたのは、クワクワカワクゥの言語で「ヌマイム」（*Numaym*, あるいはナミマ*Namima*とも表記）と呼ばれる親族集団である。人類学では、ボアズが一八九七年にこの集団を紹介して以来「クラン」と表記されていたが［BOAS 1897］、のちに彼がクワクワカワクゥの社会組織に関する論文［BOAS 1920］を発表してからは、「ヌマイム」というフォーク・タームが使用されてきた。ただ、現在のクワクワカワクゥ社会では、むしろクランという名称のほうが広く使われている。

このヌマイムは、二〇人から四〇人ほどを収容できる方形木造の家屋（この家屋は現在「ロングハウス」、「ビッグハウス」と呼ばれている）を一軒から数軒占める規模のものであった。ヌマイムは双方的な集団であり、その成員権

を主張する上で父方か母方のいずれかをたどることができた。ヌマイムは土地――森林、河川、河口、海浜など――を「所有」するだけでなく、一年のある時期には生業活動の重要な生産単位となり（これについては本章の第五節で詳述）、またポトラッチをおこなう冬期にはポトラッチにおけるホスト／ゲストの一方を構成する単位となった。

これに対して、本著で「冬村集団」として示す集団は、一八九七年のボアズの論考以来「部族」（tribe）と呼ばれてきたもので［BOAS 1897］、通常は複数のヌマイムから構成される。ボアズはこのトライブという集団を「ある特定の土地を（トライブの）発祥の地として主張」しうるような根元的な単位と定義しているが［BOAS 1920: 111］、この人的集合が生業活動のおこなわれなくなる冬期の共住単位であるという点からいえば、むしろ地縁集団としての色あいが強かったといえる。トライブのこうした地縁集団としての特性は、たとえばコデアやドラッカーといったボアズの弟子たちだけでなく、ボアズ自身も示唆していた［e.g. BOAS 1966: 41; CODERE 1950; DRUCKER 1955］。対して、ドナルドとミッチェルによる一連の業績では、トライブに代わる用語として「冬村集団」（winter village group）という名称が使われている[e.g. DONALD 1975, 1994; MITCHELL 1983; MITCHELL and DONALD 1988]。「冬村集団」という名称は、かつてトライブと呼ばれた人的単位の特性をより明確に表現しているだけでなく、「部族」という名称が暗黙のうちに含む侮蔑的な意味あいからも逃れられているので［cf. スチュアート 一九九七、二〇〇二：六四－一〇四］、本著でもこの名称を採用した。なお、ボアズによれば、クワクワカワクゥにはこうした冬村集団が一五から二〇ほど存在し［BOAS 1966: 38-41］、図表２－２に示されるような形でそれぞれの土地を占めていた。

冬になると、この冬村集団を外縁として、クワクワカワクゥはポトラッチなどの儀式を催してきた。つまりポトラッチは、この冬村集団の内部において、あるヌマイムがホストとしてふるまい、同じ冬村集団のほかのヌマイムがゲス

図表2－2　1830年代におけるクワクワカワクゥの冬村集団の大まかな分布
（DONALD and MITCHELL 1975をもとに筆者作成）

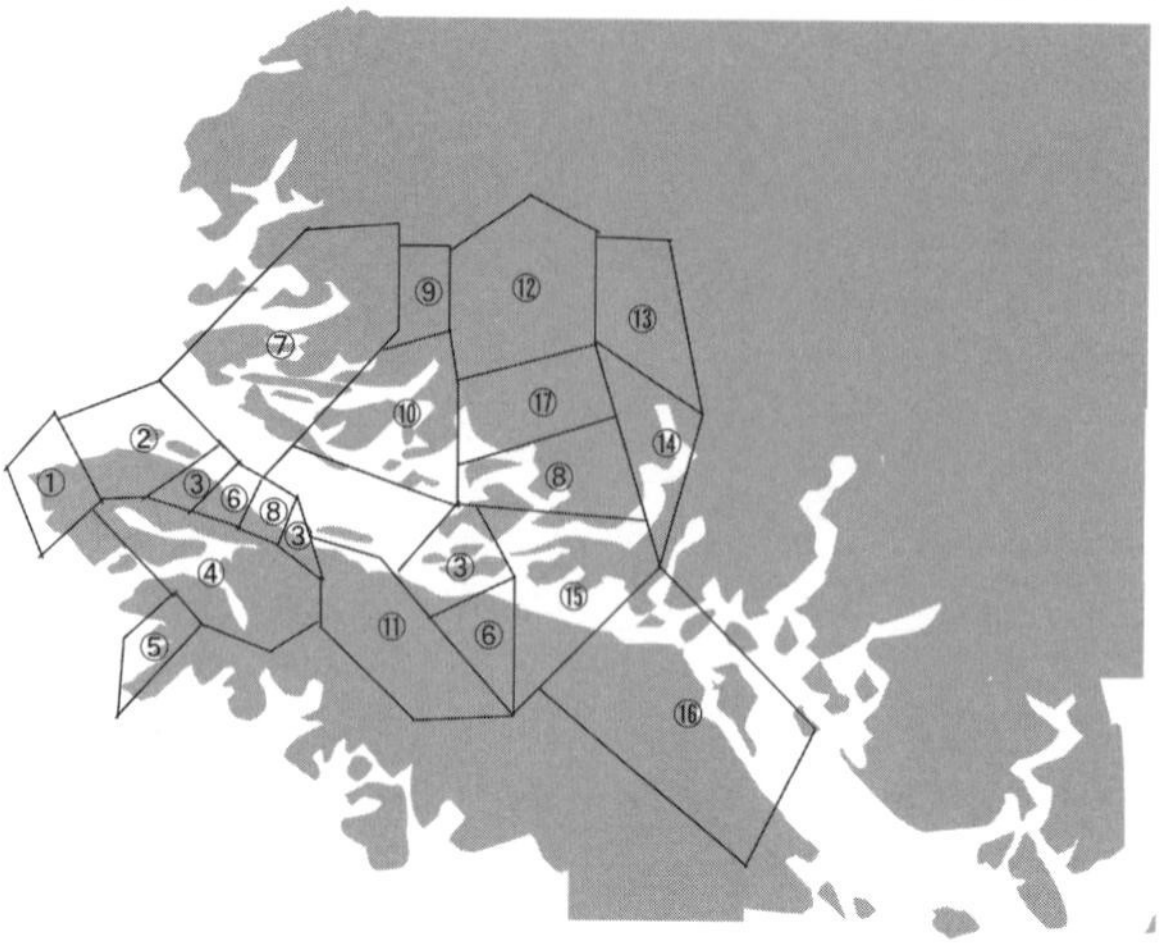

トとして参加するという形でおこなわれてきたわけである。けれども、植民地統治以後に交通網が発達し、それに伴ってポトラッチに参加する人びとの住む地理的範囲も拡大すると、冬村集団は——クワクワカワクゥを外縁とした——ホスト／ゲストの一方を担う単位へと変貌していった。また、ガロワ、ミッチェルとドナルドによれば、冬村集団は単なる冬の祭礼集団であっただけでなく、生業活動においても重要な生産単位として機能した季節があったようである [cf. GALOIS 1994; MITCEHLL and DONALD 1988: 315]。

さらに冬村集団のあるものは、近隣に住むほかの冬村集団と同盟し、ある種の「冬村集団連合」を形成することもあった。そのような例として、ボアズがフィールド調査をおこなったフォート・ルパートの「クワキウトル」と現在のキャンベル・リバー周辺を生活拠点としていた「レクウィルトク」があげられる。ドラッカーが指摘するように、クワキウトルはフォート・ルパートにイギリスのハドソン湾会社が交易拠点を建設した際に、周辺から集まってきた冬村集団による連合であり [DRUCKER 1955: 123, 137-138]、ボアズがフィールド調査をおこなった一九世紀の後半には結束してナムギース（Namgis）やコスキモ（Koskimo）などほかの冬村集団に対して競合的ポトラッチをおこなっていた［cf. BOAS 1897: 346-353, 1966: 179-241］。また、詳しくは後述するが、レクウィルトクの場合は夏のある時期にサケ漁の生産単位として機能する一面もあった。

2　ランク制度と階層制

民族としてのクワクワカワクゥを垂直方向に分断するのがヌマイム、冬村集団であるとすれば、クワクワカワクゥを水平方向に分断するのがランク制度と階層制であった。ランク制度とは、ある集団――クワクワカワクゥであればヌマイムか冬村集団に相当する――のなかで、一般に「ランク」と呼ばれる称号を所有する者たちを一人ひとり序列化する制度である。たとえばある集団に二〇人のランク保持者がいた場合、彼らは一位から二〇位まで順位づけられる（このうち第一位のランク保持者が首長となる）。したがって、集団内の二人の個人がまったく同一の地位にあることはあり得ないという意味で、ドラッカーのいうように、「共通の特徴や属性をもつ諸個人の集団としての階層とは区別される」のである［DRUCKER 1939: 55］。

一般に、ランクにはそれぞれ名称があり、その名称はヌマイム内のある特定の祖先の名前となっている。そして「現世」においてランクを保持する人物は、そのランクの名の由来となる祖先と同一の人格を備えると考えられていた。それと同時に、ランクを保持した人物は、由来となる祖先が創作したとされる歌や踊り、その祖先にまつわるトーテムなどを継承した。(1) 従来、ランクの所有が認められたのは男性だけで、長男が父のランクを継承するのが一般的であった。

コデアによると、クワクワカワクゥ社会にはこのようなランクが全部で約六五〇存在していたという［CODERE

1950: 97]。まだ疫病による人口減少が顕著ではなかった一九世紀前半のクワクワカワクゥの人口を約一万五、〇〇〇人［BOYD 1990: 144］、その半数が男性だと仮定し、また本来ランクは男性だけに保持が認められることを考慮すると、当時ランクを保持できたのは全男性のうち約一〇分の一程度であったと推測される。ところが（第四節で詳述するように）二〇世紀初頭、疫病の流行したせいで、ランクの有資格者の人口は総ランク数を下回るまでに減少してしまうことになる。その結果、ほぼすべての成人男性がランクを所有できるようになったどころか、女性でさえランクを保持する事態も生まれたのである［CODERE 1950: 97; MASCO 1995: 61-62］。

このランク制度はまた、ヌマイムの内部の各成員だけでなく、冬村集団内の各ヌマイム、さらにはクワクワカワクゥ内の冬村集団を序列化するものでもあったといわれている。クワクワカワクゥ内の冬村集団の順位は各研究によってまちまちであるが［cf. BOAS 1925; FORD (ed.) 1941; DONALD and MITCHELL 1975: 335, 338］、それでもフォート・ルパートのクワキウトルが第一位、ママレレクァラが第二位、ナムギースが第三位という点では見解が一致している。

このようなランク制度以外に、クワクワカワクゥには階層制（class system）が存在した。クワクワカワクゥの階層制は、まず人びとを自由民と奴隷に分け、さらに前者を貴族と平民に分けるものであった。これまでの研究では、貴族と平民の境界を明示することなしに貴族、平民という用語が使われてきたが、それでも両者の境界は以下のように設定されていたと推測することができる。総ランク数が全人口の一〇分の一程度であった一九世紀初頭までは、ランクをもつものが貴族、そうでないものが平民であった。これに対し、人口が減少し、ほとんどの成人男性がランクを所有できるようになった一九世紀後半以後は、相対的に高いランクをもつものが貴族、低いランクをもつものが平民とみなされた(2)。

第三節　世界観とポトラッチ

1　伝統的な世界観

クワクワカワクゥは、みずからの存在する世界をどのように認識していたのだろうか。ワレンスによれば、クワクワカワクゥの住む「現世」と、彼らの祖先の住む神話的世界は対照をなしており、双方の世界に均衡が保たれてはじめて両世界に秩序が生まれる。反対に、「現世」における過ちは両世界の均衡を乱してしまい、神話的世界の秩序にも影響を及ぼす［WALENS 1982: 179］。その端的な例がランク制度である。ランク制度はなにも「現世」だけに存在するわけではない。それと同じものは神話的世界にも存在する。そしてポトラッチのような儀式の場でランク制度を象徴的に正しく表象しなければ、神話的世界のランク制度の秩序を保つことはできないことになっていた。だから人びとは、つねに両世界の均衡を維持するべく、ポトラッチなどの儀式の場においては細心の注意を払ってランクを表象しなければならなかったのである。

クワクワカワクゥの神話的世界を知るためには、やはり彼らの神話をたどるのが最適であろう。ここで重要となるのは、神話にみられるつぎのような構造である。ヌマイムの始祖になる人物が超自然的存在とであい、超自然の能力を獲得する。またあるときには、この始祖自身が超自然的存在であることもある。この場合、彼は地上に降りたったときにその毛皮を脱ぎ捨てて、人間の姿になる。北西海岸では一般に、動物は人間が毛皮をまとったものであり、それらの動物もみずからの住処にもどれば毛皮を脱いで人間の姿になると考えられていたのである。

クワクワカワクゥの創設神話の多くは、上述したような構造を備えていた。ここに紹介するシスェンレ（Si'senle）というヌマイム（冬村集団ナムギースの一つのヌマイム）にまつわる神話も例外ではない。

「ナムギースはシーモア海峡からの旅で北上していた。彼は人びとに戦いを挑み、多くの村を破壊した。最後にはニムキッシュ川をさかのぼり、ツェクェワク山にたどり着いた。彼（ナムギース）はそこで超自然の力を手に入れた。一羽のガンが飛んできて人間の姿になり、彼（ナムギース）とともに暮らして彼（ナムギース）のヌマイムの祖先となった。彼らはふもとに住んだ。ガンが人間の姿になったときには、彼（ガン）の妻も人間になり、そして多くの子どもを得た。その子どもたちは悪い人間になった。ナムギースとガンはシスェンレの祖先である」[BOAS 1910: 473]。

この神話では、ヌマイムの始祖であるナムギースは超自然的存在の介在なく超自然の能力を手に入れる（「彼はそこで超自然の力を手に入れた」）。しかし、ここではガンがヌマイムのもう一人の始祖になると同時に、ナムギースに手をさしのべる超自然的存在の役割を果たしている（「一羽のガンが飛んできて人間の姿になり、彼とともに暮らして彼のヌマイムの祖先となった」）。ガンの子どもたちは嘴と羽をとり、人間の姿となって、しだいにヌマイムの成員を増やしていく。ナムギースあるいはガンが、ヌマイムの筆頭ランクを創設する一方で、その子どもたち、さらにその子どもたちは、ナムギースあるいはガンとの社会的距離にしたがって、第二位、第三位……のランクを創設していくのである。

「現世」のランクは、上記の神話のなかで創設されたランクと同一のものと考えられた。つまり「現世」においてヌマイムの最高位にある首長のランクは、ナムギースのような神話的時代の始祖がかつて確立したランクと同一のものとみなされたのである。そしてランクとその名前には、その創設者の人格が備わっていると想定されたため、ランクの継承に伴ってランクの創設者の人格も継承者に引き継がれるとみなされた［モース　一九七六：八五－九四］。つまり、「現世」の首長はヌマイムの始祖の人格を継承するのである。また、ランクの継承に伴って、創設者が超自然的存在から得た（とされる）仮面、衣装、歌、踊りなどさまざまな特権も同時に継承される。これらの特権は、ランク保持者が超自然の能力を発揮する際にきわめて重要なアイテムとなったのである。

2　ポトラッチ

バーネットが端的に説明するように、民族集団ごとに違いがあるとはいえ、北西海岸の先住民がおこなうポトラッチはすべて誕生、結婚、地位の継承、財産の相続、死といった人生の節目を公的に承認させる機会であり、そのために当事者集団は周囲の親族集団を招待し、彼らに対して財を与えなければならないという義務を負った［BARNETT 1938］。ボアズによれば、クワクワカワクゥにとってポトラッチを開催する最大の目的は、ランクを獲得することであった［BOAS 1897: 341］。クワクワカワクゥのポトラッチでは、膨大な量の財がゲストに贈与されるだけでなく、ときにゲストであるヌマイムの前でホストのヌマイムが財を破壊したり、捨てたりすることを通して、ヌマイム間の戦争が財を介して象徴的におこなわれることもあった［cf. BOAS 1897, 1966; CODERE 1950］。

これまでのポトラッチ研究のほとんどは、まさにこの異常な「贈与」の行程にとり憑かれてきたといえる［立川　一九九九b：一七六］。人類学においては、先述のボアズやバーネットのほか、ベネディクト、コデア、ドラッカー、ピドック、バイダ、サトルズなどが、人類学以外の分野においてもバタイユ、モース、ダンデス、ブラッケンらがこうした贈与の「異常性」の理解に尽力してきた［バタイユ　一九七三：ベネディクト　一九七三：BRACKEN 1997; CODERE 1950, 1956, 1961; DRUCKER 1955; DRUCKER and HEIZER 1967; DUNDES 1979; モース　一九七三：PIDDOCKE

1965; SUTTLES 1960; VAYDA 1961]。これらの研究者のうち、唯一モースだけはポトラッチのなかにある種の宗教性を認めていたが、彼自身はその必要性を示唆するのみで、みずから研究することはなかった。

このような研究の流れのなかで、モースの意思を引き継ぎ、ポトラッチの宗教性に正面からとり組もうとしたのがゴールドマン、ワレンス、マスコといった人類学者であった。ボアズのいうように、ポトラッチとは本来ランクを「現世」において獲得する手段である。しかし、とくに植民地統治以前においては、このランクの獲得はポトラッチで継承者と創設者が霊的に交流しなければ達成されなかった [BOAS 1897: 418; MASCO 1995: 45-49]。両者の交流は、「現世」と神話的世界という、二つの世界の均衡が維持された状態でなければ不可能であり、そのためにポトラッチではそのあらゆる段階でクワクワカワクゥの世界観が表象されたのである。つまり、宗教・象徴的な意味において、クワクワカワクゥのポトラッチとは世界観を表象する場であったということができる [cf. GOLDMAN 1975; WALENS 1981, 1982; MASCO 1995]。

ポトラッチの行程のなかからクワクワカワクゥの世界観が実際に表象されている場面を列挙することは、そうむずかしいことではない。ポトラッチで表象される世界観とは、具体的にはランク創設の物語とランク制度そのものであった。前者はとくにランク継承者による歌、踊り、演説のなかで表現され、これらの歌や踊りのなかでは仮面と毛皮を身にまとった人間がふたたび超自然的存在に戻る場面が再現されたという。他方、ランク制度が表明されるもっとも顕著な場が、財の贈与である。ホスト（継承者）のランクの表明は、おもにホストによる演説によっておこなわれるが、ゲストのランクを表明するにあたってはおもに二つの方法があった。第一に、ランクの高い順に財を分配することでランク制度全体を表象する方法がある。第二に、ランクは受けとる財の種類によっても象徴される。つまり、ランクをもつ貴族には毛皮製の毛布が与えられるが、ランクをもたない平民には毛皮は与えられず、かわりにレッド・

シダーの樹皮でつくった毛布が与えられたのである［MASCO 1995: 53］。いうまでもないが、貴族と毛皮の象徴的な紐帯は、超自然的存在が毛皮を脱いで始祖となったという物語と関係がある。

このように、とくに植民地統治以前において、ポトラッチはクワクワカワクゥの伝統的な世界観を表象する重要な機会であった。クワクワカワクゥの貴族は、ポトラッチで独自の世界観を表象することを通して祖先と霊的に交渉し、それによって得られた超自然の力を平民たちに分与した。それに対して平民たちは、貴族――厳密には首長――がポトラッチを開催するにあたって必要な財の集積と加工（必要があれば）に尽力した。ヌマイムの貴族と平民の間には、このような互酬的関係が築かれていたのである。しかし植民地統治がはじまると、ポトラッチのこのような宗教・象徴的な性質は著しく変容していくようになる。贈与される毛布がハドソン湾会社の提供する毛織のものに統一されることで、財の質によって貴族と平民を象徴的に区別することはなくなり、両階層の区別は単に毛布の枚数だけで表された。また、賃金労働がクワクワカワクゥ社会に浸透されると、それに乗じて富裕になることができた平民の一部は「鷲」(*kwikw*)と呼ばれる新しい地位を獲得し、世襲の首長たちよりも先に財を受けとる権利を獲得した。これによって贈与の順番によってランク制度を表象することもなくなった。さらには、疫病の流行に伴う人口減少により平民にもランクを保持する機会がめぐってくると、ランクそれ自体の価値が凋落した。これらのできごとによって、植民地統治期にはポトラッチは宗教性を失っていき、きわめて「世俗的」な饗宴へと変貌していったのである［立川一九九九ａ］。

第四節　クワクワカワクゥの歴史と現在

1　歴史

クワクワカワクゥとヨーロッパ人との〈遭遇〉（contact）に関する最初の文字記録を残したジョージ・バンクーバー（George Vancouver）によれば、一七九二年と一七九三年に彼が遭遇したクワクワカワクゥはすでにヨーロッパ製の小銃を所持していた［VANCOUVER 1798 in CODERE 1961: 435-436］。つまり、そのときにはすでに、クワクワカワクゥは直接的にではないにせよ、ヨーロッパ人との関わりをもっていたのである。

ただし、北西海岸の先住民とヨーロッパ人（おもにイギリス人）との交流が本格化したのは、一九世紀に入ってからのことである。ハドソン湾会社は、一九世紀に入ると北西海岸一帯に、つぎつぎと毛皮交易のための交易所を開設していった。クワクワカワクゥの生活圏においては、一八四九年フォート・ルパートに交易所が設置されており、以後クワクワカワクゥは、ヌー・チャー・ヌルスやヘイルツク、ヌカルクとハドソン湾会社との間の、毛皮交易の仲介役として活躍した［CODERE 1961: 455; MASCO 1995: 50］。一八四九年以来、ハドソン湾会社はイギリス政府からバンクーバー島の統治を委託されていたが、同会社とクワクワカワクゥ（およびほかの先住民族集団）との関係は必ずしも支配－服従という形で容易に図式化されるものではなかったようである。マスコによれば、当時のハドソン湾会社は冬村集団間の侵略や戦争の防止には精力的に対応したものの、それ以外のこと、たとえば先住民の政治・経済、文化的な面での干渉などにはほとんど関心がなかった。つまりハドソン湾会社にとって、平和な社会的秩序が乱されない限り、クワクワカワクゥはみずからに服従すべき対象というよりはむしろ経済活動のパートナーとしての側面が強かったのである［MASCO 1995: 50］。

このように、クワクワカワクゥとハドソン湾会社は比較的良好な関係を築いていたが、その一方でハドソン湾会社および一九世紀後半から増加していったヨーロッパ人入植者がもたらした疫病によって、前者の人口は着実に減少していった。北西海岸にヨーロッパ人が入植する最大のきっかけとなったのは、一八五七年にフレーザー（Fraser）川流域で金脈が発見されたことである。このときのゴールド・ラッシュをきっかけに、たとえばバンクーバー島最南端にあるビクトリア（Victoria）の人口は、五〇〇人から二万五、〇〇〇人にまで増加したという［DUFF 1964: 42-44; MASCO 1995: 55］。一八六二年にはすでにビクトリアの先住民ゲットーで天然痘が流行しはじめ、それは急速に北西海岸全域に広まっていった。そしてその三年後には、北西海岸全体で先住民人口の約三分の二の命が奪われている［BOYD 1990］。クワクワカワクゥの人口についていえば、一八世紀後半に約一万九、〇〇〇あった人口は、一八三五年には八、五〇〇人、二〇世紀初頭には一、〇〇〇人強にまで激減してしまった［BOYD 1990: 136-144; GALOIS 1994: 40-41］。

先住民の受難はこれだけでは終わらなかった。人口減少にさらに追い打ちをかけたのが、一八八〇年頃からはじまったカナダ政府による同化政策である。北西海岸がカナダ連邦に組みこまれ、ブリティッシュ・コロンビア州という一つの州となった一八七六年以来、先住民の統治はハドソン湾会社ではなくカナダ政府がになうことになった[3]。政府は先住民をイギリス人の文化水準に引きあげるために、さまざまな同化政策を遂行した。土地を文字通りにとりあげ——北西海岸ではカナダ東部のように先住民と英国女王との間で〈条約〉（Treaty）が締結されることがなく、先住民は最初から土地を所有しないものとみなされた——、そのかわりに一九一三年から一九一六年にかけての「マッキンナ＝マクブライド委員会」（McKenna-McBride Commission）を通じて各地に居留地を配分して先住民をそこに強制的に移住させただけでなく［SANDERS et al.1999］、従来漁民であった先住民を農民にしようとさえした（この計画は結局失敗に終わった）［cf. LAVIOLETTE 1961: 34］。それとほぼときを同じくして、キリスト教宣教師は寄宿学校を設立し、先住民の子どもに英語を教える一方で、民族語の使用を厳しく禁止した［cf. ASSU with Inglis 1989: 85-87］。

しかしこれらの政策にも増して、北西海岸の先住民に対する同化政策を象徴しているのが、一八八四年に公布され、その翌年から施行された「ポトラッチ禁止法(4)」であろう。ポトラッチこそが先住民の生活の核にあると考えたカナダ政府は、法的にこれを禁止することで、同化を潤滑におこなえると考えたのである。とはいえ、一九一〇年代半ばまでは、この法は少なくともクワクワカワクゥに対しては実質的な効力をもたなかった。ポトラッチをおこなったかどで逮捕されたクワクワカワクゥも、裁判では無罪になるか、あるいは執行猶予がつけられることが多かったからである［COLE and CHAIKIN 1990: chap. 4-7; LAVIOLETTE 1961: 59-76］。けれども法の条文の度重なる修正もあって、とうとう一九二二年にはポトラッチに参加したかどで七〇名強のクワクワカワクゥが逮捕され、禁固刑に処せられるという事件が起こった。反－ポトラッチ禁止法の最右翼とみなされていたクワクワカワクゥ社会においてでさえ、この事件をきっかけにポトラッチは衰退していったのである［COLE and CHAIKIN 1990: chap. 8-9; SEWID-SMITH 1979］。

他方で、一九三〇年代からポトラッチが下火になっていった要因としては、上記の強権的政治以外のものもあげられている。コールとチャイキンの主張によれば、一九三〇年代に北西海岸を襲った大恐慌は、ポトラッチの合法化を願いつづけてきた先住民たちの情熱をみずからの労働保障に転じさせたのである［COLE and CHAIKIN 1990: 164］。第三章で論じられる先住民漁師の「労働組合」の創設は、このような背景のなかで生じたできことであった。

カナダ政府によるポトラッチへの抑圧が強化されていた当時、バンクーバー島ではヨーロッパ系カナダ人の入植者人口が着実に増加していき、またそれに伴ってさまざまな産業が根づきはじめていた。とくに、本著で中心的にとりあげることになるサケ漁業、および林業（logging）や鉱業は、州の基幹産業にまで成長していくことになる。それと同時に、ハドソン湾会社が交易拠点を築いたビクトリアやフォート・ルパートだけでなく、サケの缶詰工場が設置されたアラート・ベイ、クアシアスキ・コブ（Quathiaski Cove）、コートニー（Courtenay）、ナナイモ（Nanaimo）などの地域、およびその周辺にあったキャンベル・リバー、ポート・マクニール（Pt. McNeill）、ポート・ハーディ（Pt. Hardy）などの地域では、いわゆる「タウン」が形成されていく。これらのタウンでは、先住民を含めた地域住民や出稼ぎ労働での短期滞在者たちのためのスーパー・マーケットを中心に、さらなる経済的な発展がみられた。詳しくは後述するが、大恐慌の時代、すでに先住民たちは上記産業下の労働に従事して、それで得た賃金を使ってスーパー・マーケットで食料その他の物資を調達するという貨幣経済システムにどっぷりと浸かっていたのである。それ故に一九三〇年代の大恐慌は、それまで粘り強くポトラッチ禁止法に抵抗しつづけてきた先住民たちの経済的基盤を大きく揺さぶることになり、彼らの関心をポトラッチから逸らすことになったのである［COLE and CHAIKIN 1990: 164］。

さて、同化政策によって先住民は「消滅」する、つまりヨーロッパ系カナダ人に完全に同化するという信念のもとに、一九世紀末以来カナダ政府は先住民に厳しい同化政策を課してきたが、一九五〇年代になるとこの信念の誤りが露呈された。先住民は「消滅」しなかったのである。この事実が次第に明るみにでてくるや、政府は同化の方針を放棄した。二〇世紀も半ばすぎになると、カナダ政府はむしろ先住民寄りの態度を示すようになる。ポトラッチに関していえば、その禁止に関する条文が一九五一年のインディアン法から「静かに」削除され、その二年後にはクワクワカワクゥのマンゴ・マーティン（Mungo Martin）による合法的ポトラッチがおこなわれた［COLE and CHAIKIN 1990: 171; STEWART 1993: 105; 立川 二〇〇八c］。北西海岸の先住民に関連した行政、司法面での動向においては、先住民の土地に対する権原（title、権利の発生する原因）の現存性にはじめてふれた一九七三年のいわゆる「コルダー（Calder）判決」、土地、資源、自治などをめぐるいわゆる「先住権」（aboriginal rights）を承認した一九八二年のカナダ憲法、先住民の漁撈権を保障した一九九〇年の「スパロー（Sparrow）判決」など、先住民寄りの政策や判決が多くなった。また、一九九〇年代以後になると、過去に英国女王との間で〈条約〉を締結していなかった北西海岸の先住民とカナダ政府との間に、改めて資源管理や経済的自立、自治などの問題を討議するための交渉の場が設けられるようになった［cf. CANADA, FTNO 1993-2000; MUCKEE 1996］。すでにいくつかの集団では、この交渉が合意にいたっており、政治的な自治が開始されている［山田 二〇〇五］。

このように政策決定の側面だけをとりあげると、カナダの先住民行政は当の先住民にとって好転したように思われる。しかし実際のところ、上記の政策の実施にはまだ多くの障害が存在する。たとえば、〈条約〉の締結に向けての交渉では、ある土地の所有をめぐってある先住民集団が政府と交渉する前に、先住民の当事者集団間でその土地の所有権をめぐる争いが生じることもしばしばである。また、先住民が自治をおこなうにあたって不可欠な要素となる経済的自立の手段が見いだせないこともある。このように、時間と経費のわりに実際の交渉は進展しておらず、それ故多くの先住民はこの交渉に失望するようになってきている。

2　現在のクワクワカワクゥ社会

ここでは現在の先住民行政を、クワクワカワクゥの事例に焦点をあてて述べたい。

現在の先住民行政において、クワクワカワクゥは一七のネーション（あるいはバンド）という単位に分割されている。このネーションこそが、居留地を配分される単位であり、かつ行政の対象となる単位である。ネーションはカナ

図表2－3　クワクワカワクゥの現代におけるおもな居住地域

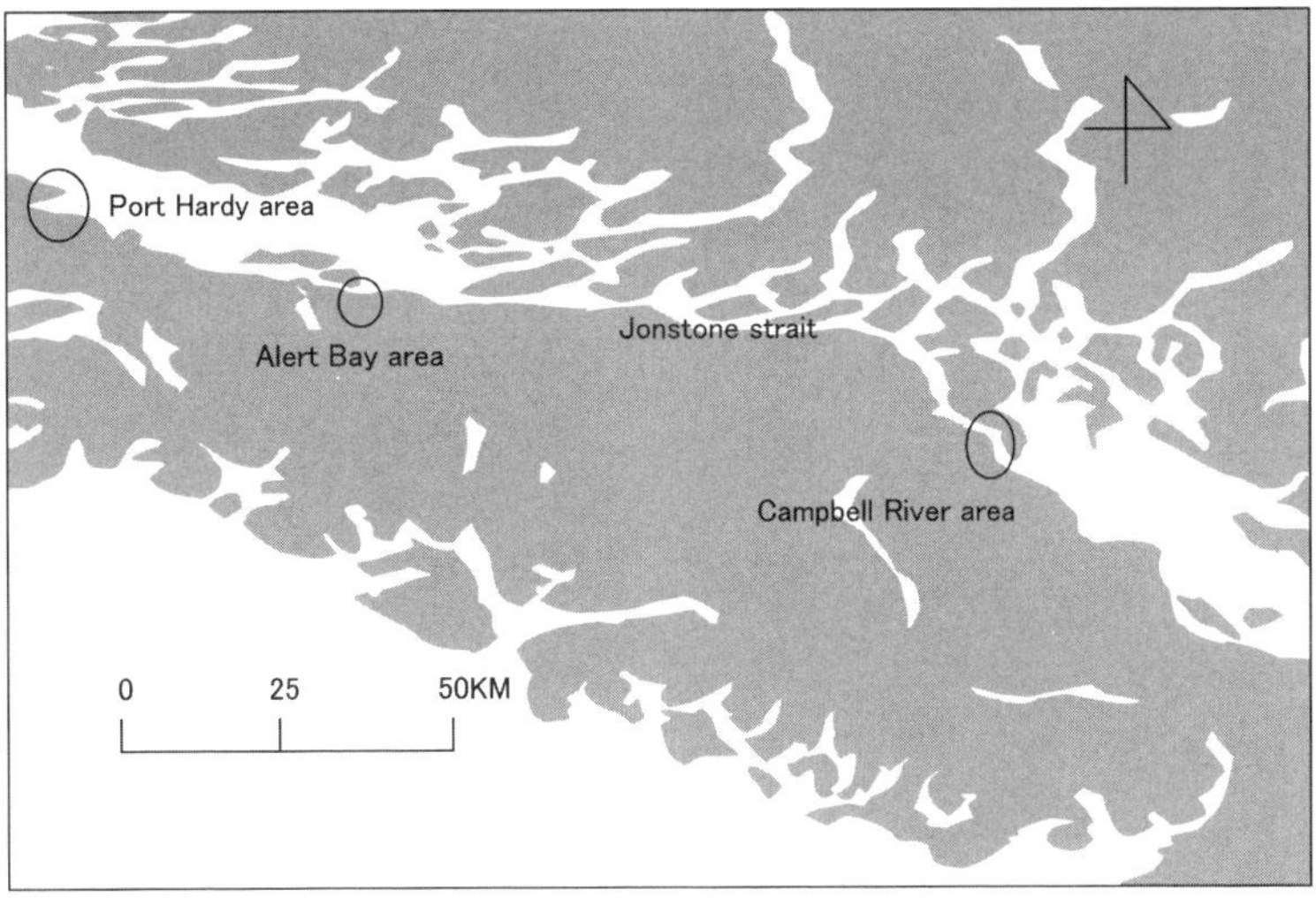

ダ政府が人為的に設けた単位ではあるが、その構成は伝統的な冬村集団にもとづいていることが多い［CANADA, DINA 1990: 87-92; GALOIS 1994］。

ネーションが居留地を配分される単位であるからといって、現存する一七のネーションすべてがみずからの居留地に住んでいるというわけではない。実際、現在ほとんどのクワクワカワクゥは、ポート・ハーディ、アラート・ベイ、キャンベル・リバーといった比較的大きな市町村に住んでおり（図表２－３）、またこの事実から、ほとんどのクワクワカワクゥ——上記三つの市町村（とその周辺地域）に自身の居留地をもつ人びとをのぞく大半の人びと——は、みずからの居留地に住んでいないことを示している［立川 二〇〇五ａ：三三二－三三三］。上記三つの市町村には、そこを居留地とする人びとと、これらの人びととの親族・姻族関係を頼りにそこに移り住んでいる人びとが混在しているのである。

本著のなかでとりあげられる、筆者の調査対象となったＷクランの人びとの場合、彼らの居留地はジョンストン海峡上のビレッジ島とギルフォード島にあるが、現在はキャンベル・リバーに居住している。Wクランが属すママレレクァラークィクサタヌクゥのネーション人口についていえば、文献からは、一九六〇年代まではまだ多くの人びとが居留地であるビレッジ島とギルフォード島に住んでいたことが窺える[cf. ROHNER 1967]。しかし首長のＨＡによれば、生活物資へのアクセスや交通の便において不自由であるため、現在九五パーセントの成員が居留地外で暮らしている。

ネーションの運営を司るのは、一名のチーフ・カウンセラー、および数名のカウンセラーである。これらの役職に就く人びとの選出方法には、大きく世襲と選挙に二分できる。ネーションは基本的にかつての冬村集団をもとに構成されているので、そこには「世襲首長」と呼べる人物が存在する。(5) チーフ・カウンセラーを世襲で選ぶ場合、この世襲首長が自動的にチーフ・カウンセラーになる。対して選挙の場合、世襲首長以外の人物が当選する可能性も高い[cf. 立川 二〇〇八c：二五]。なお、どちらの選出方法を選ぶかは、ネーションごとに決定できる。

居留地を付される単位である以上、理念上ネーションは地縁集団としての機能をもつものである。ネーションの構成の原型となった伝統的な冬村集団もまた、地縁集団であった。しかしクワクワカワクゥが現在比較的大きな市町村に移住するようになったことをうけて、ネーションは地縁集団としての機能を失いつつある。他方で、ヌマイムないしクランのほうは、今でも多様な機能を帯びる集団として意識されることが多い。移住はヌマイムごとになされる傾向にあるため、ヌマイムはネーションやかつての冬村集団にかわって地縁集団としての機能をもち、さらにはポトラッチにおける基本的な単位（主催する場合にはホスト集団）を構成する。ただし、クリスマス、感謝祭や（だれかの）誕生日を祝う単位はヌマイムよりも小さいのが一般的である。

伝統的な親族集団の編成が現在でも残っている一方で、階層制は廃止されている。ランク制度も伝統的な形では機能していないものの、ランクそのものはいまでも継承の対象となることがある。世襲首長のランクを継承するにあたって、ポトラッチが必要となるのは現在でも同じである。

Wクランにおいて、現在ランクを儀式的な形で継承するのはそのうちの筆頭ランク保持者である世襲首長、および「ポトラッチ首長」(potlatch chief) と呼ばれるランク保持者だけである。しかしそれ以外の人びとも、みずからが潜在的に保持していると思われるランクの高低をおおよそ把握している。一般に、現在では世代が上位であればあるほど、年齢が上であればあるほど、当人のランクが高いとみなされる傾向にある。けれども、なにより重要なのは、世襲首長との社会的距離である（直系親族のほうが傍系の親族よりランクが高い）。なお、現在のランク制度については第五章で改めて詳述する。

3　クワクワラ、ポトラッチ、宗教の現在

現在のクワクワカワクゥで、民族語であるクワクワラを理解できる人口は六〇歳代後半以上の世代に限られている。それより若い世代は、日常的に英語を使用し、クワクワラはほとんど理解しない。こうしたクワクワラ離れの要因として、人類学者はしばしば一九世紀にはじまる宣教師の設立した寄宿学校での厳格な英語教育を強調するが、ほかにも二〇世紀を通じてクワクワカワクゥがヨーロッパ系カナダ人の下で働くことが多かったこと、新聞、ラジオなど英語によるメディアの普及したことも要因としてあげられる。

ただし、クワクワラの復興に向けていくつかの方策もとられている。アラート・ベイやキャンベル・リバーでは、初等・中等教育の科目のなかにクワクワラが用意されるようになり、またそれ以外にも、大人向けのクワクワラのセミナーが開かれることもある。ほかの北米先住民の言語と同様、クワクワラもまた本来文字をもたなかった。しかしクワクワカワクゥは言語学記号を使ってクワクワラを文字化し、そのテキスト化に成功した [cf. GALOIS 1994]。学

校教育ではこうしたテキストが使用されている。

現在、クワクワカワクゥはほぼ例外なくキリスト教徒である。しかし毎週教会に欠かさずいく人から「食事の前にお祈りすることがあればそれにしたがうだけ」という人まで、信仰の度合はさまざまである。北米では、地域によってはカトリックの宣教師たちも布教に尽力していたものの、クワクワカワクゥ社会に関していえばメソジストと英国国教会の影響力が強い［cf. ASSU with Inglis 1989: 90-93］。

一九二二年の大々的な逮捕劇から衰退してしまったポトラッチは、一九五一年の法的な解禁後に復興に向かい、現在ではバンクーバー島北部の観光資源として、先住民社会内外において重視されるようになっている。現在のポトラッチでは、世襲首長をのぞいてランクの継承自体が開催の目的になることはない。それでも結婚、死などの人生の節目に際してポトラッチが開催されるのは以前のままである。かつて数ヶ月にわたって開催されたポトラッチは、人びとのニシン漁とサケ漁のシーズンを避けるべく、これらの漁のシーズンではない四月から六月までの週末におこなわれる傾向がある。長老たちが中央奥の座を占める会場では、首長たちによる演説がクワクワラでなされ（参加者は内容を理解できないが）、その後にはドラム演奏にのって伝統的な衣装をまとった人びとによる歌と踊りが披露される［cf. 立川　二〇〇四b］。また、これら一連の歌と踊りの後には、ボアズがポトラッチを観察した時代のポトラッチとくらべても遜色のない財の陳列がみられることもある。本著の序章でも紹介したように、二〇〇五年六月のポトラッチにおいてＨＡは彼の父であるＢＯから首長位を継承した。このポトラッチを開催するにあたって、ＢＯはみずから貯蓄してきた一六万ドルもの大金を使用したのであるが、そのほとんどはポトラッチ期間中にゲストたちにふるまう食事の費用、および最後に彼らに与える財の購入費として使われたのである。

第五節　伝統的経済活動——レクウィルトクの事例から

本節では、伝統的なクワクワカワクゥの生業活動について、レクウィルトクという冬村集団連合のなかのウィワイカイ（Weewiakay, 現在のケープ・マッジ・ネーションに相当）という冬村集団の例から再構成する。なお、ここで「伝統的」とみなされる時代として、筆者は一八五〇年頃から一九二〇年頃までを想定している。

コミュニティ・ベースの研究がもつ利点については、ドナルドとミッチェルによる一連の研究［e.g. DONALD and MITCHELL 1975, 1994; MITCHELL 1983; MITCHELL and DONALD 1988, 2001］のなかに明らかにされている通りである。それ以前の研究［e.g. BOAS 1935; DRUCKER 1955; KROEBER 1923］では、経済活動を再構成するための単位としておおまかに北西海岸全域か、せいぜい民族集団が設定されており、それ故に漁法、漁具、捕獲される資源のリスト作り以上のことができたとはいいがたい。それに対してドナルドとミッチェルによる一連の研究は、冬村集団やヌマイムを分析の単位にすることで、それらの集団が実際に「所有」していた空間の具体的な生態学的特徴、その特徴にもとづく資源ベース、季節ごとの生産単位の規模の可変性を明らかにするだけでなく、資源の捕獲量の算出をも可能にした(6)。これらのことをふまえ、本節でも冬村集団をベースに、レクウィルトクが捕獲した資源、漁法、漁具だけでなく、季節的な移動のルート、生産単位の形成などを再構成していく。

生業活動の再構成に際し、筆者がおもに依拠した資料はケープ・マッジ出身のハリー・アスー（Harry Assu）の自叙伝［ASSU with Inglis 1989］、およびガロワによるクワクワカワクゥの移住史［GALOIS 1994］である。これらの資料は生業活動の再構成に際して中心的な役割を果たしたが、そこから得られる情報は必ずしも体系的なものではな

図表2－4　レクウィルトクの歴史的な移動のルート

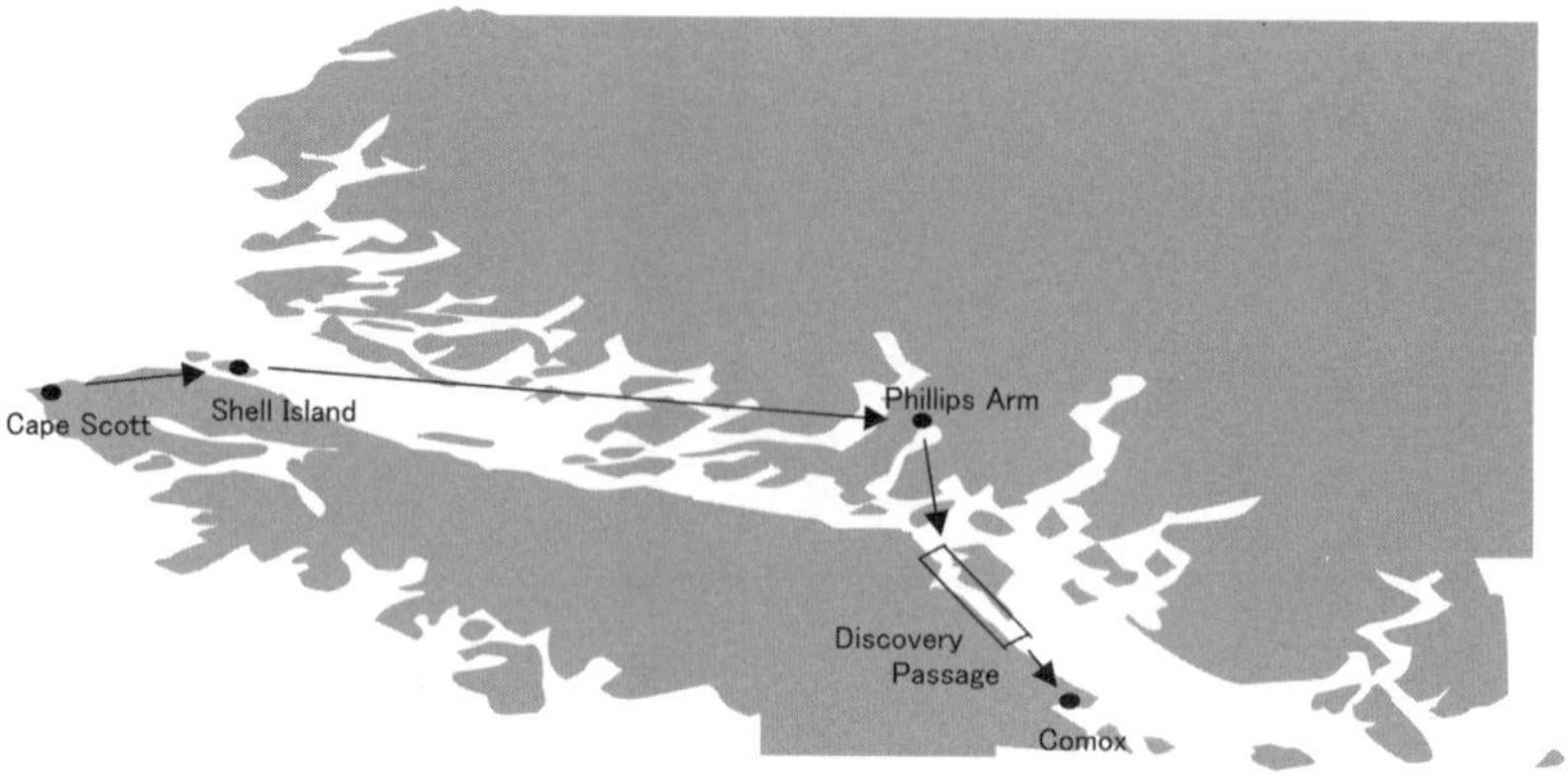

かった。そこで筆者は、以下の資料や情報を補完的に利用した。資源ベースの特定についてはバンクーバー島東岸やジョンストン海峡における生物学、生態学、考古学の研究を、漁法についてはスチュワート［STEWART 1977］とボアズ［BOAS 1935］を利用し、これらの資料でなお不完全な部分については、筆者のインフォーマントであるＨＡへのインタビューで補った。[7]

1　レクウィルトクの冬村集団

現在のレクウィルトクの居住地は、バンクーバー島東岸中部のディスカバリー水路（Discovery Passage）周辺、おもにキャンベル・リバーとその対岸にあるクアドラ（Quadra）島であり、この地域がクワクワカワクゥ・テリトリーの最南端とされている[8]（図表２－３）。レクウィルトクがこの地に移住してきたのは一八五〇年代のことで、それ以前はより北方に住んでいたらしい。アスーによると、レクウィルトクの発祥の地とされるのはバンクーバー島北西端のケープ・スコット（Cape Scott）で、その後、一八世紀初頭までに、フォート・ルパート・クワキウトルの現テリトリーであるシェル（Shell）島に移住した（以下、図表２－４を参照されたい）［ASSU with Inglis

1989: 8-9]。そしてその南方フィリップス入海（Phillips Arm）で「洪水」を経験した後、一部の集団はさらに南下し、一八五〇年代に現居住地であるディスカバリー水路に到達した［ASSU with Inglis 1989: 3-5; GALOIS 1994: 223-232］。この集団は一八五〇年代に現在コモックスのある地域までさらに南下しようと試みたものの、政府によりディスカバリー水路まで押し戻された［GALOIS 1994: 234］。一方で、それまでフィリップス入海にとどまったほかの集団も、一九〇〇年までにはディスカバリー水路まで南下している［GALOIS 1994: 223-232］。

レクウィルトクがフィリップス入海に移住したと思われる一八世紀以後、同集団は多くの分裂・吸収・合併を経験している。現在のレクウィルトクはウィワイカイ、ウィワイクム（Weewiakum）、ワリツマ（Walitsma）、クウィーハ（Kweeha）の四つの冬村集団から構成されているが、ガロワによると、一七七五年以後、上記四集団に加えてコメノクス（Komenox）、トラアイルイス（Tlaailuis）、ハハマツィーズ（Hahamatsees）を含めた六あるいは七集団が存在し、互いに吸収・分裂・消滅を繰り返してきた[9]［GALOIS 1994: 223-232］。そして一八五〇年代、全集団がディスカバリー水路に到達し、そのなかのワリツマは一九一五年頃さらに南方のコモックスに移住した（図表2－5）。

2　資源ベース

レクウィルトクが実際にいかなる資源を採取し、利用していたかについて、直接明言した史料は数少なく、またそれらの数少ない史料も体系性に乏しい。ただし、生物学、考古学および生態人類学的な研究の一部から、レクウィルトクの生活圏であったディスカバリー水路およびジョンストン海峡南東部と――北方の冬村集団の生活圏であった――ジョンストン海峡北西部からクィーン・シャーロット海峡（Queen charlotte Sound）との間には大きな資源ベース上の違いのないことが明らかになっている［JORGENSEN 1980; MUNRO and COWAN 1947; AMES and MASCHNER 1999;

図表2−5　1900年頃におけるレクウィルトクの各冬村集団の大まかな分布

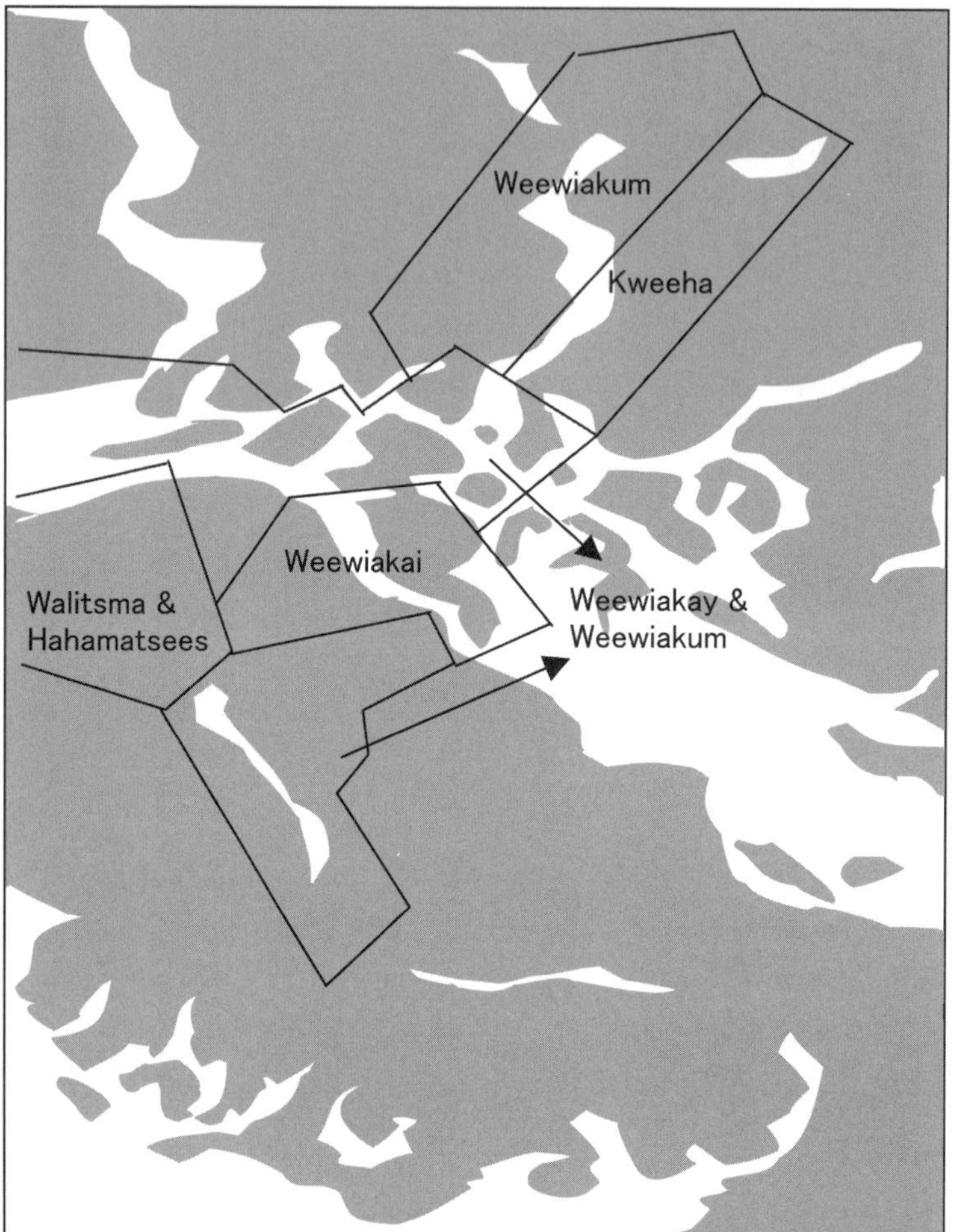

MITCHELL and DONALD 1988: 300〕。つまりレクウィルトクの利用資源を知る上で、クワクワカワクゥの他集団の利用資源がわかるならば、それはおおいに参考になるはずである。

ミッチェルとドナルドがフォート・ルパート・クワキウトルの資源としてあげているものを述べると、五種のサケ、オヒョウ、ニシン、ユーラコーン、ハマグリ、ウニなどの魚介類、アザラシ、ラッコなどの海洋ほ乳類、熊、ヤギ、鹿などの陸上ほ乳類、シダー、ベリー類、海草などの植物がある〔MITCHELL and DONALD 1988: 300, 304〕。これにボアズがあげるもの〔cf. BOAS 1935〕を筆者なりに拾い集めてみたものをつけ加えると、タラ、マス、アブラツノザメ（dog fish）、数の子（ニシンの卵巣）が加わる。

アスーの自伝〔ASSU with Inglis 1989〕から、レクウィルトクである彼が幼少期に実際採取していた資源は以下の通りである。海産資源では五種のサケ、オヒョウ、ニシン（と数の子）、アブラツノザメ、採集対象はカモメの卵、ベリー類、狩猟対象としては鹿である。ほかにも、二〇世紀以降のキャンベル・リバーではジャガイモ栽培もおこなわれていたらしい。ただし実際には、ここにあげられなかったがフォート・ルパート・クワキウトルの資源ベースとして前段落であげたもののほか、――いまでも先住民漁師たちが頻繁に捕獲している――カニ、エビなどの甲殻類も捕獲対象であったはずである。

ただし、レクウィルトクと北方の冬村集団の資源ベースは三つの点で違ってもいる。第一の違いはベニザケである。レクウィルトクの生活圏には、北方の集団のテリトリーと違ってベニザケが遡上する河川がほとんどみられない〔CANADA, DE 1986〕。けれどもこれは、海浜で漁をおこなうことによって後に克服されることになった（次項にて詳述）。

第二の違いはラッコである。これは生態上の差異というよりは社会的差異といえる。クワクワカワクゥが伝統的にラッコ猟をおこなっていたことは明白であるが、北方の集団、たとえばフォート・ルパート・クワキウトルの間では、ハドソン湾会社が交易拠点を設けて以来、毛皮を得る目的でのラッコ猟に拍車がかけられた。他方、レクウィルトクがラッコ猟をおこなったという直接的な記録はなく、仮におこなっていたとしても生業活動におけるその重要度はフォート・ルパートのクワキウトルほどではなかったと考えられる。

第三にユーラコーンがある。ディスカバリー水路に移住した後、レクウィルトクはナイト入江（Knight Inlet）におけるユーラコーン漁の権利を放棄している。移住後のごく短期間、レクウィルトクはビュート入江（Bute Inlet）でユーラコーン漁に従事していたが［GALOIS 1994: 234］、その後はもっぱら北方の集団との交易でユーラコーン油を得るようになった［ASSU with Inglis 1989: 23］。

これらの資源が捕獲される手段と空間に目を向けた場合、淡水域での漁撈、海水域での漁撈（と海獣狩猟）、狩猟、採集の四つに分けることができる。ミッチェルとドナルドによれば、クワクワカワクゥにとってもっとも重要なのは淡水域での漁撈であり、ついで海水域での漁撈、採集、狩猟の順となる［MITCHELL and DONALD 1988: 305］。淡水域での漁撈のなかでもとくに重要なのはシロザケ漁であった。サケを燻煙して保存することの多かったクワクワカワクゥにとって、シロザケは比較的油分が少なく、それ故に燻煙に最適の資源であったからである。

3　技術

上に述べた可能な資源ベースに対し、すべての獲得技術をここに記すのはむずかしいので、ここではクワクワカワクゥの依存度が高かったサケの捕獲技術についてのみ詳述する(10)。

伝統的に、クワクワカワクゥをはじめ、北西海岸の先住民はサケを淡水域つまり河川の中流、上流でのみ捕獲していた。[11] 淡水域での捕獲にはおもに四つの方法がある。第一にクワクワカワクゥ特有の袋状の漁網（bag net）を使う網漁があり［BOAS 1935: 17; STEWART 1977: 99-123］、第二に漁師が夜間に火をともして直接サケを槍で捕らえる松明漁がある［BOAS 1935: 17］。それ以外に、堰漁と梁漁もおこなわれていた。なお、これらに必要とされる漁具をつくり、漁をおこなうのは男性の仕事で、サケの保存と加工は女性の仕事であった［MITCHELL and DONALD 1988: 315］。

ただし、レクウィルトクはそれ以外に少なくとも二つの漁法を二〇世紀以後に実施していたことがわかる。アスーによれば、彼は幼少時（彼は一九〇五年生まれである）海水域でサケの手釣り（hand liner）をおこなっており、また、HAがいうに、ほぼ同時期から河口や海浜において地引網（drag seine）をおこなうようになっていた。これらの漁法は、特定の集団が「所有」していた河川外に遡上するサケをとることを可能にした。ベニザケの遡上する河川をもたないレクウィルトクがベニザケを得られるようになったのは、海浜部での地引網でフレーザー川に遡上するベニザケを得られるようになったからである。

4　生産単位

特定の資源を獲得する場合に実際に編成されていたと思われる生産単位については後述するとして、ここでは潜在的に可能な生産単位を紹介したい。なお、北西海岸の諸社会では奴隷が経済活動に多大な役割を果たしたことが指摘されているが［DONALD 1997］、奴隷への言及は省略する。

まず、もっとも規模の小さな生産単位に核家族的な世帯がある。クワクワカワクゥでは、四から六の世帯が同じ家屋に共住していたものの、それぞれの核家族的世帯は独自の竈を使うなど、ある程度独立したものと考えられていた。ミッチェルとドナルドは、フォート・ルパート・クワキウトルの基礎的な生産単位として、この世帯をあげている

[MITCHELL and DONALD 1988: 315]。

つぎに小さなものが家屋集団あるいはヌマイムである。サケを袋状の漁網でとる場合には三人以上の男性が必要とされ、それ故ミッチェルとドナルドは複数の世帯が必要であったと推論しているが[MITCHELL and DONALD 1988: 315]、おそらくここで言及される複数の世帯とはヌマイムのことである。

つぎに大きな生産単位として、冬村集団がある。本来、冬村集団は冬のポトラッチのシーズンをともにすごす集団であったが、後述するように、時代によっては生産単位としても機能することがあった。次項で述べるように、一九一〇年頃のレクウィルトクにおいては冬村集団が経済活動の生産単位となることも、また冬をともにすごす単位となることもほとんどなかった。しかしそれでも、ポトラッチがおこなわれる際には、この冬村集団がホスト／ゲストの一方をになっていた点でかわりはない。

それより大きな単位として、ミッチェルはユーラコーン漁のときに編成される、複数の冬村集団からなる「村落集合体」(village aggregates) をあげている[MITCHELL 1983]。ユーラコーン漁の権利を放棄してしまったレクウィルトクの場合、次項でみるように、夏のサケ漁時のみ村落集合体が生産単位として機能した。

5　一年間の生活と移動のパターン

ここではレクウィルトクの冬村集団の一つ、ウィワイカイの年間生活パターンを中心に再構成する。ウィワイカイは先述のアスーが属す集団であり、またここに再構成されるルートはアスーが少年期をすごした一九一〇年代のものである。ただ、アスーがいうには、一九一〇年代の状況と、彼が自身の祖父から聞いた一八七〇年代の状況とは大きな差がない。以下、ポトラッチが終わる初春から再構成していく。

一九一〇年代、ポトラッチが終わると、初春までにアスーと彼の祖父は、ほかの家族とクアドラ島南方のミトレナッチ（Mitlenatch）島（図表2－6の②）でカモメの卵を採集した［ASSU with Inglis 1989: 33］。ほかのヌマイムもミトレナッチ島でカモメの卵を採集していたとは考えにくいが、少なくともこの季節の生産単位は世帯あるいはヌマイムであったことがわかる。

カモメの卵の採集がウィワイカイにどれほど重要な活動であったかは不明であるが、ニシン漁と数の子の採集は、クワクワカワクゥ全体においてより重要な活動であった。ニシン漁業シーズンから察すると、ニシン漁は一一月におこなわれたと推察できるのに対し、数の子漁は二月後半から三月にかけておこなわれていたと考えられる。レクウィルトクのテリトリーでは、クアドラ島のカニッシュ（Kanish）湾（図表2－6の③）がよいニシン漁場であったが、一九一〇年代には林業による水質汚染のため、漁獲が落ちた［ASSU with Inglis 1989: 33］。ミッチェルとドナルドによれば、ニシン漁の生産単位は世帯であった［MITCHELL and DONALD 1988: 315］。

アスーによると、五月にウィワイカイのあるものはジョンストン海峡上のサーモン（Salmon）川河口周辺（図表2－6の④）でオヒョウを捕っていた［ASSU with Inglis 1989: 30］。また、HAによれば、オヒョウと同時に、オヒョウと同じ漁法で捕れるタラ類もとっていた可能性が高い。オヒョウ漁の技術的な難易度の高さから考えて、この時期の生産単位はヌマイムであったと思われる。

初夏になると、アスーの一家はケープ・マッジからディスカバリー水路上のダンカン（Duncan）湾（図表2－6の⑤）でサケの手釣りをしていた［ASSU with Inglis 1989: 25］。彼の妻方の家族であるディック（Dick）家は、同じ頃クアドラ島西のディープ・ウォーター（Deep Water）湾（図表2－6の⑤）で［ASSU with Inglis 1989: 30］、おそらく同様にサケ漁をしていた。いかなる種のサケがとられていたかは不明であるが、当時すでに海域での漁もみられてい

図表2－6　1910年頃のウィワイカイのキャンプ地とそのルート

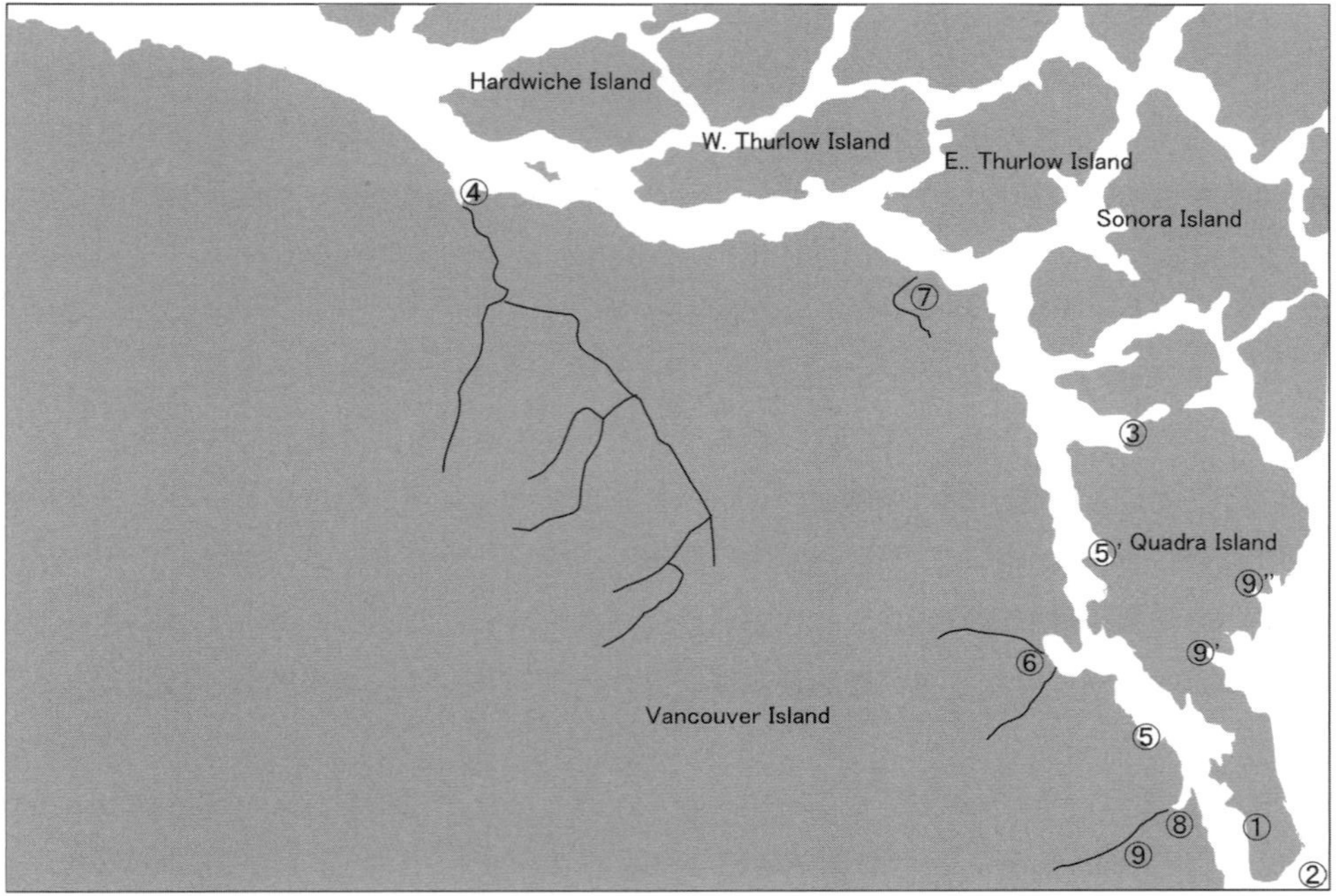

キャンプ地：

①：Cape Mudge
②：Mitlenatch Island
③：Kanish Bay
④：Salmon River
⑤：Duncan Bay
⑤'：Deep Water Bay
⑥：Mohun River
⑦：Little Bear River
⑧：Campbell River
⑨：Quinsam
⑨'：Open Bay
⑨"：Village Bay

たことをふまえると、ジョンストン海峡とディスカバリー水路およびそこに流れこむ河川での漁であれば、五種すべてのサケが期待される。(12)

一年のこの頃までの生産単位がおもにヌマイムであるのに対し、夏にはその規模が拡大する。夏のモハン（Mohun）川周辺やメンジス（Menzies）湾（図表2－6の⑥）には、約三〇〇から四〇〇人が集まりサケ漁をしていたようである。アスーがいうに、「それは夏の大きなキャンプであり、われわれの集団は漁のために全域から集まった」［ASSU with Inglis 1989: 27-28］。ガロワの提示する人口規模［GALOIS 1994: 236］から考えて、ここでの「われわれの集団」とはおそらくレクウィルトク全体を指すものと思われる。(13) モハン川の漁場では、多くのカラフトマスやギンザケがとれただけでなく、陸にあがれば多くのベリー類がとれた［ASSU with Inglis 1989: 28; CANADA. DE 1986］。またジョンストン海峡上、ロック（Rock）湾のリトル・ベアー（Little Bear）川の河口（図表2－6の⑦）には堰がつくられ、そこでは一度の宴でレクウィルトク内の四つの冬村集団を食べさせるのに十分な二、〇〇〇尾のベニザケ、ギンザケ、カラフトマスが得られた［ASSU with Inglis 1989: 29］。このシーズンは、一年を通してレクウィルトクすべての冬村集団が一カ所に集まる数少ない時期である。

晩夏から秋になると、アスーのヌマイムはキャンベル・リバーの村落（図表2－6の⑧）へ、かつそこからクインサム（Quinsam）へ（図表2－6の⑨）と向かった。一時期ウィワイカイの冬村でもあったキャンベル・リバーは当時すでにウィワイクムの冬村となっていたものの、ウィワイカイも秋の滞在地としてキャンベル・リバーですごし、シロザケを捕って燻煙していたようである［ASSU with Inglis 1989: 21］。一方で、クインサムは伝統的に鹿狩りの絶好の場であったが［ASSU with Inglis 1989: 21］、一九一七年には果樹とジャガイモ栽培もおこなわれていた［ASSU with Inglis 1989: 21］。ミッチェルとドナルドによれば、サケ漁と鹿狩りには複数の世帯が必要とされるので

[MITCHELL and DONALD 1988: 315]、このシーズンの生産単位はヌマイムだと考えられる。両地が互いに近距離に位置している事実を考慮すると、人びとは両地を頻繁に往復していたものと推論できる。

また、アスーが少年の頃にはビレッジ（Village）湾とオープン（Open）湾周辺の地（図表2－6の⑨′、⑨″）もサケを捕るために利用されていたことがわかる。アスーによれば、川を河口から四〇〇メートルのぼると、多くのシロザケが（産卵のために）溜まっており、人びとはそれらをとったのち、冬の食料として燻煙した［ASSU with Inglis 1989: 21］。また、この時期カニッシュ湾の近くでは、ベリー類が採集された［ASSU with Inglis 1989: 30］。

冬はポトラッチのシーズンであるが、HAがいうには、冬村は飢餓を防ぐべくハマグリがとれる場所のそばにあることが理想的であった。HAはまた、もし人びとがアザラシ猟をするならこの時期が最良だともはなしてくれた。ウィワイカイの冬村はケープ・マッジ（図表2－6の①）であったが、一九一〇年代にはほぼすべてのレクウィルトクがケープ・マッジとキャンベル・リバーの二カ所を冬村としていた。つまり冬村の実際の生産（居住）単位は、冬村集団より規模の大きなもの――レクウィルトクを二分するもの――になっていたと考えられる。

ここで、アスーが直接言及しないまでも、当然レクウィルトクの食生活の一部とみなしうるものをあげておきたい。上に述べた通り、ハマグリのとれる場所は冬村を定める一つの因子であったが、ローナーによれば［ROHNER 1967: 62］、ギルフォード島民は一九六〇年代ハマグリを一一月から五月までとっていた（最良の時期は三月後半）ことから、レクウィルトクも同じシーズン（潮の低いときに限られるが）にとっていた可能性がある。カニについては、HAによるとクワクワカワクゥのテリトリーでは一年を通してとることができるが、その最良の時期は五月と六月であるらしい。また、ギルフォード島民は一年を通して鹿狩りをし（最良の時期は一〇、一一月）、九月から五月にかけてカモ狩りをしていたが（最良のシーズンは九月中旬から一二月中旬）［ROHNER 1967: 62］、これらの事実もともにレクウィルトクに当てはまるはずである。ローナーによると、ギルフォード島民は海藻を一月にとっていたが［ROHNER 1967: 62］、HAは海藻採集にもっとも適しているのは五月だという。

以上の議論から、ウィワイカイの一年におけるキャンプ生活について、少なくとも以下のような一般化が可能である。

（1）一年を通して確認される生産単位は四種ある。それらは規模の小さな順に、世帯（初夏とおそらく春に編成）、ヌマイム（秋に編成、また春に編成される可能性もある）、一八八〇年代以後冬村を住み分けるときに形成された単位（徐々に数が減るにしたがい、規模は拡大され最終的にキャンベル・リバーとケープ・マッジに分かれる）、村落集合体としてのレクウィルトク（夏のサケ漁時に編成）である。フォート・ルパート・クワキウトルと比較すると、ユニット数は同じであるが、ユニットの編成の仕方に違いがある［MITCHELL 1983: 99; MITCHELL and DONALD 1988: 309］。

（2）ウィワイカイの正確な移動パターンは不明であるが、移動の最低回数は六である。つまり、〈ケープ・マッジ ↓ サーモン川 ↓ カニッシュ湾（あるいはディスカバリー水路）↓ メンジス湾 ↓ リトル・ベアー川 ↓ キャンベル・リバー ↓ クインサム ↓ ケープ・マッジ〉というルートが確認される（図表2－6）。これに対し、フォート・ルパート・クワキウトルの最少移動回数は四である［MITCHELL and DONALD 1988: 310-311］。

（3）ウィワイカイの多くのキャンプ地はディスカバリー水路を挟んだ両岸に点在し、しかも夏をのぞいてこの地域からでることはほとんどない。その移動距離は推定で二三〇－二五〇キロとなる。なお、ミッチェルとドナルドは、フォート・ルパート・クワキウトルの移動距離を二五二―二七六キロと推定している(14)［MITCHELL and DONALD 1988: 310］。

6 消費と交換

北西海岸の技術は、ほとんどすべての資源の保存と貯蔵を可能にしていた。資源の加工、保存は女性の仕事であり、技術的には燻煙と日干し、それに——ユーラコーンの——油漬けがあった［MITCHELL and DONALD 1988: 319-320］。ミッチェルとドナルドは女性によるこの仕事の重要性を強調しているが［MITCHELL and DONALD 1988: 319］、一世帯あたりのサケの年間消費量がおよそ一、〇〇〇尾（あるいは一人あたりの年間消費量が約二二〇キログラム分の魚肉）という数字をふまえると［cf. NEWELL 1993: 29；立川 二〇〇二a：一〇三］、その指摘は十分頷けるものである。ただし、すべての資源が上記の貯蔵のきく保存法をとられたわけではなく、即時的に消費されることもあった。HAによると、とくに夏のサケ漁で得られるベニザケやカラフトマスはバーベキューにして食すのが好まれたらしい。先だって再構成したウィワイカイの年間移動モデルにおいては、レクウィルトク全体がモハン川に集まっておこなうサケ漁がこれにあたると考えられる。アスーがいうように、夏のこういったキャンプにおいては生産単位としてのレクウィルトクが捕ったサケを饗宴(15)の場で即時に消費したものと考えられる。

生産単位が世帯とヌマイムである場合には、消費に先だって、獲得された資源はまず生産単位の長（世帯の長あるいはヌマイムの首長）に集積され、その後彼の責任において成員たちに再分配された。冬村集団が生産単位となる場合、原理的にいえば、資源は冬村集団の首長（冬村集団における筆頭ヌマイムの首長）に一度集積された後に再分配されることになるが、前項で述べたように、一九一〇年頃のレクウィルトク社会では冬村集団が経済活動の生産単位になることはなかったと考えられる。ただし、夏のサケ漁キャンプの際にレクウィルトク全体がモハン川に集うときには、各冬村集団の首長たちが一度資源を集積してレクウィルトク全体に分配したと推測することができる。

このように、漁撈において獲得された資源の多くは一度生産単位の長に集積され、再分配されていたわけであるが、ミッチェルとドナルドによれば、資源の配分の仕方は基本的に平等であった［MITCHELL and DONALD 1988: 315］。もっともこれは、ポトラッチの開催予定がない場合のことであり、ポトラッチの開催を控えている場合には、首長はゲストたちに贈与するための資源を確保しておく責任を負っていたことはいうまでもない［MASCO 1995: 48］。

註

（1）　このようなトーテムとして、鷲、ワタリガラス（raven）、熊、ビーバー、オオカミ、クジラ、シャチといった実在の動物のほか、サンダー・バード（爪でクジラを捕まえるといわれる）、クォルス（しばしばサンダー・バードの弟分と表される）、ズヌクヮ（森に住み、子どもをさらう巨人女性で、多大な富をもつ）、シシゥトゥル（二頭の蛇）などの超自然的存在があげられる。これらのトーテムは、トーテム・ポールや家屋の壁などに描かれたり、歌や踊りのモチーフになったりするが、そのトーテムをもたない人物は婚姻によってそれを使用する権利を獲得しなければならない。

（2）　これはあくまで筆者の推論であるが［cf. 立川　一九九九a］、同じ見解はマスコからも確認されている［MASCO 1995: 61］。

（3）　カナダでは、先住民政策は、当時から現代にかけて、州ではなく連邦政府の管轄である。

（4）　公式には「インディアン法　第二七条　第三節（一八八四）」という。条文の内容は以下の通りである——「『ポトラッチ』として知られるインディアンの祝祭若しくは『タマナワス』として知られるインディアンの踊りに参加する者、並びにそれを幇助したその他の者は軽罪と為し刑務所又はその他の監禁施設において二ヶ月以上六ヶ月未満の禁固に処する。直接または間接的に、かような祝祭若しくは踊りを誘発し、容易に関わり、参与したインディアンも正犯に準じ、同様に罰せられる。」この条文はその後、数回に渡って修正されている。

（5）先述の通り、ネーションの原型となる冬村集団は、通常複数のヌマイムによって構成されていた。したがって、ネーションには複数の世襲首長（各ヌマイムの首長たち）が存在する。このうち冬村集団においてもっとも序列の高いヌマイムの世襲首長が、冬村集団の世襲首長ということになる。

（6）サトルズはセイリッシュの事例から、基本的に海産資源は豊富であるが地域・年代ごとに資源の不均等が存在した可能性があり、ポトラッチにはそのような不均等を是正する機能があると述べた［SUTTLES 1960］。その後、バイダとピドックがそれぞれ北西海岸全般、クワクワカワクゥにおいてもサトルズの主張が当てはまることを指摘した［PIDDOCKE 1965; VAYDA 1961］。しかし、ドナルドとミッチェルによると、サトルズの主張が当てはまることを指摘したたとはいいがたく、示唆的であったにとどまる［DONALD and MITCHELL 1994: 96］。これに対し、ドナルドとミッチェルの一連の研究は、分析主体を冬村集団におくことにより、資源の配分と数量を具体的に算出し、資源の不均等が存在したということを立証したものと位置づけられる。

（7）みずからはレクウィルトクではないHAが、レクウィルトクの伝統的な経済活動に関する情報を与えてくれることのできる根拠は二つある。第一に、彼の母方親族はレクウィルトクである。第二に、漁師として、彼はレクウィルトクの生業圏であるジョンストン海峡でしばしば漁をおこなうので、この水域の生態に精通しているのである。

（8）それより南のコモックスまでをクワクワカワクゥのテリトリーと考えることも可能であるが、現在この地域に住む先住民たちは、みずからをコースト・セイリッシュと自称することが多い。

（9）ガロワによると、現在のワリツマはハハマツィーズが名称を変えたものであるという説と、前者が後者を吸収したという説がある［GALOIS 1994: 237-244］。これによりレクウィルトクの冬村集団の総数が六なのか七なのかが変わってくる。

（10）北西海岸先住民の伝統的な漁撈技術については、スチュワートによる図説が詳しい［STEWART 1977］。

（11）ただし、コースト・セイリッシュの一部は、リーフ・ネットと呼ばれる海域での漁法を発達させていた［cf. STEWART 1977: 93-94］。

（12）ただし、この時期にもっとも期待できるのはカラフトマス、マスノスケとベニザケである。シロザケもとれるが、シロザケがもっとも期待できるのは九月から一〇月にかけてである。

（13）アスーが一九〇五年生まれであることから判断して、これは明らかに一九一〇年代以後のことである。ガロワによると、一九一一年におけるレクウィルトクの総人口は一九四人で、一九二四年では一七一、一九二九年では二〇一人である［GALOIS 1994: 236］。アスーが人口規模を誇張した可能性を考慮しても、これがレクウィルトクを指したものと考えることは妥当であろう。

（14）レクウィルトクのほかの冬村集団の年間移動の特徴としては、以下の三点をあげることができる。つまり、（1）近代的産業が導入される以前（一八八〇年代まで）、各冬村集団は独自のルートをもっていたが、ウィワイカイとワリツマ、ウィワイクムとクウィーハにはとくに強い紐帯があったこと、（2）キャンプのルートは冬をどこですごすかによって左右される傾向があること（つまり、同じ「冬村集団」であっても冬を独自にすごすか、ウィワイクムとともにすごすかによって、一年間の移動ルートが変化してくる）、（3）それでも秋のシロザケ漁では本来の冬村集団に固有の場所が使われることである［立川 二〇〇二ａ：九七］。なお、これらの集団ごとの詳しい移動ルートの差異については、拙稿［立川 二〇〇二ａ］を参照されたい。

（15）こうした饗宴を彼らは英語で〝feast〟と呼ぶ。しかしだからといって、彼らがこの饗宴をいわゆるポトラッチと厳密に区別しているわけではない。その理由として、筆者は、いずれのイベントにおいても公の場での飲食が不可欠な要素となっている点を指摘したことがある［立川 二〇〇四ｂ：一七六－一七七］。

第三章

サケ漁業における政治・法・経済的な環境の変遷

漁船のドラムとそれを操作するクルー。デービス・プランがもたらした技術革新の1つである（2006年8月／著者撮影）。

クワクワカワクゥの漁業漁師をとり巻く文化・社会環境についての前章での概説をふまえ、本章からつづく三つの章では、これら漁業漁師にとってのサケ漁業の意義について論じていく。本章では、漁船上のミクロな労働について記述し分析する第四章と第五章につなげるべく、サケ漁業の動向をマクロな法的、あるいは政治・経済史的視点からたどることにする。ただし、一九三〇年代頃までの漁業操業や漁撈については、三人のクワクワカワクゥに関する自叙伝［ASSU with Inglis 1989; FORD (ed.) 1941; SPRADLEY (ed.) 1969］やナイトによる研究［KNIGHT 1996］のおかげで、かなり綿密な記述ができるはずである。

サケ漁業のマクロな政治・法・経済史をたどるにあたり、おもに歴史学、法学的な研究［e.g. BOXBERGER 1989; HARRIS 2001; NEWELL 1993］に依拠するつもりであるが、一点だけ注意を促しておきたいことがある。これらの研究では優れた洞察も多々みられるものの、第一章でも述べたように、マクロな視点をもつ故、一様に先住民漁師を無力な被害者として描きだしてきた節がある。しかし実際のところ、一口に北西海岸といってもそこには三つの「漁業圏」——北から順に、「ナス（Nass）・スキーナ（Skeena）川流域」、「中央沿岸部」、「フレーザー川流域」——と呼べるものがあり、漁業政策とその影響のあり方は、これらの区域ごとに大きく異なっていたのである。クワクワカワクゥがおもに活躍したのはこのうち中央沿岸部であり、この区域では、さまざまな点でそれ以外の二区域より先住民が優遇されていたことがさまざまな資料から窺える。

さて、一〇〇年以上にわたるサケ漁業の歴史は、二つの大きな技術的転換期を迎えている。最初の転換期は一九二二年であり、これ以後、クワクワカワクゥ漁師が活躍する中央沿岸部では、先住民によるまき網での操業が許可されることになった。第二の転換期はいわゆる「デービス・プラン」という政策案が発表された一九六八年であり、この計画案の「より少ない労働者がより充実した装備によってより多い利益」というスローガンが漁師人口の削減と漁船の重装備化ないし機械化を促した。そこで以下では、（1）漁業が導入された一八八〇年代から一九二一年まで、（2）一九二二年から一九六七年まで、（3）一九六八年から現在までという三つの時代区分を設け、時系列的に論じていくことにする。

第一節　一八八〇年代から一九二一年——サケ漁業の導入

1　北西海岸でのサケ漁業の導入

カナダの北西海岸にサケの商業捕獲が導入されたのは、一八四〇年代のことである。当時北西海岸一帯の統治を委託されていたハドソン湾会社は、フレーザー川で陸揚げされたサケを塩漬け加工し、ハワイやイギリスに実験的に輸出していた［KNIGHT 1996: 179］。この塩漬け業は失敗に終わるものの、一八七一年には新たにサケの缶詰加工が試みられ、その成功が以後の缶詰加工業にもとづくサケ漁業の発展へとつながった[1]［KNIGHT 1996: 179］。本著で「サケ漁業の導入」と述べるのは、正確にはこの缶詰業にもとづくサケ漁業の開始時のことである。

カナダの北西海岸では、最初の缶詰工場が一八七一年にまずフレーザー川流域に設立された後、一八七七年には北部のナス・スキーナ川流域に、さらに一八八〇年代には——クワクワカワクゥがおもに陸揚げしていた——中央沿岸部に、最初の缶詰工場が設立された[2]［KNIGHT 1996: 179］。

カナダで一八六八年に制定された漁業法（Fisheries Act）が北西海岸の漁業に適用されるようになったのは、その一〇年後の一八七八年であった［NEWELL 1993: 46］。以後、カナダの北西海岸でのサケ漁では河川での操業と定置網が禁止されることになった［NEWELL 1993: 46, 49, 51］。現在のサケ漁業ではまき網、刺し網（gill-net）、トロールの三つの漁法が許可されているが、これらの漁法の認可もこの頃の漁業法において規定されたものである。

北西海岸で漁業法が適用された翌年となる一八七九年、カナダの連邦政府はサケ漁業の操業に対してライセンス制度を導入した（ただしブリティッシュ・コロンビア州での施行は一八八八年からとなる）。以後、漁師が工場に陸揚げするためのサケを捕獲するにあたり、名目上はライセンスの取得が義務づけられたことになる。この時代、漁業ライセンスは基本的に缶詰工場に向けて発行されていた。カナダ政府としてみれば、このライセンス制度を通じて漁業漁師の人口と操業空間の管理をおこない、さらにはとくにサケの成育に重要な空間となる河川の保護と、産業としての漁業の保護・改善を図らんという目論見があったのである［NEWELL 1993: 50］。

当時のライセンス制度においては、ライセンス数に制限は課されなかったものの、その後の一八九二年のウィルモット委員会（Wilmot Commission）の勧告にもとづく政府発表の規定では、北西海岸においてカナダ人漁師がアメリカ人と日本人漁師との競争を回避することをねらいとして、英国臣民（British Subject）だけがライセンス交付の対象とされた。政府によるこの規制により、缶詰工場主たちは、政府に提出するための「その他」の漁師（先住民や日本人漁師がこのカテゴリーに入る）の膨大なるリストを即急に作成したという［NEWELL 1993: 70］。いずれにしても、こうして缶詰工場が大量にライセンスを購入したこともあって、ヨーロッパ系カナダ人漁師より資本力に乏しい先住民や日本人の漁業漁師たちも、ライセンス料を負担せずして操業をつづけることができた［NEWELL 1993: 49-50］。北西海岸の多くの地域において、日本人や先住民が重要な労働力であったことを窺わせるエピソードだといえる。

北西海岸全域において、サケ漁業および缶詰業はめまぐるしく発展した。一八八三年にはベニザケの大漁がきっかけとなり、フレーザー川流域に新たに一〇の缶詰工場が設置され、一万四、〇〇〇人の、おもに先住民が新たな雇用を得た［NEWELL 1993: 50］。また、一八九五年からつづいた大漁がきっかけとなり、現在の二大加工企業の一つであるＢＣパッカーズ（B.C. Packers Association, カナダ資本）が設立された［NEWELL 1993: 71］。

2　中央沿岸部の動向と労働

サケの缶詰工場は設立と閉鎖を繰り返す傾向にあり、それ故一八八〇年代から一九二〇年にかけてのある一時期に、クワクワカワクゥの居住テリトリーである中央沿岸部にいくつの工場があったかを特定するのは容易ではない(3)。それでも、同テリトリーには常に五つほどの場所で工場が稼働していたようである［CODERE 1961: 460-461］。これらの工場のうち、アラート・ベイの缶詰工場が操業を開始したのは一八八一年、ケープ・マッジの北三キロメートルのところにあるクアシアスキ・コブの工場の場合は一九〇四年である(4)［ASSU with Inglis 1989: 61; NORINE CHARLIE personal communication］。クワクワカワクゥをはじめとする先住民の場合、男性は漁師としてこれらの工場に陸揚げするためのサケ漁をおこない、女性は工場でサケを缶詰加工するという形での性的な分業体制が敷かれていた。

バンクーバー島北東部の工場に陸揚げする漁師の人口は、漁業が開始された当初からおもにクワクワカワクゥとヨーロッパ系カナダ人から構成されていた。その後、とくにクアシアスキ・コブでは中国人と日本人も漁業に携わるようになったが、中国人は主として漁師としてではなく、漁船の調理師として雇用された［ASSU with Inglis 1989: 64］。他方で、スティーブストン（Steveston）に住んでいた日本人漁師がクワクワカワクゥのテリトリーに押し寄せたのは一九一六年のことで、その頃これらの日本人は主としてタラ漁をおこなっていたという［ASSU with Inglis 1989: 65］。アラート・ベイやそのほかの大規模な缶詰工場であれば、一般的に工場が多くの漁船を所有し、それを漁師に貸しつけていたものであったが、規模の小さなクアシアスキ・コブの工場では、陸揚げする漁船のほとんどは日本人が所有するものであった［ASSU with Inglis 1989: 65］。

ナイトによれば、北西海岸全域における先住民労働者の比率は、漁師と工場労働者ともに約二五パーセントであった［KNIGHT 1996: 186, 190］。クワクワカワクゥが活躍していた中央沿岸部に限れば、先住民労働者の比率はこの数値よりも若干高くなると思われる。北西海岸全域では、漁業分野ではヨーロッパ系カナダ人、先住民、日本人が、他方で加工業分野では中国人、先住民、ヨーロッパ系カナダ人が主な労働力を構成していた［KNIGHT 1996: 190］。しかし中央沿岸部では、日本人と中国人労働者の人口がほかの二区域より少なかったこともあり、それ故相対的に先住民労働者の比率が高くなるからである。

3　シーズンと技術

漁業操業にせよ、また缶詰工場での労働にせよ、労働のシーズンはサケの遡上時期と合致するものであった。北西海岸ではサケ漁業が導入された当初、五種のサケすべてが捕獲の対象となった。このうちベニザケ、ギンザケ、カラフトマスは七月から八月にかけて河川に遡上するが、シロザケはそれより幾分おそく、九月以降に遡上する。また、マスノスケはこれらの種より早く、四月下旬くらいから遡上をはじめることがある。

サケ漁業および缶詰業のシーズンは、上記のサケの遡上時期と同じであり、一般的には七月上旬から九月下旬まであった。また、四月下旬からマスノスケの遡上が期待できるときには工場での労働は四月下旬にはじまり、一〇月に入ってもシロザケが遡上しているときには漁業操業、工場労働ともに一〇月まで延長された［KNIGHT 1996: 183］。サケの種別にみると、ベニザケ、カラフトマス、ギンザケ、マスノスケ漁はおもに七月から八月、シロザケ漁は九月から一〇月にかけておこなわれた。しかし漁のピークは七月であった。

漁業が開始されて最初に導入された漁法としては、手釣りや地引網がおこなわれたという記録もあるにはあるが、なんといってもカヌーなど人力でこぐタイプの小型のボートによる刺し網が主流であった(5)［ASSU with Inglis 1989: 61; KNIGHT 1996: 180-181］。このタイプの刺し網漁では、漁師たちはタグ・ボートで所定の漁場まで運んでもらい、そこで漁をおこなって、同じタグ・ボートで陸上のキャンプまで運んでもらっていた［KNIGHT 1996: 181］。これらの漁船は、工場から漁師に貸しだされる場合がほとんどであった［KNIGHT 1996: 180］。

一九一〇年代になると、これらの小型のボートに船外機がとりつけられたり、あるいはエンジンを搭載した刺し網漁船が導入されたりするなど［KNIGHT 1996: 186］、漁船に技術的な発展がもたらされた。ただし、一九〇三年以後正式に導入されることになったまき網は、少なくとも一九二二年にバンクーバー島北東部でクワクワカワクゥに認められるまでは［ASSU with Inglis 1989: 64］、ほぼヨーロッパ系カナダ人にしか認められていなかった(6)。

刺し網、まき網と並んで、現在でもサケ漁業の操業で認められているトロールは、二〇世紀に入る頃から次第に一般的になった。当初から、トロールはおもに日本人の独立した――工場から漁船、漁具などの貸付を受けない――漁師によっておこなわれる傾向があり、彼らはこの漁法でおもに陸揚げ額の高いマスノスケ漁をおこなっていた。トロールのライセンス制度は一九一七年に導入されている［NEWELL 1993: 73］。

いずれの漁具で漁がおこなわれるにせよ、北西海岸でのサケ漁業の操業はすべて海域（沿岸から沖合にかけて）でおこなわれるものであった。前節でも述べたように、先住民のほとんどは伝統的にサケを河川でとってきたわけであるから、海域でのサケ漁業の操業は、彼らにとっては初の経験であったといっても過言ではない。それでも当時はまだ漁師たちがみずからの漁場を決定しなくて済んだ――彼らは漁場までタグ・ボートで運んでもらっていた――ので、操業空間が河川から海域に移ってもそれが先住民漁師を技術的に大きく悩ますことはなかった。大島の表現にしたがえば、いずれも魚がやってくるのをまつ「レシーブ型漁業」であったからである［大島（編）一九七七：四七－五〇］。技術的な断絶が露わになったのは、まき網が彼らに許可され、それに伴って魚を追いかける「アタック型漁業」が開始された一九二二年以後のことである。

4　賃金支払と雇用

アラート・ベイの工場のように一八八〇年代に工場が設立されていたところでは、工場の設立当初、いかなる仕方で賃金が支払われていたかは明らかではない。しかし、北西海岸一般の傾向として、漁業が導入された当初、賃金は日給制（二－三ドル）で支払われていた事実があり［KNIGHT 1996: 184］、アラート・ベイなど中央沿岸部の工場でも、同様の方法で支払われていたものと推測できる。二〇世紀に入る頃には、――クワクワカワクゥが住むバンクーバー島北東部だけでなく、北西海岸の一般的傾向として――支払の制度が日給制から歩合制、つまり漁師が工場に陸揚げするサケの種類、尾数にしたがって支払われる制度に移行していく。ただし、どの種類のサケをいくらで買いとるかは、地域やシーズンごとに、また同じ地域でも工場ごとに異なっていた。たとえばアスーは、一九一〇年代にクアシアスキ・コブでギンザケ一尾につき一五セント、マスノスケ一尾につき五〇セント得ていたのに対し［ASSU with Inglis 1989: 60-61］、スキーナ川流域のある缶詰工場は、一九〇四年一尾のマスノスケにつき一五セント、ベニザケ六セント、ギンザケ八セント、カラフトマス一セントで買いとっていた［KNIGHT 1996: 185］。さらに、サケの価格はシーズンごとに異なるだけでなく、同シーズンでも季節によって変動した（通常ピーク時に下落した）ため、漁師たちがみずからの賃金を予測することは困難であった。

クワクワカワクゥ漁師が平均して一シーズンにいくらの収入を得ていたかについての記録はない。ただし、同じく北西海岸のナス川流域にあるミル・ベイ工場の記録がそれを知る参考になるであろう。その記録によれば、一九一八年時、先住民漁師の一シーズンの収入は平均二七〇ドルであったという［KNIGHT 1996: 199］。

これに対して缶詰工場での労働の賃金はいくらであったのか。バンクーバー島にあった工場に関する記録がないので、ここでもまた、先だって紹介したミル・ベイ工場での事例［KNIGHT 1996: 196-200］を紹介したい。一九〇八年、当工場では、女性の労働者は通常日給制（一日一〇時間労働で一・五〇ドルから一・七五ドル）で賃金を得ていたようであるが、場合によっては時給制（一時間で二〇セント）で賃金を得ることもあった。それに対して男性の工場労働者の場合、日給二・五〇ドルと女性よりは若干高くなっている。仮に一人の先住民女性が日給一・七五ドル、週休一日制で一シーズン（仮に七月から九月までの三ヶ月間としよう）働いたと想定すると、彼女がシーズンで得られる金額は一三〇ドルくらいになる。

一般に、当時の先住民は、男性が漁師、女性が工場労働者として働いていたから、上記のシミュレーションにしたがえば、一組の夫婦が一シーズンで獲得できた金額はおよそ四〇〇ドルになる。この金額が生活を営む際に十分であったかは、知る由もない。しかしこれらの先住民労働者たちは、生業活動で食料を補うこともできただけでなく、冬には林業キャンプで仕事をすることもできたことを補足しておきたい。

なお、当時多数いたと思われる漁船（および漁具）を個人所有できない先住民漁師に対しては、缶詰工場が所有する漁船を無料で貸しつけることで対処していた。しかし工場が漁船を漁師に貸しつけるのは、なにも先住民漁師に限ったことではなかった。二〇世紀初頭のブリティッシュ・コロンビア州における民族別漁師人口の構成によると、州全体で一万三、八六〇人いた漁師のうち、ヨーロッパ系カナダ人が七、八八四人（五六・八パーセント）、先住民が三、六三二人（二六・二パーセント）、日本人が二、三四四人（一六・八パーセント）いた［KNIGHT 1996: 182］。これに対して―

―時代は三〇年ほど遡るが――一八九三年以前、フレーザー川流域で操業していた一、一七四隻の漁船のうち、漁師に貸しつけていた工場所有の漁船は九〇九隻もあったのである［NEWELL 1993: 70］。上記の民族別漁師人口と漁船の所有に関する統計は、データが採取された時代に約三〇年の開きがあるという点で、厳密には比較できるものとはいえないかもしれない。けれども民族別漁師人口の比率がこの期間に大きく変化していないことをふまえれば、これら二つの統計から、先住民以外でもきわめて多くの漁師たちが自身の漁船を所有できないでいたことが窺える。

漁業が開始された当初、先住民の漁師（＝男性）と工場労働者（＝女性）の雇用はともにタイー・システム（Tyee system）と呼ばれるリクルーター制度に依存していた［KNIGHT 1996: 180］。この制度は、まず工場側が先住民からリクルーターを選出し、そのリクルーターが先住民のなかから労働者を募るというものである。

リクルーターによる雇用は、基本的にはその人物の個人的な人脈をたどるインフォーマルな性質のものであった。なかでも、彼の血縁・姻戚関係、友人関係がもっとも多く使われたため、同じ工場に陸揚げする漁師と工場労働者はリクルーター自身が属す居留地の人びとのほぼすべてを巻きこむ結果になった(7)。

タイー・システムにもとづく缶詰工場と先住民との関係は、山田がいうところの「契約」関係（自身の漁船とライセンスを所持するヨーロッパ系カナダ人漁師に多く、工場とほぼ対等の関係にある）と「隷属」関係（日本人「デイ・ワーク」労働者のように生産手段と生活手段の両方を工場に依存している）［cf. 山田 二〇〇〇：一一五―一一六］との中間に位置しているといえる。つまり、当時の先住民は、みずからの漁船もライセンスももたずに工場名義のものを使用している点で、生産手段は工場に依存しているが、生活手段は依存しておらず、またリクルーターを介せば労働条件について多少の交渉も可能であった。

もっとも、漁業漁師に関していえば、リクルーター制度は一九二二年から次第に姿を消していくことになる。そのきっかけとなったのは、一九二二年にクワクワカワクゥ漁師にもまき網操業が許可され、それによって独立してみずからの漁船をもとうとする漁師が台頭してきたことである。クワクワカワクゥへのまき網操業の許可については次節にて詳述することにしたい。

5　フード・フィッシング——発明された漁撈

自給目的でおこなう先住民の生業活動は、近代産業としてのサケ漁業が導入されたからといってすぐに衰退に向かったわけではなかった。サケ漁業は夏から初秋にかけての季節労働であったため、それ以外の時期に生業活動をつづけることが可能であったからである。もっとも、一般的な傾向として、かつては夏の大イベントであったはずの大規模なサケ漁撈は、漁業シーズンと重なるせいで、維持が困難になっていく。

けれども、クワクワカワクゥの生活圏であるバンクーバー島東岸のように、陸揚げ拠点としての工場、漁業操業のための水域、サケ漁撈のためのキャンプ地がそれぞれ地理的に近接していたところでは、そうでないところよりも生業活動と漁業の両立が容易であったし、漁業が導入される以前の生業活動をほぼそのままの形で維持することも可能であった［立川 二〇〇二a］。前章でレクウィルトクの伝統的経済活動を再構成するにあたり、漁業が導入された一八八〇年代ではなく一九二〇年代の活動までを考慮できたのはそのためである。

サケ漁業が導入された当初、先住民労働力はとくに産業の活性化に不可欠な要素であったこともあり、先住民がおこなう生業活動の一環としての漁撈も、法的な規制の対象から逃れられるよう優遇された節があった。しかし多くの地域において、サケ漁撈は次第に抑圧されていくことになる。サケ漁撈の抑圧は、まず一八八八年の法的な規制によってはじまる。この規制では、政府は先住民が自給目的で得るための漁撈を擁護しつつも、漁撈をおこなう方法、時間、空間の面で制限を加えた。ニュウェルはこうした規制の背景として、漁業の拡大およびヨーロッパ系カナダ人人口の増加、疫病による先住民人口の激減、さらにはそれまで先住民漁撈を擁護してきた連邦政府の方針の転換をあげている［NEWELL 1993: 64-65］。

この規制は、先住民のサケ漁撈に対してつぎの二つの点で影響を及ぼした。第一に、先住民によるサケ漁撈の空間や漁具に関して制限を課したことで、政府は先住民の生活よりも近代的サケ漁業を優先する姿勢を明確にしたことである。ニュウェルによれば、そもそもこの漁撈規制の発端になったのは、漁業操業の乱獲に伴ってフレーザー川のベニザケが減少した事実、およびこの事態を「フレーザー川河口でサケ漁撈をおこなう先住民たちがさらに悪化させるのではないか」と危惧した人びとによる、先住民批判であった［NEWELL 1993: 64］。実際、こうしたサケ漁業と先住民による漁撈の衝突の例は、数多く報告されている。たとえば一八九〇年頃にはバンクーバー島のカウチン川で、サケ漁撈をおこなう先住民と缶詰工場の利害が衝突し、それが紛争に発展した。州北部のバビーン（Babine）湖でも、二〇世紀に入ってすぐの頃に「先住民の簗を使った伝統的な漁法がサケの乱獲を招く」という工場側の懸念から紛争が起こり、結果的に先住民の簗漁に制限が課された［NEWELL 1993: 89, 91-94］。さらには、フレーザー川流域では一九一三年の鉄道建設中の事故がもとでヘルズ・ゲート（Hell's Gate）の産卵場が破壊され、その後しばらくこの地域の先住民が漁撈できない状況に追い込まれたのである［NEWELL 1993: 95-96］。これらの事件から、先住民の漁撈とサケ漁業がさまざまな理由で利害衝突を引き起こすようになり、また多くの場合、害を被るのが先住民の側であったことが理解されるであろう。

第二に、この規制は先住民の生業活動の意義を、食糧の自給のみに還元してしまった［NEWELL 1993: 62］。スチュアートが主張するように、生業活動は本来的に食糧の自給のみならず、分配時における経済的な意義、そして分配から消費にかけての社会的な意義をもあわせもつようなものであるはずである［スチュアート 一九九八：一七七］。しかし当時のカナダ政府は、食糧獲得手段として先住民の漁撈を再定義し、擁護することを通じて、本来的に生業活動が保持していた多様な意義を制限し、単なる食糧を自給する活動に変えてしまった。(8) こうした事態をふまえ、ニュウェルは以後の先住民の漁撈を〈発明されたもの〉と主張しているが、それもあながち誤りではないことが窺える［NEWELL 1993: chap. 3］。つまり、当時の漁撈は伝統的な生業活動と連続したものではなく、あくまでカナダ政府が諸々の制限を加えつつ「創りだしたもの」であったのである。

ただ、缶詰工場と先住民との間の利害衝突、およびそれに伴う先住民漁撈の規制は、主として北西海岸の北部と南部に強い影響を与えたのであり、クワクワカワクゥが活動拠点としていた中央沿岸部ではそのような衝突はほとんど記録されていない。その理由の一つとして、クワクワカワクゥがこの頃すでにサケ漁撈を――漁業漁師や工場主にとっては懸念材料になった――河川中流でおこなうことを放棄し、海浜でおこなうようになっていたこと、(9) そして漁撈をおこなう場所のそばに利害が衝突する可能性のある缶詰工場が少なかったことがあげられるであろう。

第二節　一九二二年から一九六七年――まき網操業の認可

一九二二年、中央沿岸部では、先住民――厳密にはクワクワカワクゥ――にまき網が認可された。以下で述べていくように、まき網の導入は、まずサケ漁の技術面と先住民の経済生活に多大な変容をもたらした。技術面では、クワクワカワクゥ漁師は個人操業から集団操業へ、また〈まつ〉原理にもとづく漁法から〈追い回す〉原理にもとづく漁法への転換を余儀なくされた。他方で、まき網に可能性をみいだした企業家的資質をもつクワクワカワクゥ漁師は、みずからまき網漁船を購入し、それによって漁師としての自立を果たした。いまや独立漁師となったこれらの漁師は、その後サケ漁業の操業を拡大してさらなる経済的利益を追求していった一方で、それまでなんとか維持されてきた生業活動を大幅に縮小せざるを得なくなった。本節では、先住民漁師へのまき網の認可がもたらした、これら一連のできごとについて論じていく。

1　クワクワカワクゥへのまき網の認可

サケ漁業の発足当初、船外機のない漁船による刺し網での操業がおこなわれてきたことは前節で述べた通りである。けれども一九世紀から二〇世紀に移る頃になると、漁船には船外機がとりつけられ、さらにはまき網での操業も開始されるようになった。ニュウェルによれば、二〇世紀に入る頃にはヨーロッパ系カナダ人――おもにスコットランド系漁師だと思われる――の間でまき網での操業が増加し、その結果、一九〇三年までには北西海岸全域で、まき網のライセンス制度が導入されていた［NEWELL 1993: 73］。

ただし、まき網のライセンス制度はあくまで先住民以外の漁師、おもにヨーロッパ系カナダ人と日本人漁師に関する話であった。当時、先住民にはまだまき網での操業、厳密には、まき網漁船の船長になることが認められていなかった。また、刺し網での操業においてでさえ、船外機をとりつけた漁船でおこなっていたわけでもなかった。前章で登場したケープ・マッジのハリー・アスーの父であるビリー・アスー（Billy Assu）のように、一九一二年には船外機つきのボートを個人的に所有し、さらに居留地の人びとに貸し与えていた人物の例もあるが［ASSU with Inglis 1989: 61］、そのような例はきわめて稀であった。

こうした状況を打開するきっかけとなったのが、一九二一年にビリー・アスーが招集した集会であった。アスーは一九二一年の八月、クアシアスキ・コブの缶詰工場の管理者と居留地の人びとを呼んで集会を開き、先住民であってもまき網漁船の船長になれるよう、連邦政府に働きかけていくという決定を下した。そしてこの決定をオタワの連邦政府に陳情したところ、翌シーズンから先住民によるまき網が認可されることになったのである［ASSU with Inglis 1989: 64］。

こうして一九二二年のシーズン以後、クワクワカワクゥはまき網での操業を認められたわけであるが、ここであえて二点注意を促しておきたい。第一に、先住民のまき網の認可が北西海岸全体にすぐに波及したわけではなかった。ニュウェルによれば、一九二〇年頃からこのようなロビー活動を通じて政治的に成功したのはクワクワカワクゥだけで、それ以外の北西海岸の先住民たちは依然として工場所有の船外機のない漁船で刺し網操業をおこなっていたのである［NEWELL 1993: 109］。

第二に、クワクワカワクゥ漁師にまき網が許可されたからといって、すべての漁師が以後まき網に乗り換えたわけではなかった。一九二二年以後、具体的に何人のクワクワカワクゥ漁師がまき網に乗り換えたのかを示す統計はないが、ローナーの提示する資料からは、彼が調査をおこなった一九六〇年代のギルフォード島においても、いまだ同島の漁師人口のなかに刺し網漁師の占める割合が比較的高かったことが窺える［ROHNER 1967: 44］。まき網と刺し網別に漁師の収入を算出するにあたって、ローナーは同島の一八人の漁師にインタビューをおこなっているが、そのうち一一人がまき網漁師であるのに対し、刺し網漁師も七人いるからである（もっともこの一八人が同島におけるすべての漁師人口であるとは考えにくいが）［ROHNER 1967: 44］。ただ、それ以上に興味深いのは、同島の漁師が漁獲の多いまき網よりも、刺し網での操業のほうを好む場合があるというローナーの記述である。ローナーによれば、ギルフォード島の漁師はまき網の集団労働において、上司である船長たちに命令されるよりはむしろ、個人操業の刺し網漁船の船長として、自由な裁量をもちたいという願望を抱いていたという［ROHNER 1967: 45］。そうであるなら、刺し網漁師の人口が多いとしてもなんら不思議なことはない[10]。

クワクワカワクゥ漁師が北西海岸で最初にまき網操業を許可された背景には、この地域の缶詰業にとって、クワクワカワクゥの労働力がほかの地域におけるそれよりもはるかに重要であった事実がある。先述した通り、北西海岸のほかの地域では先住民のほかにヨーロッパ系カナダ人、日本人、中国人が重要な労働力であった。それに対して中央沿岸部においては、日本人労働者の進出もあったものの、その規模は決してクワクワカワクゥの労働力の重要性を脅かすものではなかった。さらには、一九二〇年代から太平洋戦争が終結するまで展開していた日本人排斥運動のため、日本人労働者が差別の対象になると、労働力としてのクワクワカワクゥの重要性はいっそうはっきりしていった［GLADSTONE and JAMISON 1950: 160; NEWELL 1993: 100］。こうした当時の社会的情勢があったからこそ、工場経営者や行政執行者たちはクワクワカワクゥの意向を無視できなかったといえる。

2　まき網とは

まき網導入の意義について述べる前に、まき網という漁法の仕組みについて簡単に述べておくことにしたい。まき網とは、漁船で魚群を探し、網を仕掛ける具体的なポイントを定めた後、大型の漁網を水中に放って魚群を閉じこめる漁法である。パース・セイン（purse seine）と呼ばれる北西海岸のまき網では、この作業のために基船となる漁船本体と、スキフ（skiff）と呼ばれる小型ボートが使われる。漁網の一方の端を海上のスキフか陸上の木の幹に結びつけて固定した後、漁網のもう一方の端とつながっている漁船が前進（直進ないし旋回）することで網を広げ、しばらく放置した後に——ニシンの場合は網を開いたまま放置せず、すぐさま——網を閉じこむという具合である。網を閉じこむ際には上辺が円形になるように閉じるだけでなく、同時に下辺も巾着状に絞りこむ。これによって漁網の内部は完全に閉じられ、なかのサケは逃げ場を失うことになる。こうして網のなかを閉じた後に、そのなかのサケを甲板に引きあげるのである。

刺し網にくらべ、まき網での生産性ははるかに高い。筆者が参与観察をおこなった二〇〇〇年サケ漁業シーズンのピーク時、刺し網漁師たちがベニザケを一日に二〇〇尾捕獲したことを無線で知ったHAらまき網漁師たちは、翌日のみずからのまき網操業で二、〇〇〇尾のベニザケが期待できるであろうと推測した。つまり、まき網は刺し網の約一〇倍の漁獲を見込めるものと考えられる。このようなまき網の生産力は、企業家的志向をもつクワクワカワクゥ漁師たちにとって、大きな魅力に映った。そしてすぐさま彼らをまき網に転向させるきっかけとなったのである。

サケ漁業の導入された当初の刺し網が一人でおこなわれた（現在の刺し網は二人）のに対し、まき網での操業には最低でも七人のクルーが必要とされた（現在のまき網は五人）。厳密には「テーブル式まき網」（table seine）と呼ばれる当時のまき網では、船尾におかれたプラット・フォーム状の台から水中に漁網を落としていけばよかったものの、漁網の回収作業は人力に頼っていたので、そのための要員が必要であったからである。これら七人のクルーは、船長（あるいはスキッパー）一名、(11) スキフに乗り込むクルー一名もしくは二名、そのほか漁網の引きあげ要員としての数多くの甲板労働者（deckhands）に大別できる。すべての漁船にはさらに技師が、また一部の漁船には調理専門のクルーもいたようであるが、クワクワカワクゥ漁師が調理専門クルーをおくことは多くはなかった［cf. ASSU with Inglis 1989: 64-65］。これらのクルーのなかで、船長（あるいはスキッパー）の責任がもっとも重大であることはいうまでもない。ただ、それ以外のクルーたちが比較的平等な立場にあったことを指摘しておくことは、後の議論と照らしあわせると重要な意味をもってくる。ビレッジ島出身のクワクワカワクゥ首長であり、またまき網漁船の船長であったジェームズ・シウィド（James Sewid）によれば、彼は必ず甲板に信頼のおける一人のクルーを配置していたものの、その人物がそれ以外のクルーたちに対して威張った態度をとることは厳しく禁止したという［SPRADLEY (ed.) 1969: 102］。

3　二つの技術的な困難

こうしてまき網に乗り換えたクワクワカワクゥの一部の漁師は、すぐさま技術的な問題に直面したと思われる。サケ漁業が導入された頃の刺し網とまき網とでは、技術上二つの点で大きな隔たりがあったからである。第一に、個人操業の刺し網とは違い、当時のまき網は、最低七人のクルーを要する集団労働であった。第二に、当時の刺し網が〈まつ〉原理にもとづくものであったのに対し、まき網は、みずから水面下の目に見えない魚群を〈追い回す〉原理にもとづくものであった。

これらの技術的な断絶に対し、クワクワカワクゥ漁師は以下のように対処したことがわかる。まず、彼らはまき網の生産単位として、伝統的なサケ漁撈の生産単位であった家族と親族を活用した。たとえばハリー・アスーは、すでにまき網という漁法に親しんでいたスコットランド人の漁船で一年間修行した後、すぐにオジのジミー・ホベル（Jimmy Hovell）の所有するまき網漁船のクルーに登用された［ASSU with Inglis 1989: 64］。シウィドも同様に、義理のオジであるエド・ワノック（Ed Whanock）の漁船で技師を務めた後、オジのヘンリ・ベル（Henry Bell）のもとでクルーとして働いた経験がある［SPRADLEY (ed.) 1969: 60, 65］。

もっとも、当時の親族関係を利用してのクルー雇用は、現在にくらべるとそれほど厳格なものではなかったようである。後に船長になったシウィドは、自身の漁船のクルーとして身内を雇う苦労を以下のように述べている。

「自分の親戚をクルーとして雇うことの難しさをしばしば感じていた。なぜなら、ときに親戚たちは私に頼りすぎるからだ。……年輩の人が操舵室にいて、自分たち［若者］は下で寝ているものなのだと彼らは考えていたから、あまり多くの責任を負わせられるのは嫌だったようだ。私は見ず知らずの人を雇ったほうがずいぶんいいだろうと考えたものだ。親戚を雇うと、彼らはなにも気にかけなかった。私が乱暴な口をきいても、彼らは悪いのは私のほうだと考えていた。もっとも親戚すべてがそうだというわけではなく、働き者もいたにはいた」[SPRADLEY (ed.) 1969: 133]。

結果的に、しびれを切らした彼は、より勤勉なユーゴスラビア人をクルーとして雇うこともあったようである[SPRADLEY (ed.) 1969: 133]。これらのできごとは、当時のクルー編成における親族の採用が、現在ほどシステム化されていなかったことを示唆している。

つぎに、水面下の目に見えないサケの魚群を追い回すにあたって、当時のクワクワカワクゥ漁師たちはハネ（jumper あるいはfinner）と呼ばれるサケの行動を魚群の指標として活用したことが、シウィドの回想に窺える[SPRADLEY (ed.) 1969: 80, 115]。ハネとは、サケが水面から跳ね上がる行動のことで、現在の操業におけるその活用の状況から察するに、具体的には以下のように活用されている。

まず、ハネの状態で魚群にどの種類のサケがいるかがわかる。たとえば、ベニザケのハネはスライダーと呼ばれることからもわかるように、水面と平行に跳ねあがるのに対し、カラフトマスのハネは水面から垂直方向にあがる。それ故、ベニザケ漁のシーズン中にカラフトマスのハネをみつけても、そこに漁網を仕掛けないこともある。つぎに、ハネの数は魚群の大きさの指標となる。一般に、多くのハネを確認すれば、大きな魚群が期待されるという具合である。また、ハネの向きは魚群の動く方向の指標となるので、漁師はそれを目安にどの場所にどの角度で漁網を仕掛けるかを定めることができる。

他方で、ヨーロッパ系カナダ人漁師たちもまた、ハネがサケの魚群の指標となり得ることは当然知っている。けれども、クワクワカワクゥの漁師たちにいわせれば、ヨーロッパ系カナダ人漁師は先住民ほど「ハネを重視しない」らしい。たしかに、複数のハネをみつけて漁網を仕掛けてみたところで、漁獲に恵まれなかったということは多々ある。このことをふまえるならば、ヨーロッパ系カナダ人漁師がハネを重視しないというよりは、むしろクワクワカワクゥのほうがハネに過剰な意味をもたせているのだと考えることもできるであろう。

4　漁師としての自立と漁業操業の拡大

前節でもふれたが、まき網は刺し網よりも規模が大きく、得られる漁獲もはるかに多い。その漁獲は、当然漁師たちの収入に直接反映してくる。それ故に、まき網の導入は一部のクワクワカワクゥ漁師——おもにスキッパー——の経済生活にも大きな変容をもたらすきっかけとなった。それらの漁師は漁業収入を資本として別の事業に着手し、最終的には企業家となったばかりか、場合によってはいわゆる「ミドルマン」として政治的な活動にも手を伸ばし、ネーションのチーフ・カウンセラーになることさえあった。

クワクワカワクゥ漁師へのまき網の認可がもたらした一つの現象は、以後クワクワカワクゥ漁師のなかに、自身の漁船を購入しようとする動きが活発化したことである。まき網が許可された一九二二年、すぐに一部のクワクワカワクゥ漁師——その多くは世襲の貴族であり、また工場のリクルーターでもあったようだ(12)［cf. ASSU with Inglis 1989: 64］——はまき網での操業を開始し、その一部はビリー・アスーのように、いきなりみずからの漁船をハイ・ライナー(high liner, 缶詰工場に陸揚げする漁船のうち、陸揚げ量が上位三位までに入る漁船の通称）に押しあげるなど、才能を発揮する者もいた［ASSU with Inglis 1989: 64］。

ただ、いくらこれらの漁師が活躍できたとしても、一九二〇年代の彼らは文字通りのスキッパー、つまり缶詰工場が所有する漁船の「雇われ船長」でしかなかった。スキッパーである以上、彼らの決定権は限定されていた。彼らの決定権が及ぶのは、どの漁場に網を垂らし、クルーたちの作業にいかなる指示をだすのかといった、現場での具体的な作業内容に関するものだけであったわけである。クルーの雇用に関して意見が述べられることがあったとしても、その最終的な決定権は工場主側に委ねられていた。[13] 彼らがスキッパーという雇われの身でしかなかった以上、基本的に現場の作業内容以外の問題——たとえば工場との陸揚げに関する契約や、クルーの雇用など——に関しては、工場側に最終的な決定権があったのである。

こうした状況のなかで、スキッパーであるこれらの漁師のなかからみずからの漁船を得て自立した船長（captain）に昇格し、工場との契約やクルーの雇用などの問題に対して幅広く自由な裁量を得ようと考える人物が現れたのは、ごく自然な動きであった。とはいえ、漁船は非常に高価な買い物であるから、すべてのスキッパーが漁船を購入して船長になろうとしたわけではなかった。保守的な人物なら、借金をしてまで高額な買い物をしようとはしなかったかもしれない。では、いかなる人物が借金をしてまで高価な漁船を買おうとしたのかといえば、それはサケ漁業を将来的な投資に値する事業と強く信じた人たちであった。当時のサケ漁業の経済的発展とまき網の生産力は、これらの漁師にとって、以後の漁業のさらなる発展を予見させるのに十分すぎる要因であった。こうしてサケ漁業の未来に明るい展望を抱いた一部のスキッパーは、サケ漁業への投資としてまき網漁船の購入に踏み切ったのである。

高額なまき網漁船の購入方法については、ジェームズ・シウィドが〈フランクＡＭ〉という漁船を購入した例の記録があるので、以下ではそれを紹介したい。

彼がはじめてスキッパーに任命されたのは一九三四年、二一歳のときで、その翌シーズン、彼は工場長から自分の漁船をもつよう説教されたという［SPRADLEY (ed.) 1969: 96-98］。一九三〇年代からクワクワカワクゥ漁師の間でも漁船の購入が見受けられるようになったものの、大多数はいまだ賃金を即時に使いきっていた。シウィドもそのような一人であったが、工場長の説教が明らかに漁船の購入とそのための貯蓄を考えさせる契機となったようである。そして彼は、まずその三年後に自身の漁網を、五年後には〈フランクAM〉という漁船を工場から購入することにした。漁網の費用は一、七〇〇ドルで、これをシウィドはその後二シーズンの操業から工場長に完済した［SPRADLEY (ed.) 1969: 105］。他方で〈フランクAM〉の場合、五、〇〇〇ドルするこの漁船を購入するにあたり、五〇〇ドルの頭金が必要であった。そのとき銀行口座に一〇〇ドルしかもっていなかった彼は、寄宿学校時代の（ヨーロッパ系カナダ人の）恩師、オジのロバート・ベル（Robert Bell）、インディアン局の官吏、アラート・ベイにある学校の校長などにかけあい、最終的にベルと学校の校長の協力を得て銀行から四〇〇ドル借りだして、頭金にあてた。そのシーズン、彼はそれまでより多くの時間を漁業操業に費やし、また缶詰工場で働く妻の収入から一五〇ドルを借りたことで、頭金の借用分四〇〇ドルを返済した。翌シーズン、みずから操業する〈フランクAM〉をハイ・ライナーにした彼は、二、五〇〇ドルに相当する量のサケを捕獲した。シウィドによれば、以後の彼の成績も素晴らしいものであり、最終的に〈フランクAM〉の費用である五、〇〇〇ドルを、購入から三年後の一九四二年には完済したのである［SPRADLEY (ed.) 1969: 117-118, 125］。

以後、シウィドはこれと同じ方法で、第二の漁船を購入することになる［SPRADLEY (ed.) 1969: 165-166］。また、ほぼ同じ頃に漁師として活躍していたハリー・アスーも、一九四一年、三六歳のときに同様の方法で漁船を購入した［ASSU with Inglis 1989: 65-66］。このように、クワクワカワクゥのまき網漁師は、工場あるいは銀行などから借金してまず漁船を手に入れ、後のシーズンにその漁船で操業し、漁獲のなかから返済していったわけであるが、それだけでは終わらなかった。彼らは購入したその漁船でサケ漁業での収入をさらに増やし、別の漁船の購入費にあてたり別の事業をはじめる頭金にしたりしたのである。

こうしてみずからの漁船を持ち、いまや自立した船長となった人びとは、操業のあらゆる面において自由な裁量をもてるようになった。まき網での集団労働に際して親族を雇用するという先述の対処は、まさに彼らが船長になって、クルーの雇用をみずからの意思でおこなえるようになった事実と強く関係しているといえる。しかし船長が自由な裁量をもてるようになったのは、クルー雇用だけではない。「どの工場に陸揚げするか」、「いつ・どこで操業するか」といった点についても、比較的自由にとり決めることができるようになったのである。先述の例にも窺えるように、シウィドは船長になって以来、漁業操業にあてる時間を増やした。同様にハリー・アスーも、船長になって以来、近くのクアシアスキ・コブの工場だけでなく、大陸側のリバーズ入江（Rivers Inlet）にある工場とも陸揚げの契約を結び、後者の工場に陸揚げするために、わざわざはるか遠方の漁場で五月から操業をはじめるようになった［ASSU with Inglis 1989: 66］。このように、自身の漁船を所有することではじめて、クワクワカワクゥのまき網漁師は漁師としての自立を達成したのである。

これらの漁師が漁業操業を拡大した理由として、二つのことが考えられる。まず、そうすることで漁獲を増やさなければ、漁船購入のために銀行や工場から借りた費用が返済できないからである。しかし理由はそれだけではなかった。これらの船長は、そうすることで借金返済後も新たに貯蓄を増やし、それを元手に新たな事業に着手しようとしたのである。こうして、シウィドの場合は別の漁船を購入し、さらにはオジや友人と共同出資して雑貨屋や製材所をつくったのであり［SPRADLEY (ed.) 1972: 140, 143］、アスーの場合はみずからが住むケープ・マッジの居留地がロッジやキャンプ場を建設するにあたって、中心的な役割を果たすことになるのである［STORR 1999: 18］。

シウィドであれアスーであれ、彼らに関するこれまでの記述は、クワクワカワクゥ社会で企業家が誕生する過程の典型例だと位置づけられる。クワクワカワクゥ社会で企業家になるためには、まずまき網漁船のスキッパーでなければならなかった。これらスキッパーの一部は、アスー父子やシウィドのように、収入を貯蓄し、漁業における将来的な利潤追求のためにまき網漁船を購入することで船長になった。彼らにとって、漁船の購入とはこの産業への投資であった。漁業の技術的な発展から同産業の明るい将来を予見し、貯蓄・投資を推し進めていく動き自体は、早くはビリー・アスーが船外機を購入した一九一〇年代にすでにみられたものであるが、当時はまだ萌芽的であったといえる。漁船の購入という形での産業への投資、さらにその投資のための貯蓄という現象が、ある程度大きな社会現象として表出するようになるには、スキッパーたちがまき網漁船を購入するようになった一九三〇年代までまたなければならなかった。

こうして一部のスキッパーは漁船の購入という形でサケ漁業に投資し、船長という肩書きを得ることになった。これらの船長は、以後、借金を返済するため、さらにはそれ以後も貯蓄を増やして別の事業に着手するための資金を得るため、いっそう精力的に漁業操業に従事するようになる。そしてもし彼らが優秀な漁師であれば、借金の返済後、もう一隻漁船を買うこともできたであろうし、製材所や小売店の経営に乗りだすこともできたであろう。クワクワカワクゥ社会においては、企業家と呼ばれる人物はこのような過程を経て誕生したのである。そしてその発端となったのは、彼らにまき網での操業が許可されたことであった。もっとも、企業家が誕生する上記の過程には、当時のサケ漁業が目覚しい発展を遂げているという不可欠な条件も忘れてはならない。

漁船を購入してまき網漁船の船長となったクワクワカワクゥの企業家の一部は、さらに「ミドルマン」としてその後政治的に活躍することもあった。広義の「ミドルマン」とは、「異なる構造や集団のあいだに立ち、両者の関係を取り持つものとして議論され、それゆえに社会変容を引きおこす重要な因子になる」［立川 二〇〇二b：一一〇］ような人物と定義できる。ミドルマンは人類学史のなかでたびたび議論の対象となってきたが、そのような議論に本著ではたちいらない（本著の主旨との関わりからすれば、上記の定義だけで十分だと思われる）[14]。ただ、上記の定義にしたがえば、本章にたびたび登場しているアスー父子やシウィドなどの企業家は、彼らにとっては本来的に「異質」なものである近代的な資本主義的経済システムをクワクワカワクゥ社会に導入しようとしていた点で、同時にミドルマンでもあったということができる。

しかしアスー父子やシウィドは、そのような近代的な資本主義的経済システムを自分一人がとり込むのではなく、クワクワカワクゥ社会全体に波及させようと企てていた。具体的には、彼らの周りにいた保守的な人びとに対しても、技術的、物質的な意味での近代化をとり入れさせるだけでなく、精神的な意味での——勤勉さ、質素さを好むというような——プロテスタンティズムをもとり込むよう要求したのである。このような企てが、彼ら企業家＝ミドルマンである人物にとっての「政治」となる。

アフリカのミドルマンがしばしば強制力を行使して「政治」をおこなったのに対して［cf. BAILEY 1969; SWARTZ (ed). 1968］、アスーやシウィドらがこうした「政治」をおこなうにあたりとった戦略は、バルトがいうところの「トランザクション」あるいは「取引」という手法である［BARTH 1966; cf. BOISSEVAIN 1974; PAINE (ed.) 1971］。バルトによれば、トランザクションとは以前には直接関係のなかった「異なる価値基準の間に一貫性をつくりだす」社会的過程である［BARTH 1966: 13］。ここで重要なのは、二者間で最初は等価と想定できるさまざまな形態の給付（prestation）あるいは「資源」の互酬的循環に対し、両者が互いにこのトランザクションを通じて非等価の状況——みずからの利益になる状況——をもたらそうとしていることである［BARTH 1966: 13; 立川二〇〇二b：一一二］。こうしたトランザクションの一環として、アスー父子やシウィドは、人びとに貯蓄、禁酒（あるいは〝節度ある〟飲酒）、勤労、そして後には――チーフ・カウンセラーの選挙における彼らへの――投票を要求するかわりに、さまざまな「資源」を人びとに提示した。たとえばビリー・アスーは、一九一二年に買った船外機つきのボートを居留地の人びとに貸し付けるかわりに、人びとに対して収入の貯蓄と禁酒を求めたし［ASSU with Inglis 1989: 61-64］、漁業操業に関しては、親戚たちに漁師としての雇用機会を与えるかわりに、現場では彼への服従を求めたであろう。シウィドもまた、親戚たちに漁師としての雇用機会を与えたが、そのほか、故郷のビレッジ島では島民のためにヨーロッパ風の個人住宅をたてたり、――漁船の技師としての経験をいかして――島にはじめて電力を引くなど近代的な技術・物質を導入したりするかわりに［SPRADLEY (ed.) 1969: 119-121］、勤勉さや〝節度ある〟飲酒を要求したのである。

彼らクワクワカワクゥ社会のミドルマンにおいては、「政治」に成功するための二つの不可欠な条件があった。第一の条件は、漁師であること、さらにいえば、まき網漁船の船長であることであった。それによって彼らは、周囲の人びとに雇用の機会をもたらすことができたし、ひいてはそれが人びとに現金をもたらすことにつながった。また、場合によってはシウィドのように――漁船の技師としての経験をいかして――島に電力を引くことができたのである。これらの場合、「雇用機会」、「現金」、「電力（を引くための知識）」などが彼らの「政治」にとっての「資源」となる。ただ、漁師であるだけでは不十分であった。ここで第二の条件が浮き彫りになる。その条件とは、彼らが「政治」をおこなうための正当性を付与するための、なにかしらの「伝統的」地位をミドルマンがもっていることであった。もっとも、「政治」を成功させようとする者が「伝統的」地位を求めることは、世界各地で確認されることなので、この第二の条件はなにも北西海岸に限ったことではない［e.g. MELZOF and LIPUMA 1986］。

シウィドの場合、世襲の首長であったことが彼に「政治」をおこなわせる正当性の論理をすでに与えていた。これ

図表3－1　アスー父子とジェームズ・シウィドのトランザクション

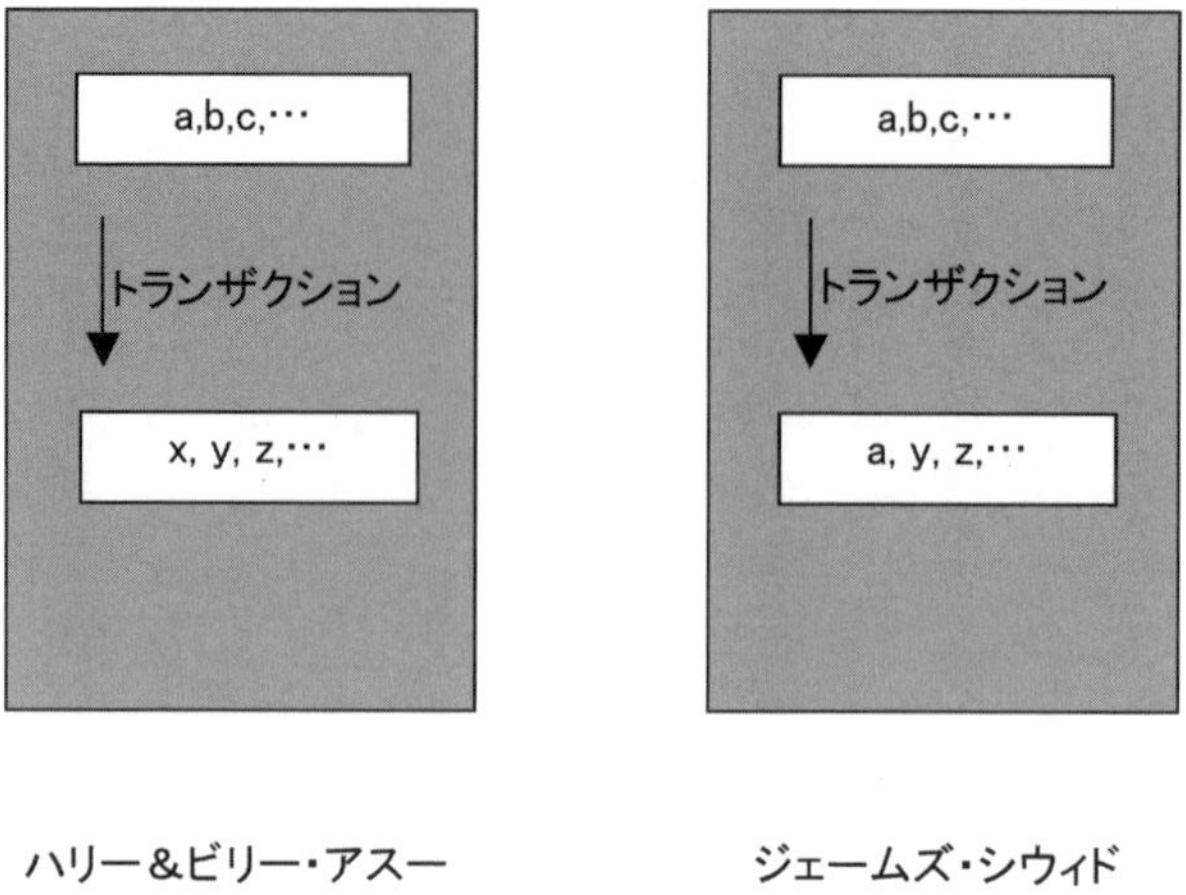

に対し、アスーはポトラッチを開いて高位の伝統的な地位を得ることで、同様に「政治」をおこなう正当性の論理を獲得した[15]。一九一一年、ビリー・アスーはそれまでのサケ漁業の操業で貯蓄した約一〇万ドルを消費し、ポトラッチを開催して鷲およびハマツァ（*Hamatsa*）の地位を獲得した［ASSU with Inglis 1989: 39-41］。鷲については前章で論じたのでここでは説明を省くが、ハマツァについては多少説明をしておこう。ハマツァとは、クワクワカワクゥがおもに冬に組織していた、伝統的な舞踊結社のなかで最高位に位置づけられていたものである。一般に、ハマツァへの成員権は貴族の間だけで継承されつづけたので、ハマツァであるということは貴族であることの象徴となったのである［BOAS 1897: 437-460; McDOWELL 1997］。

とはいえ、アスー父子とシウィドでは、実際におこなうトランザクションに違いもあった（図表3－1）。アスー父子の場合、彼らのトランザクションが及ぶ範囲は自分が住んでいたケープ・マッジ居留地の全体にくまなく拡がっていた。図表3－1に照らしていえば、アスー父子は居留地における〈a、b、c……〉という要素を〈x、y、z……〉にかえることができたのである。彼ら父子は、リクルーターとして、あるいは漁船の船長として居留地の住民に雇用機会を与えたり船外機を貸し与えたりし、そのかわりに人びとに禁酒と勤勉さを求め、また後にハリー・アスーがネーションのチーフ・カウンセラーに立候補したときには自分に投票することを求めた。つまり、アスー父子がトランザクションをおこなった範囲は自分の居留地全体に及んでいたのであり、それ故に居留地のなかでリーダー・シップを発揮していくことに大きな障害はなかったのである。

それに対し、シウィドのトランザクションはアスー父子ほど順調ではなかった。彼はママレレクァラ・クィクサタヌクゥに属するヌマイムの首長の長男であったが、幼くして父を事故で亡くしたため、居留地のあるビレッジ島を離れ、母方の祖母を頼って母親とアラート・ベイに移り住むことになった［SPRADLEY (ed.) 1969: 16-17］。アラート・ベイでの彼は、しばしば部外者および「間借りする者」としての疎外感を味わった［SPRADLEY (ed.) 1969: 47-48］。それがきっかけで、彼は後に故郷のビレッジ島に戻り、そこで島民のために個人住宅を建てたり島に電力を引いたりしたが［SPRADLEY (ed.) 1969: 119-121］、ここでも彼の行動は、保守派の長老たちに批判された［SPRADLEY (ed.) 1969: 128-129］。つまり彼は、どこにいてもその地域のすべての人との間の潤滑にトランザクションができたわけではなかった。図表３－１に照らしていうなら、彼は〈a、b、c……〉を〈x、y、z……〉にかえようとするが、一部は依然としてもとのまま残ることになる〈a、y、z……〉というふうに)。その後シウィドはアラート・ベイに戻ることになるが、いまだにナムギースとの軋轢の残る彼は、ナムギースとは別に「産業居留地」（industrial reserve）を開設し、彼と同様「近代化」を志す人びと——多くは彼をしたってビレッジ島からやってきた若者であったが、フォート・ルパートやそのほかの地域の人びともいた——と生活するようになった［SPRADLEY (ed.) 1969: 128, 134-136］。「産業居留地」はその後、「以後もナムギース以外の人びとを自由に受けいれる」ことを条件に、ナムギースと合併する。この条件は、本来シウィドのような「革新的なよそ者」にも居心地のいい空間を保障するための措置であったが、実際には以後の彼の「政治」に有利に展開した。ナムギースの世襲首長が死去したのを機にチーフ・カウンセラーを投票で選ぶ制度が導入されると、シウィドは「革新的なよそ者」たちの票を集め、結果的にチーフ・カウンセラーに選ばれたのである［SPRADLEY (ed.) 1969: 148-149］。以後、彼はナムギースのチーフ・カウンセラーを重任しただけでなく、英国国教会の教区委員（rector's warden）、さらには「ブリティッシュ・コロンビア先住民同胞団」（本節の第6項を参照）の副会長（vice president）にもなっている［SPRADLEY (ed.) 1969: 137, 220-221］。

アスー父子同様、シウィドも明らかにアラート・ベイ、ビレッジ島の住民にプロテスタント的な自立観を導入しようとした人物である。ただし、アスー父子とは違って、シウィドのトランザクションの及ぶ範囲は居留地全域ではなかった。ナムギースにせよ、彼が本来属していたママレレクァラにせよ、居留地の大半の人びとは彼に批判的であった。また、これらの人びとに対し、シウィドの態度も無視、離脱といった態度をとってきた。つまりシウィドは、居留地という範囲でのみずからのトランザクションには失敗したことになるかもしれないが、居留地という地理的な範囲をこえて各地に住む若者たちへのトランザクションには成功したといえるであろう。もっとも、彼が設立した産業居留地が後にナムギースと合併され、かつチーフ・カウンセラーを投票で選ぶようになった暁には、彼の「政治」はナムギース居留地という範囲全域に及ぶようになっている。

以上、クワクワカワクゥの企業家がいかにしてミドルマンとしての「政治」に携わってきたのかを論じてきた。本項の議論だけをみるならば、クワクワカワクゥ社会においてミドルマンであることと、漁船の船長であることには、直接的なつながりはないように思われる。たしかに、原理的にいえば、ミドルマンとして「政治」に成功するために企業家として成功する――それによって人びとにトランザクションに必要な「資源」を獲得することができる――こ

とは不可欠であるが、必ずしも漁船の船長である必要はないかもしれない。けれども、少なくとも筆者の知る限り、当時の企業家およびミドルマンとして位置づけられるクワクワカワクゥはすべて、漁船を購入して船長になることをその出発点としているし、それは現在においても変わらないのである。

5　サケ漁撈のその後

まき網の認可、それに伴う一部漁師によるまき網漁船の購入と漁師としての自立は、一般に漁業操業の拡大を導いた。その一方で、一九二〇年頃まではなんとか維持されてきたサケ漁撈は、この時期になって漁業操業の拡大の煽りをくらい、大幅に縮小されることになる。前章で伝統的なクワクワカワクゥの生業活動を再構成するにあたっておもに利用したアスーの自叙伝においても、一九三〇年代以後の生業活動に関する記述は極端に少なくなってくる。この頃の生業活動については、以下のような記述がとりだせる。

「一九三〇年代の後半まで、私は三つの村（ケープ・マッジ、キャンベル・リバー、コモックス）の［クワクワカワクゥの］人たちのために漁撈をおこなっていた。みんなサケを捕ったら工場に売っていたから、私が一回の仕掛けで二、〇〇〇－三、〇〇〇尾とらえてみんなの冬の食料として分けてやった」［ASSU with Inglis 1989: 79］。

「［一九二〇年代の］私は初夏に義父のデーブとリバーズ入江にいき、いつも使っている小さなスキフの船首に小さなテントをたてて寝泊まりした。私たちは河口で地引網をした」［SPRADLEY (ed.) 1969: 50］。

「［一九五〇年頃の］春にベニザケが私の居留地の一部であるニムキッシュ（Nimpkish）川をのぼってきたとき、［ネーションの」会議が私を指名して、みんなの食料になる魚を地引網で捕ってくるよう命じた。網をつくり、自分たちが缶詰にして食べるサケを川に捕りにいく順番が決められていたのだ。漁撈は居留地のなかでしかできなかった。魚がたくさんとれると、もちかえったあとに村の人たちに分配された。［しかし］数年後にはこの方法をやめてしまった、川から十分な魚がいなくなったからだ」［SPRADLEY (ed.) 1969: 158］。

これらの回想から、少なくとも三つのことがわかる。

第一に、漁業操業の拡大は、サケ漁撈をおこなう時間を圧迫したということである。先述の通り、当時、まき網漁船の購入および借金の返済に伴って、クワクワカワクゥの漁師たちは漁業操業に費やす時間を増やし、かつ遠くにまで漁をしにいくようになっていた。より遠方にでかけて漁業操業をおこなうようになったことで、漁業操業と居留地での漁撈を両立させることがむずかしくなっただけでなく、漁業操業に費やす時間を増やしたために、サケ以外を対象とした漁撈をおこなう時間さえつくりづらくなったことは容易に想像できる。

第二に、河川での中流、上流での網漁はすでにおこなわれず、河口での地引網が主流であったことである。なお、三つ目の回想からもわかるように、彼らが漁撈をおこなっていたニムキッシュ川には一九五〇年代以後ベニザケがいなくなってしまったので、以後の彼らは——アスーがほかの村にサケを分け与えていたように——親戚関係を通じてほかの村の漁師からの分配に依存せざるを得なくなったものと考えられる。

第三に、生産単位がきわめて個人化していることである。従来は、夏のサケ漁撈といえば冬村集団のように規模の大きな集団を生産単位としていたが、シウィドの回想に窺えるように、一九二〇年代にはすでに生産単位が少人数化していたし、一九五〇年頃になると漁撈は当番制になっていた。紛れもなくこれは、漁業操業など賃金労働に負担を

漁撈にて得たサケを加工するＨＡ氏の妻ＣＩ。このあと等間隔に切られたサケは瓶に詰められ、圧力鍋で蒸される（2006年8月／著者撮影）。

漁撈で得たサケのもう1つの方法、バーベキュー。多くの先住民はこうして調理されたサケを好む（キャンベル・リバーにて、2007年9月／著者撮影）。

かけないためである。なお、ＨＡによると、一九八〇年頃には漁業操業と同じ漁法（つまりＨＡにとってはまき網）で漁撈をおこなうことが認められている。これによって漁撈の個人化の傾向はさらに助長されることになる[16]。

以上の記述から、一九三〇年代以後の生業活動は、活動に費やす時間、食料として得られる資源の種類や量などの点において、大幅に縮小されていったことが窺える。そしてこうした生業活動の規模の縮小をもたらした原因となったのが、上記のアスーの言明（「みんなサケをとったら工場に売っていた」）にもあるように、人びとが漁業操業を優先していたという事実である。ただ、だからといって、クワクワカワクゥが日々の食料を得ることに困難さを感じていたということにはもちろんならない。なぜなら彼らは、日々の食料を得るにあたって、漁撈に依存するだけでなく、近隣の食料品店（あるいは小規模経営のスーパー・マーケット）で購入するという選択肢ももっていたからである。

6　「労働組合」

本節で論じてきたクワクワカワクゥ漁師の技術的適応や経済発展は、すべて一定水準の労働条件が満たされていてはじめて可能になるものである。実際、導入されて以来のサケ漁業の発展は目覚しく、クワクワカワクゥをはじめとする先住民労働者たちも同産業の提供するそれなりに恵まれた条件下で働いてきたし、また、労働条件の面で問題があった場合にはリクルーターがその解決にあたっていた。しかしまき網漁船の購入に伴う漁師の自立は、次第にリクルーター制度の衰退を導き、また一九三〇年代の大恐慌と乱獲によってサケ漁業そのものにも陰りがみえはじめると、漁師を含む漁業関連の労働者たちは労働組合やストライキを組織して、みずからの労働問題に対処せねばならなくなった。

労働経済学において、漁師と労働組合の関係は研究の対象として関心をひくものではなかったようである。グラッドストーンとジャミソンは、その理由として、労働経済学では本来、「労働」には（1）労働者の財産（生産手段）の欠如、そして（2）生産手段の所有者や管理者による監督下で働くことという二つの含意があることをあげている。それ故、漁船やそのほかの漁具を所有し、個を単位に働く漁師は「労働経済学から忘れられた人びと」であったというわけである［GLADSTONE and JAMIESON 1950: 2］。

労働経済学のこうした態度とは裏腹に、北西海岸における漁師、あるいは工場労働者によるストライキ、および労働組合の歴史は古い。グラッドストーンとジャミソンが作成した表によると［GLADSTONE and JAMIESON 1950: Table 1, 2］、最初にストライキが組織された一八九三年から一九四九年までの期間、カナダ北西海岸では漁業関連の労働組合は約三〇存在し、うち四つには明らかな民族色が確認される（二つは先住民の、残り二つは日本人の組合）。また、同じ期間に起きた漁業関連のストライキは四四を数える。このうち四二が漁業者によるストライキであり（残りは加工業者と漁網製造者によるもの）、さらにそのうち三三がサケ漁師によるものである。なお、これらのストライキのほとんどすべては、サケの陸揚げ価格あるいは賃金の上昇を目指して、サケの買い手であった缶詰工場相手におこなわれている［GLADSTONE and JAMIESON 1950: 148-152］。

ここで筆者が先住民漁師の労働組合としてあげる組織は、二つある。一つは「ブリティッシュ・コロンビア先住民同胞団」（Native Brotherhood of British Columbia、以下ではＮＢＢＣと略す）で、これは一九三一年にハイダ出身のアルフレッド・アダムズ（Alfred Adams）の呼びかけで結成された。ＮＢＢＣは、アラスカにあるもう一つの先住民同胞団（Alaska Native Brotherhood）をモデルにつくられたもので、厳密にいうと労働組合ではなく、州内の先住民の福祉、教育、労働など幅広い面での向上を目指した団体である［DRUCKER 1958］。しかしアダムズがＮＢＢＣを設立しようと考えた直接的な背景には北米を襲った大恐慌とそれに伴うサケ漁業の不振があったし、またＮＢＢＣが一部の人びとに熱狂的に支持されたのも、先住民漁師の権利を保障する制度の必要性を彼らが共有していたからであった。ＮＢＢＣ設立の立役者となるアダムズやツィムシャンの首長たちもまた、当時のサケ漁業の不振に脅かされた漁師であった［DRUCKER 1958: 103-105］。

ＮＢＢＣは当初、アダムズの属すハイダと、彼が一九三一年の夏に同じ漁場で知りあったツィムシャンの首長たちの属す六つのネーションの間で結成された［DRUCKER 1958: 105］。その後、ＮＢＢＣは当面組織の拡大に尽力した。おもにツィムシャンの首長たちによる自費での渡航と説得の努力によって、結成五年後となる一九三六年には一四のネーションを加盟させ、また四七四人の会員数を誇るまでに成長した［DRUCKER 1958: 107］。

もう一つの組織は「太平洋沿岸先住民漁師連盟」（Pacific Coast Native Fishermen's Association、以下ではＰＣＮＦＡと略す）で、これは一九三六年にハリー・アスーらクワクワカワクゥ漁師によって結成された。ＮＢＢＣと違い、ＰＣＮＦＡは本来的に先住民漁師のための労働組合として立ちあげられた。クワクワカワクゥがサケを陸揚げするリバーズ入江の工場では、ヨーロッパ系カナダ人漁師のストライキに協力した先住民漁師がしばしば裏切られる事態（前者がストライキの利益を独り占めし、後者はなんの利益も得られない状況）が生じており、このことがきっかけとなって先住民漁師のための労働組合として、ＰＣＮＦＡが結成される運びとなったのである［ASSU with Inglis 1989: 71; SPRADLEY (ed.) 1969: 105-106］。

一九四二年にＮＢＢＣの年次集会がアラート・ベイで開催された際、ＰＣＮＦＡはＮＢＢＣから提案された合併案に了承した［DRUCKER 1958: 130; SPRADLEY (ed.) 1969: 123-124］。これら二つの組織の合併において鍵となったのは、政府による先住民漁師への課税案であった。ＰＣＮＦＡはこの政策に強い反対の立場を表明してきた。先住民は本来課税された経験がなかったというだけでなく、内陸部の先住民農業者には非課税のままなのでこの政策は公平さを欠くというのがそのおもな理由である。[17] このとき両組織の橋渡しをしたのがアンドリュー・ポール（Andrew Paul）という人物である。先住民漁師への課税に強い反対表明をしていたアンドリュー・ポールは、同行したアルフレッド・アダムズとツィムシャンの首長ヒバー・クリフトン（Heber Clifton）とともにＰＣＮＦＡの理事たちを説得し、最終的に合併交渉に成功したのである［ASSU with Inglis 1989: 71-72; SPRADLEY (ed.) 1969: 123-124］。

この合併は、以後のＮＢＢＣに三つの変化をもたらす結果となった。第一に、先住民漁師の労働組合として卓越した実績を誇っていたＰＣＮＦＡを吸収したことにより、ＮＢＢＣはよりいっそう漁師の労働組合的な色彩を濃くしていった。

第二の変化は、加盟ネーション数の面でも、政治・経済的な力の面でもＮＢＢＣが大きな発展を遂げたことである。それまで主としてカナダ太平洋沿岸の北部を拠点としてきたＮＢＢＣであったが、ＰＣＮＦＡを吸収し、またその後もポールが南部を訪問して説得にあたった結果、加盟ネーションは太平洋沿岸のほぼ全域にまで拡大された［DRUCKER 1958: 108］。また、資金力があったＰＣＮＦＡを吸収したことは、そのままＮＢＢＣの経営を有利にした。[18]

ただ、第三に、他方でこれらのことは、ＮＢＢＣの政治的な力を南部に移行させ、また――漁業者の労働組合としての色を濃くしたため――内陸部の加盟ネーションの活動を有名無実化するきっかけになった。ＮＢＢＣの「南北問題」は、つぎのエピソードに端的に窺える。アンドリュー・ポールがＮＢＢＣの経営担当役員（business agent. おもにサケ漁業シーズン前に工場とサケの売値の交渉を担当）に任命され、バンクーバーに事務所を構えた際、彼の給料と事務所の維持費が大きな経済的負担になる点、またＮＢＢＣの拠点をバンクーバーにおくことによって北部とのコミュニケーションが希薄になる点から、北部では次第にポール批判が強まっていった。しかしクワクワカワクゥとＰＣＮＦＡが強く彼を擁護したこともあって（元ＰＣＮＦＡ幹部には、ＮＢＢＣからの脱退をちらつかせた者もいた）、ポール批判は収まったという（その後しばらくして、結局ポールは組織を離脱したが）［DRUCKER 1958: 108-109］。当時の南部の政治力が窺えるエピソードであるが、このことは同時に二〇世紀後半におけるＮＢＢＣ衰退の主たる要因にもなっている。

さて、漁師の労働組合としてのＮＢＢＣは、実際にいかなる活動をしていたのであろうか。以下ではＮＢＢＣの機関紙『先住民の声』（*Native Voice*）の記事から、その交渉の詳細を紹介したい。なお、以下に紹介する記事はすべて一九七〇年代から一九八〇年代にかけてのものであるが、ドラッカーが紹介する一九五〇年代以前の交渉の枠組み［DRUCKER 1958: 116］と多くの点で共通するものである。

①「一九七七年六月二二日、ＮＢＢＣのサケ［価格］交渉委員会とブリティッシュ・コロンビア漁業協会とのあいだで会合が開かれた。

漁業協会は以前の価格の提示に多少の修正を施した。提示は一年契約で以下の価格となる――パウンドあたり、ベニザケ七八セント、ギンザケ五六セント、カラフトマス三四セント、シロザケ四〇セント、マスノスケ九八セント……。刺し網のレンタル価格は、最高の状態のもので二、二〇〇ドルから二、四〇〇ドルにあげられているが、状態の悪いものは同じである。

……交渉委員会は、とくにその魚卵の高い価値からシロザケとマスノスケの提示額にいまだ満足していないことを強調した。しかし夜通し漁業協会側の提示額を考慮した結果、ＮＢＢＣのサケ価格交渉委員会はしぶしぶこの提示を受諾する決定をくだした。」（『先住民の声』七‐六、一九七七年六月）

②「一九八八年のサケ［価格］の交渉が、一九八八年六月九日から七月二二日までの一一回以上におよぶＮＢＢＣと加工業者協会との会合にておこなわれた。

六月二二日、価格の面で加工業者協会側は以下のように切りだした——一パウンドあたりベニザケ一・一五ドル、カラフトマス二九セント、ギンザケ六九セント、シロザケ六七セント……マスノスケ一・一九ドル……。対してNBBCは以下のように切り替えした——ベニザケ二・五〇ドル、カラフトマス七五セント、ギンザケ一・四〇ドル、シロザケ一・四〇ドル、マスノスケ二・五〇ドル。

一九八八年、NBBCはストライキ的状況に直面した。わが委員会はストライキ命令を下すことを望まなかったが、加工業者協会側の理解のなさのためNBBCの交渉委員会はUFAWU（United Fishermen and Allied Workers' Union. ヨーロッパ系カナダ人漁業関連労働者最大の労働組合）が呼びかけた七月二一日のストライキを支援せざるを得ない状況になった。メンバーのほとんどがこれにしたがったことは、加工業者を驚かせることになった。その四四時間後には同意に達したのであるから、戦略はもっとも効果的なものであったと証明されたことになる。交渉委員会の提言を支持した人びとすべてに感謝したい。」（『先住民の声』一六‐八、一九八八年一二月）

これらの記事から、以下の点が理解されるであろう。第一に、NBBCが交渉において、UFAWUなどほかの労働組合と密にコミュニケーションをとりつつ、狡猾ともいえる巧みさで臨んでいたことである。第二に、NBBCはおもに陸揚げするサケの価格交渉をおこなうだけで、先住民漁業漁師に対してそれ以外の経済的な支援をしなかったということである。たとえば上記の記事①に窺えるように、NBBCは日本の漁協がおこなうような、漁具や運転資金の貸付はおこなわない。これらの業務は加工企業がおこなうものである。このことは、先住民漁師を支援する組織としてのNBBCの機能が限定されていたことを示すと同時に、いまだ数多くの先住民漁師が加工企業と敵対することに躊躇している（つまりNBBCの攻撃的な姿勢に反対している）理由をも提供している［立川 二〇〇七］。

第三節　一九六八年以後——デービス・プランからスパロー判決へ

前節で論じたように、一九三〇年代から一九六〇年代にかけて、まき網が認可されたことをきっかけにクワクワカワクゥ漁師たちの一部が企業家に成長した。また、企業家とはいえなくても、実際には多くのクワクワカワクゥ漁師がこの時期に多大な経済的恩恵を受けるようになっており、個人レベルにおける経済的自立を達成できるまでになっていた。

ただ、クワクワカワクゥの活動拠点であった中央沿岸部の状況に限らず、幅広く北西海岸全体のサケ漁業および加工業の状況に視点を移すならば、それまで順調に発展してきたこの産業も、二〇世紀半ば頃から衰退の兆しをみせはじめていたことがわかる。一方では大恐慌が加工業に暗い影を落とし、他方ではサケ資源の減少が、少なくともメディアの上では騒がれはじめていたのである。その結果、北西海岸全体においては漁獲高、漁船数などが減少し、工場の閉鎖も少しずつみられるようになっていた。

二〇世紀半ばのこうした「危機」に対し、カナダ政府は約一五年におよぶ調査と報告を経て、一つの政策を発表した。それが一九六八年のデービス・プランである。このデービス・プランは、一言でいえばハーディンの「コモンズの悲劇」[cf. HARDIN 1968] に示されるような資源管理を廃止し、他方でサケ漁業および加工業の集約化（中央集権化）を推し進めるという、漁業および加工業の構造改革案である。このデービス・プランは、それ以前から少しずつ進んでいた漁船の重装備化を正当化したと同時に、それ以後のサケ漁業および加工業の集約化を促進した。いずれにしても、デービス・プランの影響は現在にいたるまで、サケ漁業と加工業のあり方を決定する一つの因子でありつづけている。

概していえば、このデービス・プランが北西海岸の先住民漁師の多くにとって、漁業から退く最初の直接的な原因となった。他方で一九九〇年には、先住民の漁撈と漁業操業の両方に明るい未来を予見させる判決が下される。これがスパロー判決（Sparrow Decision）である。スパロー判決、およびそれを受けて一九九二年に発表された先住民漁業戦略（Aboriginal Fisheries Strategies）は、先住民による漁撈に資源保護につぐ優先権を与え、かつ食糧自給に制限されていた漁撈の定義の拡大を模索するものと位置づけられる。本節では、これら二つの判決ないし政策を中心に、一九六八年から現在にかけてのサケ漁業をめぐる政治・法的な動向をたどることにする。

1　ゴードンの理論とシンクレア報告――資源減少と漁業の衰退

一九五三年から一九五四年にかけて、政府は北西海岸で操業する漁師の収入調査を実施した。この調査から二つの結論が導きだされることになる。つまり、漁師の収入の四分の一が漁業操業以外から得られていることと、小規模操業――おもに刺し網とトロール――をおこなう漁師はきわめて貧しい生活を送っていることである［NEWELL 1993: 129］。漁師のこうした実態とサケ資源の減少という状況をふまえ、生物学者であるシンクレアは一九六〇年に「シンクレア報告」（Sinclair Report）と呼ばれるものを発表する。このシンクレア報告に影響を与えたのが、ハーディンおよびゴードンといった生物学者や経済学者たちの理論であった。

一九五四年、アメリカの経済学者であるゴードンは、サケのストックを脅かすことなくもっとも適した量の資源を収穫することによって漁業の「生態学的」均衡（bionomic equilibrium）をめざすべく、呼びかけをおこなっている。ゴードンの理論にしたがえば、漁業資源がコモンズであるというまさにその性質故に、最適な条件にもとづいた漁業の均衡は不安定になりがちで、経済学的にみれば非効率的で、なおかつ乱獲を招きやすくなる。一九五〇年代初期における北西海岸のサケ漁業は、ゴードンのような資源経済学者の目にはそのように映るものであった。ゴードンは、カナダ政府などの政策決定主体に効果的な資源の採取を訴えるべく、数学的なモデルを援用した。カナダ政府はすぐさまゴードンのモデルに魅了されたようで、一九五六年には「漁業にとって、コストとリターンの差を最大化することが最適の状態であり、そのために物理的な意味で生産高を最大化させる必要はない」との主張を発表している［NEWELL 1993: 123］。

シンクレア報告のなかにもこの主張は色濃く反映されている。シンクレアにとって、当時の漁業の根元にある問題とはコモンズであった。多くのパート・タイム労働者や小規模な操業をつづける漁師たちの生活を守ろうという感傷的な目的は結構なことかもしれないが、経済的には効率が悪い。少なくとも資源経済学者にとっては、北西海岸のサケ漁業とは非合理的な資源保護および「コモンズの悲劇」の典型例なのだ、というのである［NEWELL 1993: 128］。ここでシンクレアは、以後のブリティッシュ・コロンビア州がとりうる二つの可能な方向を提示する。つまり、漁業（および資源）を完全に国家が掌握するか、コモンズを認めながらも漁師に厳しい制限を課すかである。シンクレア自身は後者の立場をとっていた［NEWELL 1993: 129］。

2　漁業操業、加工業の構造改革とデービス・プラン

シンクレア報告の内容がデービス・プランという形でカナダの連邦政府の方針として結実するまでには、さらに八年を要した。しかしデービス・プランが発表される以前、すでにゴードンの理論やシンクレア報告が浸透していく頃には、その理念は少しずつ実際の政策のなかで実行に移されていたのである。

漁業操業においては、まき網漁船の比率が増加した。また、戦時中の好景気の影響もあって、一九五〇年代後半にはパワー・ブロックやウィンチ、一九六〇年代には電動式のドラムなどのハードな技術が導入されはじめ、ナイロン製の軽い漁網も導入されていった。こうした漁船の重装備化、とくにドラムの搭載によって、まき網漁船ではドラムのない状態では一日に五回しか仕掛けがおこなえなかったところで、二五回仕掛けができるようになったというをいまさら下げようとはせず、操業が許可される日にちや時間帯にさらなる制限を課すことで資源管理に対処しようとした。たとえば一九五六年には、政府はある特定の漁区を五年間閉鎖し、それ以外の漁区に関しては漁法の生産性に制限を加えるなどの管理方法を開始している［NEWELL 1993: 125］。ただ、このような操業時間の規制は、結局のところ、さらなる重装備化を招き、それによってサケ資源の減少が引きおこされるという悪循環を生みだすことになった。

他方で加工業においては、戦後になって冷凍技術が導入され、それによって加工技術が多様化した。冷凍された魚のフィレ肉は、加工業の技術と家庭での冷凍庫の導入によって新たな市場が開かれることになったことの象徴とみなされた。また、移送技術が発展したこともあって、生のままの魚を遠く離れた市場に送りだすことも可能になった。こうした加工技術の進化に伴って、一九五〇年代から一九六〇年代にかけて、辺境部の多くの缶詰工場が閉鎖に追いこまれた。また、それとは対照的に、フレーザー川流域とスキーナ川流域の加工場の規模が、多様化する加工技術に応じる形で拡大した［NEWELL 1993: 127］。

このような状況のなかで、一九六八年、「サケ漁船ライセンスの統御計画」（Salmon Vessel License Control Plan）が、当時の漁業海洋省大臣ジャック・デービス（Jack Davis）のもとで発表された。これがいわゆるデービス・プランであ

漁船の重装備化の１例である、パワーブロック（中央）とブーム（右）（著者撮影）。

る。このデービス・プランは八年前にシンクレアが主張した論点を政策のなかに体現したもので、簡単にいえば「より少ない労働者でより多い利益を」得ようとするものであった。漁業セクターでは、ライセンス数に制限を加えて操業する漁船の数を段階的に減らし、加工業セクターでは、加工拠点の集約化を目指すことで、残った労働者の収入を増やそうと試みるものであった［NEWELL 1993: 149-150］。

ライセンスに関しては、デービスは数年にわたって、段階的にそれを制限していこうとした。第一の段階は、一万パウンド（約四、五四〇キログラム）以上の漁獲を安定して誇るサケ漁船に対し、最高クラスの永久的な〈A〉ライセンスを一定数発行しておき、とりあえず以後の漁船数の増大を防いでおくものである。なお、このとき発行された〈A〉ライセンス数は五、八七〇部であった［CANADA, DFO 2000: 25］。第二の段階では、政府が漁船を買い戻すことでその数を減らし、第三の段階において〈B〉ライセンスという期間限定（約一〇シーズン）のライセンスを安く発行する。そして第四の段階では、経済的に最良の漁法ならびに漁区規制によって漁船の活動を最大化し、河川でのサケの捕獲を極限まで減らすことで、捕獲されたサケの質を向上させる［NEWELL 1993: 150］。

このライセンス政策によって引きおこされた最初の現象が、漁船のさらなる重装備化であった。〈A〉ライセンスはなんといっても永久ライセンスである。それ欲しさに、とくにまき網漁師たちはみずからの漁船が〈A〉ライセンスの規格にあうよう重装備化に励んでいった。それにつづいて、〈A〉ライセンスの価値が高騰するという事態が生じた。〈A〉ライセンスは所有者を変えるたびごとに値段をあげ（漁師間での売買は可能であった）、さらに政府がライセンスの買戻しをおこなう第二段階に入るともっと値をあげたのである［NEWELL 1993: 150-151］。

加工業では、「少ない工場による最大効率での運営」がスローガンとなり、おもに地方工場の閉鎖が相ついだ。最終的に、加工企業はカナディアン・フィッシング・カンパニーとBCパッカーズに二極化され、工場のほとんどはフレーザー川流域とナス・スキーナ川流域に集中することになった[19]［NEWELL 1993: 152］。

では、デービス・プランによって事態は好転したかといえば、その答えは否となる。ニュウェルは、一九七六年の時点での問題点として、つぎの三点を指定している。第一に、デービス・プランのなかで期待された通りに漁獲ならびに収入が向上したとしても、その収入は実際には漁船の重装備化に費やした投資――漁船への投資金額はデービス・プラン発表以前の約四倍にまで膨れあがっていた――に見あうものではなかった。デービス・プランでは、漁船数を減らすことで、生き残ることができた漁船がより効果的に操業できるという想定があった。しかしニュウェルによれば、実際にはデービス・プラン発表から八年の間に売却された二、〇〇〇隻以上の漁船（このうち三五四が政府の買戻しによる［NEWELL 1993: 153］）のほとんどは、小規模操業をおこなう刺し網とトロール漁船であり、一隻あた

プリンス・ルパートの陸揚げ工場での作業風景（2000年7月／著者撮影）。

りの漁獲が格段に多い大型のまき網漁船はまったくといっていいほど減少しなかったのである［CANADA. DFO 1992: Fig. 1; NEWELL 1993: 153］。第二の問題は、市場でのサケの価値はあがったものの、サケの加工品とくに缶詰の価値が下がったことで、全体としての利益が低迷し、それと同時に工場での仕事も脅かされた。そして最後の問題として、デービス・プランは、漁船の重装備化による漁獲の向上とスポーツ・フィッシングの成長によって引きおこされたサケ資源のストックの危機を、結局は回避できなかった［NEWELL 1993: 153］。これに対して連邦と州政府は、一九七七年からストック増加プログラムの一環として孵化場の建設に乗りだしたが、これも成功にはほど遠い状況となっている［MEGGS 1991: 216-218; NEWELL 1993: 153-154］。

3　デービス・プランの先住民への影響

先住民労働者にとって、デービス・プランはおもに二つの影響をおよぼした。まず、加工業においては、郊外にあった多くの工場が閉鎖に追いこまれたために、数多くの女性の工場労働者が失業した。フレーザー川流域では一九七〇年の段階で一八の工場が操業しており、そこで働いていた三、七〇〇人の労働者のうち約四〇パーセントが先住民であったといわれている。これはその二〇年前の先住民労働者比率の半分以下の数値である［NEWELL 1993: 156］。他方で北部のスキーナ川流域では、一九八〇年代の初期まで多くの先住民女性が工場で働いていたが、その後ほとんどの工場は閉鎖された［NEWELL 1993: 156］。

前節までの論議に窺えるように、デービス・プラン以前、クワクワカワクゥがおもに活動拠点としてきた北西海岸の中央沿岸部は、北西海岸全体で進行していた漁業の衰退とはほぼ無縁か、そうでなくても衰退が限定的にしかみられない状況であった。けれどもデービス・プランの発表以後は、北西海岸のほかの地域と同様に工場が閉鎖に追いこまれ、女性の工場労働者たちが解雇された。中央沿岸部では、一九六九年にクレムトゥ（Klemtu）、ナムー（Namu）、ミルバンク（Millbanke）の工場が閉鎖され、約七二〇人の先住民女性が職を失った［NEWELL 1993: 157］。この人数は、その年における加工業の失業者全体の、じつに七〇パーセント以上に相当する。それにかわる仕事がみつからない状況のなかで、先住民への福祉の必要性が劇的に高まることになった［NEWELL 1993: 157］。

漁師についてはどうであろうか。一般に、刺し網やトロールなど、小規模な操業をおこなっていた漁師は、漁船の重装備化にむけての投資ができずに漁師をやめざるを得なくなったといわれている。一九六四年から一九七三年までの九年間、ライセンスを所持するブリティッシュ・コロンビア州全体の漁師人口の減少が一二パーセントであるのに対し、先住民漁師人口の減少は四四パーセントと多い［NEWELL 1993: 158］。このことは、刺し網、トロールなどの小規模操業をおこなっていた漁師が先住民に多かったことを示唆している。

ただ、先住民労働者に対しては、ライセンスおよび財政上の優遇措置もとられた。ライセンスに関しては、連邦政府は先住民の漁船所有者に〈A〉ライセンスで操業するか、もしくは――先住民だけに発行された――毎年安い金額を払って得られるサケ漁の〈A－I〉ライセンスでの操業のいずれかを選択させることにした。また、〈B〉ライセンスを保持する先住民にも優遇措置がとられた。通常〈B〉ライセンスは一〇シーズンで無効になったが、先住民の場合は一〇年後それを〈A－I〉ライセンスにかえることができた。さらに一九七二年には、先住民漁師がもつすべての〈B〉ライセンスの期限を無限にした。〈A－I〉ライセンスは買戻しの対象ではなかったものの、それをほかの先住民に売ること、〈A〉ライセンスに変更すること、さらには〈A〉ライセンスに変更後それを先住民でない漁師に売ることは認められた［NEWELL 1993: 159］。

財政援助については、デービス・プランの発表後、一九八二年までに二つの援助計画が実行され（一九六八年から一九七三年、一九七四年から一九七八年）、また一九八〇年から一九八二年まで臨時の援助計画が実施された［NEWELL 1993: 160-162］。これらは資本力に乏しいと考えられる先住民漁師が新たに漁船をつくり、中古の漁船や漁具を買う場合の融資政策であり、先住民の諸団体からの圧力で実施されたものである。

ただ、これらの優遇措置が先住民にとってどれほど効果的だったかは疑問である。現在でも漁業操業をおこなっているHAに対して筆者が〈A－I〉ライセンスについて尋ねたところ、「そんなライセンスがあるのか？」と逆に質問されるくらい、当時の先住民に対するライセンス優遇措置は地域的に限定され、認知度も低いものであった。財政援助についても同様で、ニュウェルによれば、援助の対象となったのはおもに一定の年齢以上の、大規模操業をおこなおうとしている漁師に限定されていたのである［NEWELL 1993: 160-162］。

以上、おもにニュウェルの歴史学的な研究に依拠して述べてきた先住民労働者の「不幸」は、クワクワカワクゥの活動拠点であるバンクーバー島北東部をも巻きこむものであった。それは漁師人口の推移に関する統計資料に裏づけられるといえるであろう。しかし、これらの統計資料では、刺し網やトロールでの操業の途を捨てて、――親族のつてを頼るなどして――まき網漁船の船長のもとでクルーとして働くようになった漁師たちを把握できないとも考えられる。通常、マクロな視点にたつ研究が漁師人口を知ろうとするために依拠するデータは、ライセンス数に関する統計になるが、ライセンスは漁船に対して発行されるものであるから、それらの漁船でクルーとして働く漁師人口までは捉えきれないからである。少なくともクワクワカワクゥに関する限り、まき網のクルーに転身したこうした漁師が多く、しかもそれらの漁師たちの経済状況は近年まで必ずしも悪いものではなかったことは、序章で紹介した一九七〇年代のアラート・ベイの経済的繁栄に関するエピソードや「一九九〇年代の後半になると、もはやサケ漁は金のなる木ではなくなった（つまりそれ以前は金のなる木であった）」という現在の漁師たちの語りに窺える。

4　スパロー判決と先住民漁業戦略

サケ漁業の衰退を食いとめ、サケ資源のストックを改善せんと発案されたデービス・プランは、結果的に失敗に終わったといえる。少なくとも統計でみる限りにおいては、漁業漁師の収入はデービス・プランの目論見通り、一九八〇年代をピークに向上した。しかしサケのストックはいっこうに回復されることなく、それが結果的に一九九〇年代の極度の経済的不振を招いたからである。こうしてカナダ政府はデービス・プランにかわる新たな漁業政策を模索せねばならなくなったが、その矢先に起こったのが一九九〇年のいわゆるスパロー判決であった。

一九八二年、カナダ憲法が制定された。この憲法制定は、カナダの先住民にとって明らかに記念すべき歴史的瞬間であったといえよう。憲法第三五条において、いわゆる先住権の現存することが明文化されたからである［cf. 苑原二〇〇一］。では、憲法における先住権の承認と漁業法のなかの先住民に関連する法の条文の内容に食い違いがある場合、どちらが優先されるのか。スパロー事件はまさにこの点を争うものであった。

一九八四年の五月二五日、ムスキアム（Musqueam）というネーションの長老であるロナルド・スパロー（Ronald Sparrow）が逮捕された。その理由は、彼が漁撈をおこなうにあたって漁業法で許可されていた流し網よりも長めの網を使用していたからであった。スパローの逮捕に対して、弁護側は、スパローは先住権を行使して漁撈をおこなっていたのであり、網の長さに関する規制は一九八二年憲法第三五条に違反するから適用されるべきではないと主張した。これに対して原告側は、漁業法の前では先住権は消滅すると主張した。

地方の裁判において、スパローは有罪判決を受けた。このときの裁判官は、先住権は条約が締結されていてはじめて有効になるものであり、スパローが属すムスキアム・ネーションは条約を締結していないので、憲法第三五条は適用できないと主張した（条約については第二章を参照）。しかし一九八六年、ブリティッシュ・コロンビア州の上訴裁判所はそれまでの判決をくつがえし、憲法第三五条は条約未締結のネーションにも適用されると主張した。こうして裁判は、最高裁にまでもちこされることになったのである。

一九九〇年の三月三一日、オタワの最高裁は、原告も、また原告が依拠した漁業法のいかなる条文も、憲法第三五条で認められている先住権の消滅を立証するのには不十分であり、したがってスパローがおこなっていた漁撈は先住権を行使した、合法的なものだという判決を下した。こうしてスパロー事件そのものは結審したわけであるが、この判決はその後の先住民政策ならびに漁業政策に対し、より重大な影響を与えることになった。

最高裁は、先住民による漁撈は資源保護に反しない限り、ほかの資源ユーザーの利益よりも優先されるものであることを明言し、さらにユーザーごとの優先順位を明白にした。すなわち、資源保護を最優先するとして、それに抵触しない限りにおいては、先住民の漁撈、商業捕獲、スポーツ・フィッシングの順に優先されるのだと明示したのである。[20]

これに対して、アンチ先住民の立場によるロビー活動も活発におこなわれた。これらのアンチ先住民側にとっての唯一の期待は、将来的な裁判のなかで、スパロー判決のなかで認められた先住民の漁撈権のおよぶ範囲が縮小されていくことであった。事実、一九九一年に州最高裁で結審したデルガムック（Delgamuukw）判決では、ギクサンによる彼らのテリトリーに対する所有権およびそこでの漁業権――ここでは捕獲したサケを販売する権利を含むものとしてこの名称を使っている――の主張が退けられている［MUCKLE 1998: 84-85; NEWELL 1993: 176-177］。とはいえ、スパロー判決は、デービス・プランにかわり、こんにちの漁業政策の方向性を定める上で重要な因子になっていることにはかわりはない。

スパロー判決によって、先住民の漁撈は資源保護につぐ優先順位を与えられることになった。これをふまえて一九九二年から実施されているのが、先住民漁業戦略である。先住民漁業戦略のもとで、カナダ漁業海洋省は、食料獲得、社会的ならびに儀式上の目的にそったサケ漁撈に関して、各ネーションと交渉をおこなうようになった。これらの交渉の多くは、居留地におけるストックのアセスメント、居留地内（あるいは周辺）のサケの生息地の状況改善とモニタリングといった活動を支援するための資金援助の問題も含んでいる［CANADA, DFO 2000: 14］。

先住民漁業戦略のなかで検討されているそのほかの重要な問題としては、つぎのものがあげられる。第一に、ストックの維持に十分な量のサケが遡上した場合、その余剰となったサケを河川でとることができる権利（excess salmon to spawning requirements, ESSR）がある［CANADA, DFO 2000: 14, Appendix 2］。これはおもにスキーナ川流域の先住民に認められている。第二に、漁撈で得たサケを試験販売（pilot sale）することができる権利である。これはフレーザー川流域に居留地をもつ三ネーション（ムスキアム、ツァワッセンTsawassen、スタローStalo）に認められている[21]［CANADA,

DFO 2000: 14; NEWELL 1993: 177]。そのほか、先住民が〈A〉ライセンスを購入する場合は価格が安くなるという措置もある。一九九八年のまき網の〈A〉ライセンスは三、八八〇ドルであったが、先住民であれば二、六七〇ドルで購入することができた[CANADA, DFO 2000: Appendix 4]。

これらのなかで、非先住民の資源ユーザーをまきこむ形で論争の種になっているのは、先住民が漁撈で得たサケを試験的に販売できる権利である。とくにフレーザー川流域の加工企業は、スパロー判決以来この点に焦点をあてて先住民漁業戦略に反対運動をおこしてきた。フレーザー川流域を活動拠点とする非先住民の漁業漁師たちもまた、先住民からサケを買った工場への水揚げをボイコットするなど、あからさまな反対を表明している。これらの反対者はこぞって、先住民にサケの販売を認めることは闇市場の発達と持続を招くことになるであろうし、またそれ故に——彼らがみずから課すことになっているクォータを守らないとするなら——結果的にはサケのストックと漁業全体を崩壊させていくことにつながると懸念している(22)[NEWELL 1993: 178]。そのときはまだ三ネーションにしか適用されていなかったが、フレーザー川流域には九三ものネーションがある。万が一これらすべてのネーションに将来的に同様の権利が認められたとすれば(おそらくそうしたことはないが)、反対者の主張もうなずけないものではなかった。

これらの反対意見をよそに、サケの試験販売が許可された三ネーションは、これが長年にわたる先住権をめぐる争いに勝利した証だとみなしていた。けれども、実際の反対者は非先住民だけではなかった。三ネーションに対してサケの試験販売が許可されてすぐ、政府の予想をはるかに下回るサケの回遊数(23)がフレーザー川で確認されたことがあった。このとき、先住民のなかにもこれら三ネーションの権利に反対する者が現れた。こうした先住民の反対者には、二タイプの人びとがいた。第一のタイプはいまだ漁業操業をつづける漁師であり、彼らは単に、みずからの操業に対して試験販売が不利益になりかねない——試験販売の制度が乱獲を招き、結果的にみずからの漁業操業に不利益をもたらす可能性がある――から反対したのであった。もう一つはフレーザー川の上流で漁撈をおこなっていたネーションの人びとで、彼らの場合は下流で漁撈をおこなう人びとが試験販売をおこなうことでサケを必要以上にとりすぎることを懸念していた。結局この事件に対してはいくつかの調査主体が事態の調査に乗りだしたが、そのうちの政府機関の調査からは、試験販売の認められたネーションによる漁撈の一部が、違法な形でおこなわれていたことがわかった。すなわち、これらのネーションの人びとによる漁撈の一部が許可されたテリトリー以外でおこなわれ、サケが非合法的な形で売られていたのである。このとき、政府は一時的にこれら三ネーションによる漁撈に規制を加えたものの、政府の対応の遅さもまた批判の対象になった［NEWELL 1993: 178-179］。

一九世紀後半に漁業法が制定されて以来、先住民によるサケ漁撈はさまざまな制限を受けながらも、基本的には認可され、維持されてきた。ただ、当初から指摘されていたことではあるが、伝統的に、先住民は漁撈で得たサケをほかの資源と物々交換したり、あるいは販売したりすることもあったにもかかわらず、漁業法のもとで認可されてきた先住民の漁撈は――フード・フィッシャリーという英語での名称からもわかるように――食料としてのサケを得るという側面だけに限定されてきた。そして従来の生業活動のなかに含まれていたはずの、交易や販売などの側面が排除されてしまったのである。この事実をふまえれば、たとえごくわずかのネーションに限定されているとはいえ、漁撈で得たサケを販売することを政府が認めたことは、二つの点で評価できるのである。第一に、それによって結果的に政府はこれまでの先住民漁撈の定義を打ち破り、新たな――しかも伝統的に実際におこなわれていた生業活動のなかの漁撈形態にいっそう近い――定義を付している点である。第二に、試験販売の権利を認めることで、政府はデービス・プラン以後サケ漁業から撤退せざるを得なかった先住民漁師たちに、改めて現金収入を獲得する機会を与えることになった点である。

けれども、試験販売の許可には上述したような問題が生じている。さらには、先住民漁業戦略そのものにも問題が噴出している。たとえば、一九九〇年代の後半に入ってサケのストック——とくにフレーザー川に遡上するベニザケのストック——の減少に歯どめがかからなくなってきており、そのせいでとくに州南部を生活圏とする先住民ネーションの漁撈、およびジョンストン海峡でのベニザケ漁業が大きく制限されるようになってきている。総じていえば、スパロー判決以後、先住民のサケ漁撈をめぐる環境が好転しつつあることに違いはない。しかし先住民による漁撈の保障とサケ漁業操業の復活には、今後もさらに長い時間を要するものと考えられる。

5　サケ漁業の経済的意義

デービス・プランが北西海岸のサケ漁業を衰退に向かわせたことは、主としてマクロな視点にたつ歴史学の多くが主張してきた通りである。他方で筆者は、二〇〇〇年のフィールド調査において「六年くらい前までは本当に稼ぎがよかったんだよ」という現地の漁業漁師、および加工場労働者の声を多数聞いている。筆者が調査地で耳にしたこういった語りは、上記の歴史学的な主張とは食い違うと同時に、序章で紹介した一九七〇年代におけるアラート・ベイの経済的繁栄を裏づけてくれるように思われる。では、一見正反対にみえるこれらの主張の齟齬は、いかに解消できるのであろうか。デービス・プラン以後の漁業漁師の収入面からこの問いについて考えてみたい。

まず、デービス・プラン発表後のサケの生産高とその価格の推移をみてみたい。漁業海洋省の統計資料によると、デービス・プランが発表された翌年となる一九六九年の生産高が四万トンであったのに対し、一九七五年と一九八四年をのぞいて軒並み六万トンから八万トンの生産高を維持している [CANADA, DFO 1992: 6]。生産高のピークは一〇万トンの生産高を誇る一九八五年であり、これはデービス・プランが発表されてから統計資料が作成された一九九二年までの最高値である［CANADA, DFO 1992: 6］。なお、この間の漁船数はおおむね五、〇〇〇隻前後である［cf. CANADA, DFO 1992: Appendix B］。

対してサケの市場価格、つまり漁船の総収入（gross income）に目を向けると、デービス・プラン発表直後の一九六九年の額が約四、〇〇〇万ドルであるのに対し、以後は右肩上がりの状態になっている。一九八〇年代に入るとおおむね二億ドルを超え、一九八〇年代後半になると、一九八八年をのぞいて三億五、〇〇〇万ドルから四億ドルの間を推移している。ピークとなった一九八八年には、総収入が四億二、八〇〇万ドルとなっている［CANADA, DFO 1992: 6, 43］。

もっとも、これは北西海岸で使用が認められている三つの漁具を総合した数値であり、実際には漁具ごとに大きくばらつきが認められる。総収入のもっとも多いのはまき網であり、たとえばデービス・プラン後のサケ漁のピークであった一九八八年における、まき網漁船一隻あたりの総収入額は約三六万ドルであった。それに対し、刺し網の総収入額は四万七、〇〇〇ドル、トロールでは七万六、〇〇〇ドルしかない［CANADA, DFO 1992: 15］。

つぎに、各漁船のクルーの漁業収入に焦点を狭めてみることにしよう。これについてはサケ漁が好調であったと考えられる、一九八六年から一九九〇年までの統計資料がある。この統計によれば、漁師の収入は、週あたり八〇二ドルから一、〇五七ドルの間で推移している。また、船長へのボーナス額は七〇八ドルから八九六ドルの間で推移している（この頃一シーズンはおよそ一三週間あった）［CANADA, DFO 1992: 26］。もっとも、この数値は漁具の違いを考慮に入れない平均値であり、実際には使用される漁具によって収入も大きく異なっていた。サケ漁のピークであったと考えられる一九八八年を例にとると、この年のまき網クルーの週給が一、四六五ドルであったのに対し、刺し網クルーの週給は五三一ドル、トロールのクルーの場合は一、一〇二ドルである(24)［CANADA, DFO 1992: Table 10］。この統計から、一般的に刺し網漁師の収入は低く、まき網漁師ははるかに高額の収入を得ていたことがわかる。なお、この頃のブリティッシュ・コロンビア州におけるほかの産業での労働賃金は、週四四七ドルから五一九ドルの間で推移している［CANADA, DFO 1992: 26］。

統計資料に示されるこれらの数値は、筆者がフィールド調査の最中にしばしば聞いた漁師たちの過去の栄華を裏づけてくれるといえるであろう。しかし二〇〇〇年当時、彼らの語りはつねに過去形であった。一九九〇年代の後半、とりわけ一九九九年は、これらの漁師たちにとって深刻な打撃を与えたシーズンになったのである。HAの話では、一九九九年のシーズンにおいて誰の目にもはっきりと、太平洋のサケのなかでもっとも市場価値の高いといわれる〈フレーザー・ソックアイ〉（フレーザー川に遡上するベニザケ）の減少が明らかになったのである。

デービス・プラン後のサケ漁業における生産高、総収入額、漁師の漁業収入額に関する上記の統計は、概してサケ漁業の順調さを示しているように思われる。しかしこの統計には二つの落とし穴もある。まず、当然のことながら、この統計にはデービス・プランによってサケ漁業から引退せざるを得なくなった数多くの人びとが考慮されていない。いいかえるならば、上記の統計に示されるサケ漁業の好調ぶりと漁師の高収入は、これら数多くの犠牲者の上に成り立っているものなのである。もっとも、現在のキャンベル・リバーにおけるクワクワカワクゥ漁師人口の比率、および一九七〇年代のアラート・ベイの経済的栄華に関するエピソードに窺える限り、少なくともクワクワカワクゥ社会では、デービス・プランによって引退に追い込まれた漁師よりも――それらの人びとの犠牲の上に――経済的繁栄を楽しんだ漁師が多かったといえよう。いずれにしても、「先住民は総じてデービス・プランの犠牲者となった」という歴史学的な研究にみられる言説と「数年前まで漁業で儲けてきた」という現場の漁師たちの言説との齟齬は、以下の形で解消されると思われる。つまり、デービス・プラン後にライセンスを売り払った小規模操業の先住民漁師たちはこのとき失職したが、この政策案をかいくぐって生き残った先住民漁師は、一九八〇年代から一九九〇年代初頭にかけて、実際に経済的恩恵を受けた。そしてクワクワカワクゥ社会においては、ライセンスを売却しても、親族関係をたどるなどして、デービス・プランを生き残ったまき網漁師の漁船クルーとして働いた人口（これらの人びとはライセンス数の統計には現れてこない）が多かったのである。

もう一つの落とし穴は、デービス・プランが当初から掲げていたサケ資源の維持ないし回復という目標を達成できなかったことである。生産高をむやみに最大化することなく「より少ない労働者でより効率よく」というスローガンをもとに、デービス・プランは漁業の経済的繁栄とサケ資源の維持ないし回復をはかろうとした。しかし結果的には一九九〇年代後半に〈フレーザー・ソックアイ〉の減少を招いてしまい、それによってそれまで利益を得てきた漁師たちにさえ、これまでにないほどの苦汁を飲ませることになってしまったのである。

註

（1）　サケの缶詰加工は、最初スコットランドとニュー・イングランドで一八三〇年代初頭に試みられており、それが太平洋沿岸に移植されたのは一八六〇年代後半、アメリカ合衆国のサクラメントとコロンビアにおいてであった［KNIGHT 1996: 179］。

（2）　ニュウェルはフレーザー川とナス川流域に設置されていた缶詰工場の場所と名前の一覧を掲載しているが［NEWELL 1993: 16-17］、この一覧とスティーブストン（フレーザー川流域にある町）の缶詰工場に関するホーム・ページ（http://www.virtualmuseum.ca/pm.php?id=story_line&fl=&lg=English&ex=00000127&sl=1874&pos=15. 二〇〇五年一一月二五日現在）を対照させてみると、スティーブストンの工場に限っていえば、当時設立されたもののほとんどは北米資本（ほとんどがカナダ人資本家によるものであり、ごく一部がアメリカ人、イギリス人資本家によるものと推測できる）であったことが窺える。

（3）ニュウェルによる缶詰工場のリストには、クワクワカワクゥの生活圏であるバンクーバー島北東部とその（大陸側の）対岸一帯には全部で一二地域にあった一四の工場があげられている［NEWELL 1993: 14］。しかしもちろん、これらの工場がすべて同時期に稼動していたわけではない。

（4）アラート・ベイでは一八七〇年代に二人のヨーロッパ系カナダ人の企業家が実験的にサケの塩漬け工場を設立し、それを一八八〇年代に缶詰工場にしたのがはじまりである。なお、この工場は一九〇二年にBCパッカーズに買収された［NORINE CHARLIE personal communication］。他方でクアシアスキ・コブの工場は、最初ヨーロッパ系カナダ人のピドック兄弟によって小規模に開始された。その後所有者を転々としたが、一九一〇年にアンダーソンという所有者の手に渡ってから規模の大きな工場につくりかえられた。一九三八年、この工場もBCパッカーズに買収されている［ASSU with Inglis 1989: 61, 68, 72］。

（5）漁業法の制定によって一八七〇年代から定置網が禁止されていたことはすでに述べたが、州内のサケ漁業の漁法に明確な規定ができたのは一八九二年のウィルモット委員会以後のことである。このとき同時に、ライセンス発行対象者、操業時間、操業空間も規制の対象となっている［NEWELL 1993: 70］。

（6）一九〇三年、漁業において捕獲可能な魚の種類が増えたことを受けて、魚群を囲いこむまき網にもライセンス制度が導入された。なお、ニュウェルは、当時まき網はヨーロッパ系カナダ人によって独占されていたと述べているが［NEWELL 1993: 73］、筆者がインタビューしたスティーブストンの日本人によると、日本人漁師も早い時期から（ただしいつ頃かは不明）まき網での操業をおこなっていたらしい。また、クワクワカワクゥのなかにも、アラート・ベイのモーゼス・アルフレッド（Moses Alfred）のように、破格のライセンス料を支払ってまでまき網操業をおこなった漁師もいたようである。

（7）クアシアスキ・コブの工場に水揚げした漁師のほとんどは、リクルーター自身の居留地であるケープ・マッジおよび、ケープ・マッジと深く関わりのある近隣のキャンベル・リバー居留地の人びとであった［ASSU with Inglis 1989:

63]。

（8）本著では、現在先住民が自給目的でおこなっているサケ漁のことを〈漁撈〉と呼んでいるが、これはカナダで実際に使われている〝food fishing〟の訳語としての使用である。この名称からも、先住民の生業活動を食糧の自給に制限しようとする政府の態度が明らかである。

（9）新たに導入された地引網は、その後一九七〇年代までつづけられることになる。インタビューによれば、当初の地引網の生産単位はヌマイムであったようである。しかし二〇世紀半ばになると、たとえばナムギース・ネーションにおいては一人あるいは数名がネーション全体を代表して漁をおこなう制度があったことが窺える[cf. SPRADLEY (ed.) 1969: 158]。

（10）もっともこのローナーの記述については議論の余地がある。ローナーの記述をみる限り、ギルフォード島にはまき網漁船を所有する人物はいない。つまり同島のまき網漁師とはすべて——おそらく親戚関係を通じてであろうが——アラート・ベイでまき網漁船を所有している漁師の漁船に、甲板での作業をおこなうクルーとして乗りこむような、いわば階梯上「下位」のクルーである[ROHNER 1967: 44]。これら下位のクルーが、みずからの裁量で自由に操業できる刺し網に憧れをもつのは当然であろう。ギルフォード島民が一般に刺し網のほうを好むというローナーの発言は、まさに刺し網のこうした自由さのみに言及したものであって、「まき網のほうが儲かる」というようなまき網の経済的可能性はまったく考慮されていない。

（11）〈船長〉および〈スキッパー〉もともに、日本の漁業でいうところの〈船長〉と〈漁撈長〉を足した役割を担うクルー職であるが、北西海岸では、この役職の人物が他人の漁船で操業するか、自分の漁船で操業するかで呼び方が違ってくる。他人の漁船で操業する、いわゆる〈雇われ船長〉はskipperと呼ばれ、自身の漁船で操業する船長はcaptainと呼ばれる。本著でもこの区別にしたがって、両者を区別する。

（12）世襲の貴族がまき網漁船のスキッパーになる傾向は、ある程度リクルーター制度の仕組みから説明可能である。まず工場は、居留地の首長や貴族たちをリクルーターに据えることで、居留地人口のほとんどを労働力として得ることを目論んだ。そしてこのリクルーターたちが、まき網の許可と同時にみずからスキッパーとして操業を開始したのである。その端的な例がビリー・アスーであろう［ASSU with Inglis 1989: 64］。

（13）ナイトによれば、缶詰工場が先住民労働者のブラック・リストを作成するのは当時一般的な慣行であった。ナイトが事例研究の対象としてあげるミル・ベイ工場の工場主は、日誌のなかに二四人の先住民漁師、工場労働者の名前を記載しているという［KNIGHT 1996: 197］。

（14）筆者はかつて、本節の議論と関連するミドルマンについての研究史をまとめたことがあるので［立川二〇〇二b：一二二－一二五］、詳しくはそちらを参照されたい。

（15）現在アスー家は、冬村集団ウィワイカイの世襲首長とみなされており、またハリー・アスーの自叙伝の編者であるジョイ・イングリスも彼のことを首長と呼んでいる［ASSU with Inglis 1989］。けれどもケープ・マッジには彼のことを首長だと認めない人物もいる。また、自叙伝のなかでハリー・アスーはみずからを首長と呼ぶことを注意深く避けている節もあることから、本著で筆者はアスー家を世襲首長とは呼ばないことにした。

（16）現在のサケ漁撈においては、各クランやネーションに「提供者」（fish provider）と呼ばれる特定の人物がおり、その人物が毎年集団成員のすべてのサケを捕獲してくるものだとみなされることも多い［SEWID and SEWID 2008: 1］。理想としては、このような提供者には集団の首長がつくべきだと考えられている。

（17）法的に、先住民が居留地内で収入を得た場合、非課税である。しかしサケ漁業に従事する先住民漁業者は、居留地内で操業するわけではないので課税の対象となるというのが政府による課税方針の根拠であった。対して内陸部の農業者は居留地内で働くため、課税の対象とはならない。

（18）先住民漁業者への課税問題についてＮＢＢＣの理事会がオタワに請願書を提出しにいく際、ＮＢＢＣの会計には渡航費を出資する経済的余裕がなかった。そこでＰＣＮＦＡの会計が渡航費を出資したというエピソードがある［DRUCKER 1958: 109］。

（19）かつての五大缶詰企業のうち、ＡＢＣパッキングはほとんどの工場を閉鎖し、残りを一九六九年にカナディアン・

フィッシング・カンパニーとＢＣパッカーズに売却した。またネルソン・ブラザーズはＢＣパッカーズに吸収されたが、ＢＣパッカーズは旧ネルソン・ブラザーズの工場のほとんどを閉鎖した［NEWELL 1993: 152］。

(20)　以上、スパロー判決の内容については、以下のＵＲＬを参照した――http://www.lexum.umontreal.ca/csc-scc/en/pub/1990/vol1/html/1990scr1_1075.html（二〇〇一年九月一八日の時点）。ほかにも、マックル、ニュウェルなどにスパロー事件の比較的詳細な記述がある［NEWELL 1993: 174-176; MUCKLE 1998: 79］。

(21)　政治的自決権や漁撈権などについて政府と交渉する場合、先住民側の交渉単位はネーションあるいはネーション連合となる。ムスキアムなど三つのネーションは〝Lower Fraser fishing Authority〟なる団体を組織して政府と交渉し、政府も試験販売を認めたのである［NEWELL 1993: 178］。カナダの漁業海洋省のホーム・ページ（http://www.pac.dfo-mpo.gc.ca/ops/fm/afs/Pilot.htm. 二〇〇一年九月一八日の時点）には、これら三つのネーション以外にバンクーバー島西岸の三つのネーション、スキーナ川流域の二つのネーションと一つのネーション連合に同様の権利が認められていると紹介されている。

(22)　サケの闇市場はけっしてフレーザー川だけの問題ではない。フレーザー川から遠く離れたバンクーバー島に住み、なおかつ闇市場に強く反対しているクワクワカワクゥ漁師でさえ、本人が知らないところで知らず知らずに闇市場の発達に関わってしまっている例もある。この詳しい例については拙稿［立川 二〇〇八ａ］を参照されたい。

(23)　回避数（escapement）とは、産卵のため無事に河川にたどりついたサケの個体数のことである。サケの実際のストックは、漁業操業、漁撈、スポーツ・フィッシングで捕獲されたサケの尾数とシャチなどに捕食された尾数にこの回避数を足したものとなるが、政府機関は回避数のデータをサケのストックを知る上でもっとも重要な指標と考えている。回避数は漁業海洋省の専門家のほか、地域住民、現役の漁業漁師による（実際にＨＡもこの仕事をおこなっている）肉眼での観察によっておこなわれている。

(24)　なお、船長の取り分は一般のクルーにくらべてそれほど多くはなっていない。同じ統計資料によれば、一九八八年のまき網船長の週給は一、七四八ドルであり、一般のクルーの収入一、四六五ドルとくらべてもわずかに多いだけにとどまっている。フィールド調査中、船長であるＨＡの収入がいくらくらいになると思うかと彼の次男に尋ねたところ、彼は「せいぜいもらえてもわれわれ（一般クルー）の倍くらい」だと答えた。

第四章

サケ漁をとり巻く環境と操業の風景

大たものサケが甲板に一気に落とされる瞬間（ジョンストン海峡にて、2006年8月／著者撮影）。

北西海岸のサケ漁業をめぐる、マクロなレベルでの政治、経済、法的環境に関する前章での記述からは、大筋において先住民漁師にとってのサケ漁業をめぐる環境が次第に悪化していったことが窺えた。しかし当然ながら、先住民はそのような状況をただ無抵抗に受け入れたわけでもなかった。デービス・プランの発表後にライセンスを売却してもなお、多くのクワクワカワクゥが親族関係を通じてまき網漁船のクルーとして働き、一九九〇年代の前半頃まで多大なる経済的恩恵を受けたという例はその一端を示している。このような先住民漁師の巧みな生き方は、彼らのミクロな生活世界を観察しない限り、理解できないものである。そこで本章と次章では、沿岸および沖合で操業する漁船を対象に、労働のミクロな次元について記述・分析することにしたい。まず本章では、現在の先住民サケ漁業漁師による操業の実態を記述する。

本章で提示される事例のほとんどは、クワクワカワクゥのなかでもキャンベル・リバーに在住する、Wというクランが所有するまき網船団の、二〇〇〇年および二〇〇三年の実際の操業記録である。二〇〇〇年当時、Wクランの船団は四隻のまき網漁船で構成されていた。筆者のインフォーマントでWクランの現首長であるHAが船長をつとめる〈PF〉、HAの弟であるBNとRIがそれぞれ船長をつとめる〈WS〉と〈NQ〉のほか、HAの父親が所有し、二〇〇〇年シーズンではHAの義理のオジGAがスキッパーをつとめた〈WR〉である。[1] 筆者は二〇〇〇年シーズン全体、および二〇〇三年秋のシロザケ漁業シーズンにHAの許可を得、またライセンスを購入して〈PF〉に乗船し、いくつかの作業を手伝いつつクルーとのコミュニケーションをとりつづけた。その一方で、いつ、どこの漁場で仕掛けをおこない、どれほどの漁獲を得たかといったデータを収集した。以下では、第三節の第4項における操業の戦略に関する記述をのぞき、二〇〇〇年に採取したこの〈PF〉に関するデータを提示している。

なお、本章でのおもな議論の対象は、サケ漁業の操業である。本章の記述に頻繁に登場することになるHAなどクワクワカワクゥの漁業漁師たちは、同時にニシン漁業の操業やサケ漁撈などの別の経済活動もおこなっているが、漁法の点からいえば、これらすべての活動は同じまき網でおこなわれている。したがって、原理的なまき網の方法、各クルーのタスクと作業分担についての本章での説明は、ニシン漁業の操業やサケ漁撈においてもあてはまるものと考えてもらってさし支えない。だが実際には、サケ漁業の操業と後者二つの活動——ニシン漁業の操業とサケ漁撈——にはつぎの相違点があることにもふれておく必要がある。第一に、ニシン漁業の操業で使われるソナーや魚群探知機などのハードな技術は、サケ漁業の操業では使われない。第二に、ニシン漁業の操業やサケ漁撈が年にわずか一日か二日しかおこなわれないのに対し、サケ漁業の操業は一年に二〇日以上（実質的な操業日のみで）断続的におこなわれる。第三に、サケ漁撈では、サケ漁業の操業にくらべると漁獲の「ノルマ」が格段に低い(2)。第四に、サケ漁業の操業においては、それ以外の二つの活動には存在しない、長期でしかも過酷な漁業航海（fishing trip, 出港し、漁をしてから帰港するまでの行程）がある。これら四点をふまえて、第五に、HAら漁業漁師たち自身もまた、サケ漁業の操業をこれら二つの活動とまったく違うものとして認識している。つまり彼ら漁業漁師にとって、サケ漁業の操業とは、（サケ漁撈とくらべると）きわめて高い漁獲を課され、かつ（ニシン漁業の操業とくらべるとハードな技術にそれほど依拠するわけではないので）ソフトな技術（クルーの技能）への依存度が高くなるなど、ほかの漁業にくらべて高度な技能が要求されるものであるのと同時に、身体的にも精神的にも過酷なもの——しばしばクルーを憂鬱にさせるくらいのもの——として認識されるのである［立川 二〇〇四a：三四〇；TACHIKAWA 2008: 32-35］。

第一節　漁業漁師の位置づけと経済活動のサイクル

本節ではまず、ＨＡのような漁業漁師が先住民社会全体のなかに占める位置づけについて、ＨＡが属すクワクワカワクゥ社会を例に論じる。つぎに、これらの漁業漁師の経済活動を、二〇〇〇年の例から一年というスパンのなかで記述する。

1　漁業漁師と生業漁師

現在のクワクワカワクゥ社会には、二つのタイプの漁師が存在する。漁業漁師、そして筆者が呼ぶところの「生業漁師」である。生業漁師と呼ぶ第二のタイプの漁師は、英語でいう「フード・フィッシャリー」をおこなっていることから「フード・フィッシャーマン」と呼ぶこともできるであろうが、筆者の知る限り、現地でそういう呼び名はない。いうまでもなく、漁業漁師とは商業捕獲、本著で定義するところの漁業に従事する漁師のことである。クワクワカワクゥ社会では、一般に、漁業漁師といえばＨＡや彼と船団を組む漁師たちのように、毎シーズンサケ漁業の操業に携わる漁師のことをいうが、ほかにも、毎シーズンでなくてもニシン漁業やオヒョウ漁業の操業をおこなう漁師を指すこともある。なお、クワクワカワクゥの漁業漁師は、ほぼ例外なくこれら漁業操業の傍ら、サケ漁撈やニシン漁撈など自給目的の漁撈も平行しておこなっている。

ＨＡのようなまき網漁師の多くは、夏のサケ漁業シーズンだけでなく春のニシン漁業シーズンにも操業をおこなうものであるが、一言で漁業漁師といっても、これらのうちどの漁業に従事するかによって、さらに二つのタイプに分

現在のキャンベル・リバーにおけるサケ漁撈の陸揚げ。漁船が帰港するや、クラン成員はトラックでサケを受けとりに来る（2006年8月／著者撮影）。

けることができる。第一のタイプは、ニシン漁業のシーズンはもちろんのこと、サケ漁業のシーズンにもほぼ毎年参加する漁師たちである。これに対して第二のタイプの漁業漁師は、ニシン漁業のシーズンにはほぼ毎年、単純な力仕事をおこなうのに召集されるが、サケ漁業のシーズンには召集されない漁師たちである。ＨＡらキャンベル・リバーに住むクワクワカワクゥのなかでは、第一のタイプの漁業漁師だけが「真の」漁業漁師だと考えられていた。たとえば筆者のような部外者が、第二のタイプの人びとに「君の仕事は？」と聞くと、彼らは「漁師（fisherman）だ」と答えるのであるが、近くに第一のタイプの漁師がいる場合には「漁師だ」と名乗ることを躊躇していた。ただ、これら第二のタイプの漁師たちも、漁をおこなって収入を得ている点では第一のタイプの漁師たちとかわらないので、筆者はとくに区別する必要がない限り、両者を区別せずに漁業漁師と呼ぶつもりである。

つぎに、生業漁師とは自給目的の漁撈活動だけをおこなっている漁師である。もっとも、生業漁師のほとんどがごく最近まで漁業漁師であったことは、強調しておいてい い。これらの生業漁師のなかには、漁業から退いた際に漁船を売却してしまった者と、まだ所持している者がおり、後者はサケ、ニシン、ユーラコーンなど、漁船を必要とする漁撈をおこなうことができるが、前者は漁船をもつ漁師の補助をするか、カニ、エビなど漁船がなくとも捕獲が可能な資源の捕獲――たとえば波止場から罠をたらし、一定時間を経てそれを回収する――をおこなうのみである。

先述のように、「フード・フィッシャーマン」という名称はあり得なくはない（彼らに「あなたはフード・フィッシャーマンですか？」と尋ねれば、彼らは少し間をおきつつも、「……そうだ」と答えてくれるであろう）。ただ、筆者の知る限りでは、この名称は彼らの間では浸透していない。彼らはむしろ、みずからを（元）漁業漁師だとみなしているし、そう語るものである。また、現役の漁業漁師からもそう思われているようである。彼らは漁業漁師に必要なさまざまな技能をすでに習得しているだけでなく、漁師固有ともいえるような倫理観を現役の漁業漁師と共有しているからである。さらには、次章で詳しく述べるが、実際に二〇〇〇年には、HAが突如欠員のでたクルー職にこうした元漁師をあてて補充しているのである。彼らはもともと漁業漁師であったからこそ、いざというときに即戦力となるのである。

本著で主として扱うことになる漁業漁師の人口について、筆者はかつて、別の論文のなかで、クワクワカワクゥ社会全体の就労可能な男性人口の約三〇パーセントであると述べたことがある［立川 二〇〇四a：三一八］。筆者は当時、二〇〇〇年の現地の状況を念頭においてこう書いたのであるが、その後もクワクワカワクゥ社会では漁師人口の減少がつづいており、二〇〇九年現在においては三〇パーセントに到底満たなくなってしまったと考えられる。したがって、本著は基本的に、同社会で三割弱あるいは二割強を占めるにすぎない、これら漁業漁師の集団に関する民族誌なのだと位置づけられるであろう。このことを筆者は否定するつもりはないが、同時につぎの点にも注意を促しておきたい。第一に、先述したように、約七割の生業漁師たち（「元漁業漁師」といったほうが正確であろうか）の多くはわずか一〇年ほど前まで現役の漁業漁師たちと同様の生活を送っていた故に、現役の漁業漁師たちと同様の経験と倫理観を共有している。その点で、ごく部分的にかもしれないが、本著での主張は生業漁師たちにも通じるところがあるかもしれない。とりわけサケ漁業に関する認識や語りに関する面については、漁業漁師と生業漁師を問わず、クワクワカワクゥ社会のうちに、ある種のコンセンサスがあるように思われる［cf. MORRIS 1994: 151; TACHIKAWA 2008: 32-35］。もっとも――第二に――、キャンベル・リバーのクワクワカワクゥ漁業漁師に関する本著での記述は、クワクワカワクゥの生業漁師よりもむしろ、ツィムシャンやハイダなど、ほかの先住民族集団の現役漁業漁師にあてはまる可能性のほうが高いといえる。

2　漁業漁師の人口減少の経緯

第三章でも論じたように、サケ漁業がバンクーバー島北東部に導入された一八八〇年代には、クワクワカワクゥのほぼすべての就労可能な人口がサケ漁業と缶詰業に携わっていた。男性は漁業漁師として、女性は缶詰工場の労働者として。しかし、デービス・プランが発表された頃には、バンクーバー島および大陸側の缶詰工場の多くが閉鎖に追いこまれ、工場で働いていた女性はいっせいに職を失ってしまった。漁師の場合も同様で、とくに刺し網やトロールなど小規模な操業をおこなっていた漁師たちが――デービス・プランの理念である――漁船の重装備化についていけずに廃業せざるを得なくなることもあった。漁師人口も少しずつ、そして確実に減少していったのであるが、先述のように、当時ライセンスを放棄して廃業した人びとの多くは、知りあいのつてを頼るなどしてまき網漁船のクルーとして働くようになったと考えられる。

先述の通り、筆者は、二〇〇〇年時点でクワクワカワクゥ社会における就労可能な男のなかの、漁業漁師人口比率を約三〇パーセントと見積もった。この数値は、筆者が統計資料をみて割りだしたものではなく、あくまでHAにそう質問して得られた回答によるものである。筆者の質問に対し、HAは具体的にはこう答えた――「[二〇〇〇年の]五年くらい前までは半分くらい（五〇パーセント）はいたかもしれないが、いまでは三〇パーセントあるかどうか」。彼のあげた「半分くらい」とか「三〇パーセント」などの数値がきわめて正確であると断言する根拠はないが、それでも筆者は、これらの数値がある程度は信憑性のあるものとみなせるであろうと考えている。なぜなら、当時の漁師人口比を約三〇パーセントとみなすのは、HAに限らず、筆者の知る多くのクワクワカワクゥの船長たちに共有された意見であったからである。これらの船長たちは、加工企業が定期的に主催する会合やパーティにたびたび出席し、その席でだれが漁業操業から退いたかという情報を、ある程度的確に把握することができるのである。

HAら船長たちの見解が正しいとすれば、一九九〇年代の後半になって、クワクワカワクゥ社会では急激に漁業漁師人口が減少したということになる。前章でも述べたように、そのきっかけとなった第一の事件とは、一九九〇年代半ばの〈フレーザー・ソックアイ〉の減少であった。この事件のせいで、北西海岸の南部（北部／南部の区分については後述）で操業するライセンスしかもっていなかった漁師たちが深刻な被害を受けたことは、容易に想像できる。

これに追い討ちをかけた事件がもう一つあった。それが政府によるライセンスの買い戻し政策である。ライセンスの買い戻しはデービス・プラン以後たびたびおこなわれており、一九九〇年代に入ってもつづいている[3]。じつはHAもライセンスの買い戻しを打診された一人である。彼がいうところでは、ライセンスを放棄するなら約四〇万ドル支払うと打診されたそうである。サケ漁業が将来の投資に値すると考えるHAは、二〇〇〇年当時、この申し出を当然断ったわけであるが、提示された金額の多さに一度は躊躇したという。その後しばらくして、彼は〈ＫＬ〉という漁船とこの漁船に備わったライセンスを売却したが（本章注（1）参照）、このとき彼は約四六万ドルを手にしたそうである。漁業操業で生計を成り立たせていくのがむずかしくなった一九九〇年代、サケ漁業の将来に見きりをつけることができた漁師であれば、上記の金額を提示されて漁業から引退するとしても、なんら不思議はない。一九九〇年代半ばに漁業漁師人口が激減したのは、こうした理由によると思われる。

このように考えるならば、クワクワカワクゥ社会の就労可能な男性のうち、二〇〇〇年当時に三割弱を占めていたと思われる漁業漁師とは、以下のような特徴を備えた人びとであることがわかる。

第一に、彼らはほとんどの場合、最高級の〈Ａ〉ライセンスをもつ、先住民社会でも比較的富裕な層の人びとである。しかも二〇〇〇年当時であれば、彼らの多くは北部と南部の両方のライセンスをもっていたと考えられるのではなかろうか。こんにち、北西海岸では漁法ごとに二つか三つの漁業域[4]が設定されており（まき網で二つ、トロールと刺し網で三つ）、それぞれの漁業域ごとにライセンスが発行されている（まき網の場合、北部漁業域はナス川河口周辺からスキーナ川河口周辺を通り、クィーン・シャーロット海峡の北側までで、南部はバンクーバー島周辺からジョンストン海峡を通り、ジョージア海峡まで［CANADA, DFO 2000: Appendix 6］）。かつてクワクワカワクゥ漁師の大半は、〈フレーザー・ソックアイ〉を捕獲するためにジョンストン海峡だけで操業すればよかった。つまり南部のライセンスだけをもっていれば十分であったが、ジョンストン海峡から多くの〈フレーザー・ソックアイ〉が姿を消したことを受けて、二〇〇〇年頃には北部のライセンスを入手してスキーナ川に遡上するベニザケをとろうとする漁業漁師が増加したというわけである[5]。もっとも、二〇〇九年現在では、北部への出航も、その漁獲が移動にかかる燃料費や漁船の維持費に見合うものではないことがわかり、少なくなっている。ただ、いずれにしても、漁船の高額な維持費を捻出し、また高額なライセンスを購入できるこれらの人びとが、経済的にみて比較的富裕な層にいることは間違いないように思われる。現状としては、「裕福になるために漁をする」のではなく、「裕福でなければ漁師をつづけられない」のだといっても過言ではない。

しかし、富裕であることだけが現役漁業漁師の特徴ではない。むしろＨＡなどは、「現役の漁業漁師が富裕な層にいる」という筆者のこの見解に反対している。ＨＡの筆者に対する批判は、たとえ裕福で、また社会的に上位の階層にいても、漁師を廃業してしまった人がいることを根拠としている（そのような人物は実際にいる）。では、彼ら裕福であるにもかかわらずサケ漁業から退いた人びとと、ＨＡら現役漁師とを隔てるものは何か。これに対するＨＡの答えは、前者の人びとがサケ漁業を将来的な投資に値しないと判断したのに対し、ＨＡら後者の人びとが同産業には明るい未来があると信じている点である。これがもう一つの特徴である。

なお、現在、クワクワカワクゥ社会全般で漁業漁師人口が減少しているのはたしかなことであるが、減少の仕方は三つの居住地域で一様ではない。たとえばアラート・ベイでは漁業漁師人口の減少が著しいが、筆者がフィールド調査の拠点としたキャンベル・リバーではいまだに八割以上の男性が漁業漁師であるように思われる。二〇〇〇年時のキャンベル・リバーでは、筆者の顔見知りの比較的若い――一六歳から四〇歳代までの――男性、約七〇人のうち、二人をのぞくすべての者が、少なくとも上記の漁業漁師の分類で第二のタイプに属す――ニシン漁業のシーズン時にはかりだされるタイプの――漁師であった。対してポート・ハーディでは、一九九〇年代前半においてはアラート・ベイ同様漁師人口の減少が著しかったものの、一九九〇年代後半からは減少に歯どめがかかっているらしい(6)。

図表4－1　ＨＡたちによる2000年1年間の経済活動のパターン

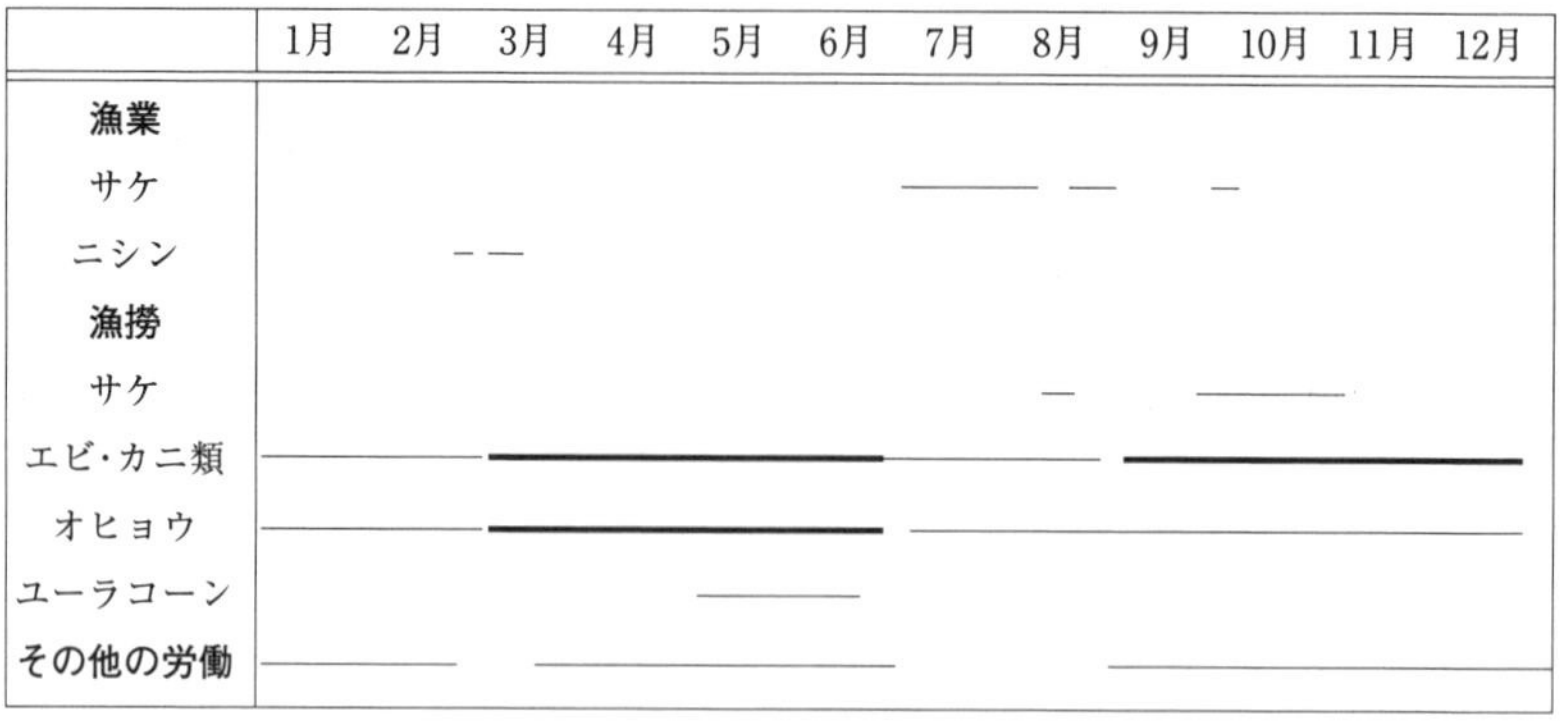

3　一年間における経済活動のサイクル

つぎに、ＨＡら漁業漁師たちの、一年の経済活動のサイクルについて紹介したい（図表4－1参照）。ＨＡのような漁業漁師にとって、一年の生活はニシンとサケを対象とした二つの漁業シーズンを軸に営まれる。以下、ニシン漁業のシーズンの記述からはじめる。

毎年二月初旬になると、ニシン漁業のための準備で慌しくなってくる。ＨＡや彼の弟など、同じ船団の船長たちは親族関係にある男たちに電話をかけ、誰が参加できるのかを確認する作業を開始する。こうして船団の四つの漁船それぞれのクルーがきまると、二月下旬にはフレーザー川河口にあるスティーブストンのネット・ロフトまででかけ、そこで必要な漁網と漁具を船に搭載する。[7] この作業はクルー全員でおこなう。

毎年三月の初旬にニシン漁業のシーズンが開幕する。二〇〇〇年の場合、ＨＡらは二つの漁区で二日間、各一日操業をおこなった（詳しくは次節で述べる）。ニシン漁業の操業では、一度の仕掛けで数十トン単位のニシンを得ることができるため、朝にひとたび仕掛けを終えれば、たいていの場合、それですぐにクォータ分をとりきってしまうことになる。[8] だから朝に一度仕掛けをおこなえば、あとはゆっくりとそれを漁船のハッチに回収すればよく、夕方には陸揚げに向かうことになる。陸揚げが終わると、キャンベル・リバーに帰港できる運びとなる。ニシン漁業の二日間の操業とそのための漁業航海が終了するのは、三月の二〇日頃になる(9)。

ニシン漁業シーズンが終わる三月末からサケ漁業のシーズンがはじまる七月初旬までは、いわゆるオフ・シーズンであり、クルーたちの活動はさまざまである。彫刻の才がある者は、トーテム・ポールや仮面、カヌーの制作に従事する。ある者はクルーザーのナビゲーター、リゾート地の添乗員として収入を得る。しかし現在もっとも多いパート・タイムの職業は、タイセイヨウサケの養殖場(10)における仕事である。かつてこの仕事は、船長以外の若いクルーたちだけがおこなっていたが、二〇〇〇年以後は、HAなど船長クラスの漁師たちを含めたクラン総出で養殖と関連した事業を展開している［立川 二〇〇五b、二〇〇六b、二〇〇八b］。

ほかにも、このオフ・シーズン時には漁撈がおこなわれる。とくに五月から六月にかけては、オヒョウとユーラコーンを対象とした漁撈が盛んである。カニやエビなど、一年を通じて捕獲されるような資源の漁撈もこの頃に集中することが多い。一般に、これらの漁撈活動はクワクワカワクゥの居住地域に接する（バンクーバー島東岸に面する）ジョンストン海峡でおこなわれるが、オヒョウ漁やカニ・エビ漁に必要な罠や縄は漁船に常備されているので、彼らが海上にいるとき、その気になれば、いつ、どこでもおこなうことができる(11)。ただし、ユーラコーンに関しては、現在それの捕獲をおこなっているのはアラート・ベイに住む一部の人びとに限られている。ユーラコーン漁に従事するアラート・ベイの人びとは「油脂祭宴」（grease feast）なるポトラッチを開催して各ヌマイムの首長を招待し、彼らに分配する。そしてみずからの居留地に戻ったこれらの首長が、ヌマイムの成員に分配するのである。なお、油脂祭宴に限らず、ポトラッチが開催されるとすれば、やはりこのオフ・シーズン時が多い。

七月初旬にはサケ漁業のシーズンをむかえる。例年先にシーズンをむかえるのは北部で、南部のシーズン開始は八月に入ってからである。二〇〇〇年、北部と南部の両方のライセンスをもつHAたちは、まず北部での操業をおこなうために七月四日にキャンベル・リバーを出航し、九日にはスキーナ川河口周辺に到着している。その翌日となる七月一〇日に北部での操業が開始されて以来、HAたちはスキーナ川河口周辺とナス川河口周辺に滞在し、七月の中旬までは基本的に「二日操業－二日休暇」というサイクルを繰り返した（彼らまき網漁師の休暇日は刺し網やトロールの操業日である）。北部での操業は七月下旬にピークをむかえ、八月になると漁獲が一気に落ちる。ただ、八月になると南部でのシーズンが開幕するので、HAのように両方の漁業域のライセンスをもつ漁師たちはいっせいに南下しはじめる。そして八月の上旬にある二日間の操業日においてジョンストン海峡で〈フレーザー・ソックアイ〉を対象とした操業をおこなって、七月上旬以来はじめてキャンベル・リバーに帰ることになる。

こんにちのサケ漁業では、もっとも陸揚げ額が高いベニザケの捕獲が第一の目標とされているのであるが、ベニザケが期待できるのはこのときまでである。だから漁師によってはここでシーズンを終えることもある。しかしHAらの場合、以後もジョンストン海峡において、八月中はカラフトマスを、一〇月にはシロザケを対象に操業をおこなう。もっとも八月中旬以後は、操業が週一－二日程度になり、しかも操業する漁区がキャンベル・リバーから四時間程度でたどりつけるところにあるので、彼らは操業のたびに二泊から三泊の短期の漁業航海にでれば済むことになる。(12)

さて、長期の漁業航海から戻った翌日にあたる八月一〇日、HAらは同じくジョンストン海峡で、こんどはベニザケ漁撈をおこなった。漁撈においてはあらかじめ捕獲される尾数のノルマが設定されている。二〇〇〇年におけるWクランの場合、クラン成員すべてに分配するために一、二〇〇尾のベニザケ捕獲が計画された。彼らの船団は四隻のまき網漁船で構成されているから、一隻あたり三〇〇尾捕ればいいことになる。そして彼らはこのノルマをわずか数回の仕掛けで容易に達成し、その日のうちに帰港した。また、一〇月三〇日には、同じくジョンストン海峡において

シロザケ漁撈がおこなわれた。このときもまた一、二〇〇尾の予定量をその日に得たので、日帰りできた。(13)

他方で、上記の七月四日から八月九日までの長期的な漁業航海以後は、漁業操業に携わる日数が急激に減少するため、漁師たちは操業日以外の日にはオフ・シーズンのパート・タイムの仕事に戻っている。つまり、彫刻家や養殖場労働者らはそれぞれの労働現場に戻り、漁業の操業日のときだけ漁船に帰ってくるわけである。こうしてまた三月のニシン漁業の開幕まで、オフ・シーズンに突入する。この秋から春にかけてのオフ・シーズン時にも、生業活動は当然おこなわれ得る。年中捕獲できるエビやカニの漁がおこなわれるのはもちろんのこと、秋には山に松茸狩りにでかけたり、一一月にはニシン漁撈にでたりすることもある（もっともHAたちはあまりニシン漁撈をおこなわないが）。こうしてクリスマスから正月にかけての「クリスマス休暇」をはさんで、彼らはオフ・シーズンの仕事に従事し、二月になるとふたたびニシン漁業の準備にとりかかるのである。

第二節　漁業航海

本節では、漁業航海に焦点をあてて論じていくことにする。前節でもごく簡単に解説した通り、漁業航海とは「フィッシング・トリップ」の訳語として本著のなかで使用する用語であり、文字通り、漁師たちが出港し、実際に漁をおこない、陸揚げしてから帰港するまでの旅程のことである。あえてこの節で漁業航海をとりあげるのには、二つの理由がある。まず、この期間こそクルーたちの行動が船長に拘束される、実質的な労働時間だとクルーたちがみなしている点である。つぎに、第三節以下で船上生活の生産的側面（実際の操業時間）と消費的側面（操業以外の時間）を個別にみていくにあたって、これら両側面を含む、全体としての漁業航海の概要を示しておくことは、有益なことと思えるからである。

1　漁業航海の概要

ここではまず、〈PF〉および〈PF〉と船団を組む残り三隻の漁船の、二〇〇〇年のサケ漁業シーズンにおける漁業航海をさらに詳しく追っていく（以下、図表4－2参照）。本項では、サケ漁業シーズン時の北部への長期的な漁業航海を中心的に記述しようと思うが、その前にニシン漁業シーズン時の漁業航海について簡単に紹介しておくことにする。

ニシン漁業の航海は、二〇〇〇年に二度あった。一回目が三月一日から三日までの三日間である。三月一日、彼らはキャンベル・リバー近くにあるコモックスの港（漁船はあらかじめここに停泊させてあった）から、彼らが「湾」（gulf）と呼ぶホーンビー（Hornby）島周辺海域に向かい、そこで錨をおろした。翌日の三月二日、この「湾」で朝に一回だけ仕掛けをおこない、その後は夕方までかけてポンプでニシンを回収し、夕方陸揚げのためにフレーザー川河口にあるスティーブストンに向けて出発した。三日の昼にスティーブストンで陸揚げが終わると（このとき三五トンの漁獲があった）、すぐさまキャンベル・リバーに向かい、同日の夜中に帰港した。

二回目の漁業航海は三月一四日から二一日までの八日間である（もっとも〈PF〉以外の三隻は七日間で旅程を終えている）。この第二回目の漁業航海では、「ベラ・ベラ」（Bella Bella）と呼ばれる水域で操業することになっていた。HAたちは一四日にキャンベル・リバーを発ち、つづく二日間をベラ・ベラの町ですごした後、一七日と一八日に操業日をむかえた。〈PF〉をのぞく三隻は、一七日に操業を終えてそのまま陸揚げに向かうことができたのだが、〈PF〉は不慮の事故に見舞われたこともあって、そこに二日間滞在しなければならなくなった。さて、〈PF〉も一八

図表4−2　2000年のニシン、サケ漁業シーズンにおける〈PF〉の操業区域と移動のルート

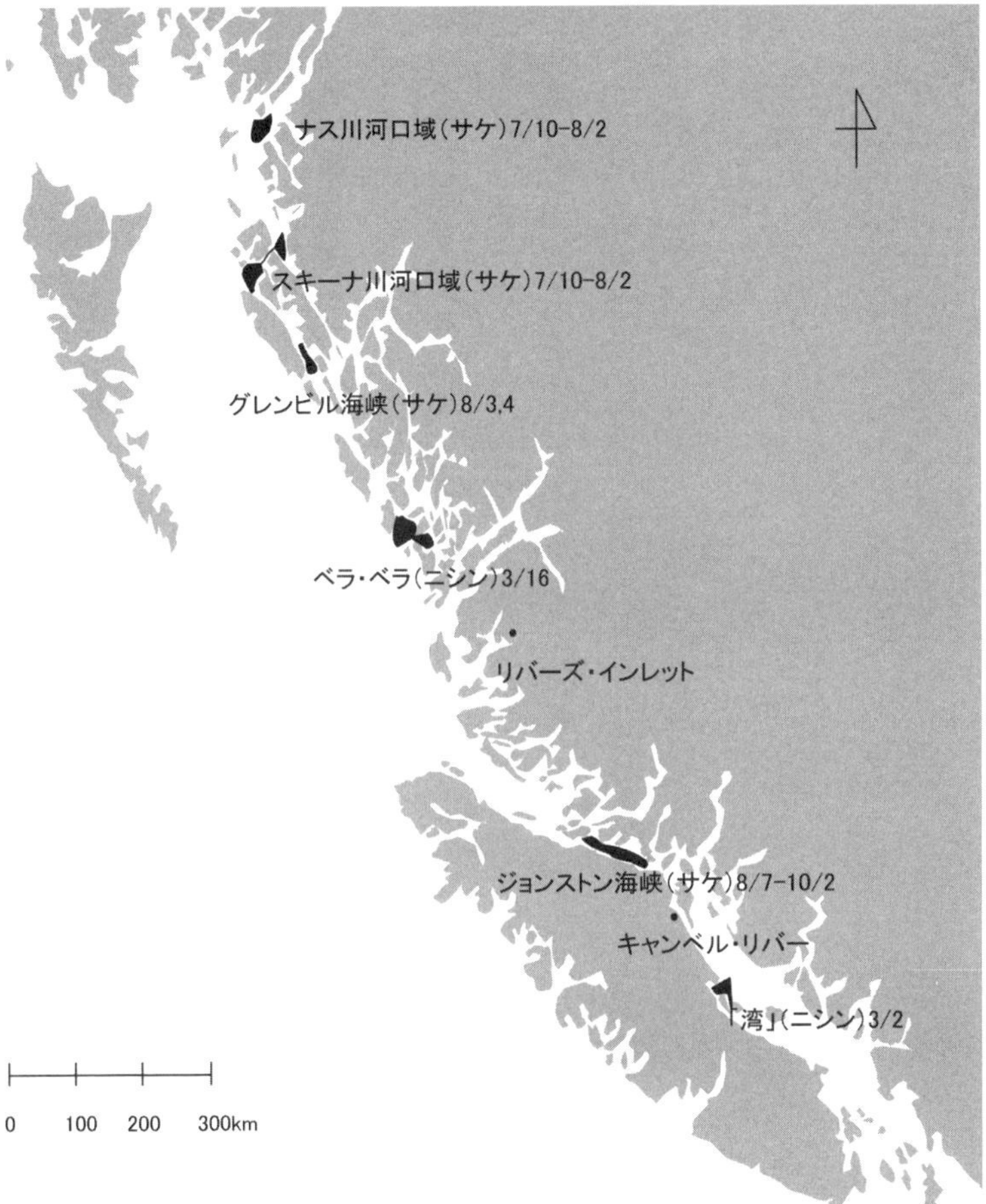

日の夕方にはなんとかニシンをほかの漁船からもらうことができたので、そのまま陸揚げにバンクーバーへと出発した。二〇日に二五トンのニシンを陸揚げした後、翌二一日に借りていた漁網や漁具をスティーブストンのカナディアン・フィッシング・カンパニーに返却し、同日中にキャンベル・リバーに帰港した。

ニシン漁の漁業航海について整理してみよう。ニシン漁業のシーズンには二回の漁業航海があり、それぞれ一日〈PF〉のみ二回目は二日）の実質的な操業日がある。一回目の旅程が三日で終了したのに対し、二回目のそれは――キャンベル・リバーと漁場である「ベラ・ベラ」との距離が長いせいで――七日間と多少長くなっているが、それでも全体でいえば、ニシン漁業の際の漁業航海は、一年でわずか一〇日間（〈PF〉のみ一一日間）にしかならないことがわかる。

つぎに、サケ漁業の漁業航海をみてみよう。こちらは、まず回数にして四度確認される。第一回が七月四日から八月九日までで、キャンベル・リバーからナス・スキーナ川周辺までいき、そこで長期滞在した後にグレンビル海峡とジョンストン海峡を経て、キャンベル・リバーに戻る三七日間である。第二回目は八月一四－一七日までの四日間、第三回目は八月二一－二三日までの三日間、第四回目は一〇月一－三日までの三日間で、いずれもキャンベル・リバーとジョンストン海峡の往復となっている。このように、二〇〇〇年のサケ漁の漁業航海は、長期のもの一回と短期のもの三回の、計四回からなる四七日間の旅程となった。なお、この四七日間で〈PF〉が実際に操業したのは二二日間である。

クルーたちは、サケ漁業の漁業航海、とくに七月上旬から八月上旬にかけての長期的な第一回目のものを、きわめて過酷なものと考えている。この長期の漁業航海故に、ベテランの漁師でさえ、サケ漁業のシーズンが近づくとなんとなく憂鬱な気分になるらしい。この間の操業は、もっとも市場価格が高いベニザケの捕獲を第一の目標としているから、ほかの三回の航海よりはるかに経済的重要性が高いものであることは明らかである。ここでの成功あるいは失敗が、彼らのボスであり、また（多くのクルーにとって）父親でもある船長のその後の機嫌を左右するし、さらには彼ら自身の収入にも直結する。操業中、とくに下位のクルーたちは船長に怒鳴られつつ、ときには生死に関わるほどの事故に見舞われつつも、多くのベニザケを得るために尽力しなければならない。さらには、長くなればなるほど、漁業航海は実際の操業以外の時間においても身体的かつ精神的な苦痛を味わうことになる。彼らはキャンベル・リバーを七月上旬に発ってから八月に戻るまで、一回もキャンベル・リバーに立ち寄ることはない。その間、妻や恋人、子どもにあうこともできなければ、広いベッドに寝転んでビール片手にテレビをみることもできない。新参のクルーたちであれば、食事の後に食器を洗ったり、ギャリー（テーブルと長椅子が備わった、食事や雑談のための漁船内の空間、詳しくは図表4－4参照）の掃除をしたりする雑用もこなさなければならない。操業日の夜には、漁網の破損箇所を探しだし、補修する作業がまっている。さらには、長期の漁業航海ではたまに淡水が不足するので、トイレやシャワーでの水の使用は控えるべきと教えられている。ほとんどのクルーは、週に一回しかシャワーを浴びることができないような不便さのなかで、生活することを迫られるのである。

ただ、七月の初旬であれば、二日操業した後に二日の休暇がまっている。休暇前の操業日には、操業が終わり次第、船長はプリンス・ルパートの工場まで漁船を走らせ、陸揚げが終わるとプリンス・ルパートの波止場に船を停泊させる。停泊するや、クルーたちは公衆電話に列をつくってキャンベル・リバーの恋人に電話をし（二〇〇〇年当時、まだ携帯電話は現在ほど普及していなかった）、そしてそれが終わるとほかのクルーたちと翌日までビールを飲みつづける。しかし七月も下旬にさしかかり、スキーナ川に遡上するベニザケが多くなってくると、それまであった二日操業後の二日の休暇はなくなってしまう。この頃には陸揚げ地と漁船を中継する船がわざわざ漁区のほうにでむいてくれるようになるので、各漁船はわざわざプリンス・ルパートの工場まで陸揚げにでむく必要はない。漁獲は増えるかもしれないが、クルーたちにとっては心身ともに疲れのピークをむかえる時期となる。また、この頃になると「いつ頃帰れるのだろう」という弱音がクルーたちの間で聞かれるようになったり、クルー間でのちょっとしたいざこざがあったりすることもある。

ただ、このようなクルーたちの心身の疲れも、八月に入り、南部の操業開始をむかえる頃になると、一気に解消されることになる。南下をすすめてジョンストン海峡が近づくと、クルーたちは自分たちが故郷のすぐ近くまで帰ってきたという実感を強くもてるからである。ジョンストン海峡での二日間の操業を無事に終え、いざ帰港せんというときには、すべてのクルーたちの顔が輝いてくる。クルーたちにとってはまちにまった帰宅である。物理的、精神的なストレスからいよいよ解放されるという喜びがあるだけではない。そう思えるためには、その年のシーズンも無事に成功に終わった（ベニザケのノルマを達成した）という前提が必要となるのはいうまでもない。このように、七月初旬から一ヶ月以上におよぶサケ漁業の第一回目の航海は、一方では漁師としての腕が試され、他方では身体的、精神的な苦痛を乗り越える試練のときである。だからこそ、これを無事に終えることができたという事実はクルーたちに「俺は一人前の漁師だ」と実感させることにつながるし、またそれ故に、彼らがニシン漁業時にしか出漁しないクルーたち（前節で筆者が分類した第二のタイプの漁業漁師）とみずからの差別化を、自他ともに求めるのである。(14)

2　操業日のすごし方

つぎに、操業日のすごし方について概説していく。

一般に、操業の開始は朝六時からのことが多い。朝の段階では、操業時間は朝の六時から一五時、あるいは一七時までと発表されるものであるが、二〇〇〇年シーズンでは、ほとんどの場合、最大延長時間である二一時まで延長された。すべての漁船が操業時間として設定された時間すべてを操業に使うとは限らないが、少なくともWクランの船団では、とくにトラブルがない限り、二一時ぎりぎりまで漁が繰り返されていた[15]。

操業日の朝、クルーたちは五時に起床する。朝五時に起きた船長が漁船のエンジンをかけるときの、非常に耳障りな音がクルーたちの目覚まし時計のかわりになる。〈PF〉では、調理クルーとして乗船しているHAの妻が朝食の準備を開始し、そのほかのクルーたちは作業服に着替え、最初の仕掛けに向けての準備をおこなう。五時半には比較的多めの朝食をとりはじめるが、五時五〇分までには全員食べ終わっていなければならない。その後、船長のHAは操舵室でコンピュータに映しだされるGPSソフトのチャートをみながら、彼が六時に仕掛けをおこなおうと考えている漁場（point）に向かう。その間ほかのクルーたちは自分のもち場について、それぞれの用意をおこなう。

六時少し前には、HAは屋上にのぼっている。操業中の漁船の操縦は、ここでおこなうことになっているからである。六時になり漁場に到着すると、HAは船尾にいるドラム操作を担当するクルーに向かって腕を回す。これが漁の開始の合図となる。漁獲によって差はあるが、一回の仕掛けにかかる時間は四〇分くらいである。船長が遠い漁場に移動する場合をのぞいて、仕掛け間の間隔はせいぜい五分程度である。こうして彼らは、操業時間終了（たいていは二一時）まで、ほとんど休みなく働くのである。

詳しくは次節で述べるが、各仕掛け時には網を放置する時間が約二〇分ある。昼食はこの間に済ませなければならない。そのほか、トイレ（もっとも小便くらいではトイレは使わない）もこの間に済ませておく。

こうしてクルーたちは、操業の最大延長時間である二一時まで仕掛けを繰り返す。二一時にその日の漁は終わるが、これでクルーたちにとっての一日の仕事が終わるわけではない。なぜなら、その後にHA以外のクルーたちは漁網の破損部がないか確認し、発見次第それを修理する作業をおこなうからである。この作業にだいたい四〇分から五〇分かかる。だからクルーたちが夕食をとれるのは、二二時頃になる。その後は各自の自由な時間となる。どうしてもシャワーを浴びたい者はそうするであろうし、またギャリーに設置されたテレビで映画のビデオをみたい者はそうするであろう。しかし、筆者を含め、大半はその日の疲れを癒すため、すぐに自分の寝台に直行していた。

筆者の場合、シャワーを浴びたくても、ほかのクルーたちが浴びないので、陸にあがらない限りはシャワーを浴びることはなかった。しかし自分の体が汗で臭くなっても、たいていはそれ以上に臭いクルーが何人もいたので、気になることはなかった。また、筆者は、自身の寝台で寝付く前のひとときにヘッドホンで音楽を聴くのが習慣であったが、疲れて寝入ってしまうため、三曲目まで聴けた例が一度もなかった。

3　シーズン中の〈PF〉の漁獲

ここでは二〇〇〇年シーズンにおける〈PF〉の操業日二二日間の漁獲を述べ、解説していくことにする。

図表4－3は〈PF〉が操業日それぞれの日に、どこで、何回仕掛けをおこなったか、各仕掛けでどれだけのサケを得たのかといった点を例示したものである（その詳細については付録2を参照）。なお、各仕掛けで得たサケの尾数は筆者がハッチの前で数えあげた数値であるが、筆者のこの作業のために操業を遅らせるわけにもいかないので、一回の仕掛けで得たサケの尾数が一、〇〇〇尾をこえるようなときには一尾ずつ数えあげるわけにもいかなかった。その場合には当然誤差が生じているものと考えるべきであろう（もちろん、それでもだいたいの傾向はわかるはずである）。尾数については、筆者とＨＡの間で見解に違いが生じ、結果的に口論になったこともあった（たいていはＨＡのほうが多く漁獲を見積もる）。ＨＡの見積もりは、三〇〇尾くらいまでは驚くほど正確で、筆者が一尾ずつ数え

図表4－3　2000年サケ漁業シーズンにおける〈ＰＦ〉の操業場所、仕掛け数、漁獲

	操業場所	セット数	漁獲（ベニザケ、カラフトマス、シロザケ）	漁獲／セット	付記
7月10日	スキーナ	16	**119**（60－40－19）	7.4	漁網の破損が1回
7月11日	スキーナ	9	**74**（30－44－0）	8.2	漁網の破損が4回、最後に大きな破損があってセット中断
7月14日	ナス	10	**570**（46－163－361）	57	
7月15日	スキーナ	15	**419**（419－0－0）	27.9	15回目の仕掛けでドラムが故障し帰港
7月17日	スキーナ	2	**9**（7－0－2）	4.5	ドラムの修理で開始が19時になる
7月18日	ナス→（スキーナ）	13	**1,526**（286－1,071－169）	117.3	
7月22日	スキーナ	19	**1,575**（1,411－161－3）	82.8	漁網の破損が1回
7月23日	スキーナ	15	**1,023**（946－75－2）	68.2	漁網の破損が1回
7月24日	スキーナ	17	**2,337**（1,969－350－18）	137.4	
7月25日	スキーナ	9	**508**（435－73）	56.4	第7回目の仕掛けで漁網のもつれ。この日からシロザケ禁止
7月26日	スキーナ	11	**460**（315－145）	41.8	
7月27日	スキーナ	13	**665**（588－77）	51.1	漁網の破損が3回、第13回目の仕掛けでパースラインが切断され回収
7月30日	スキーナ	9	**571**（497－74）	63.4	午後は強風によってしばしば中断
7月31日	スキーナ	12	**734**（490－244）	61.1	漁網の破損が2回
8月3日	グレンビル海峡	8	**4,056**（51－4,005）	507	
8月4日	グレンビル海峡	4	**4,346**（28－4,318）	1,086	
8月7日	ジョンストン海峡	15	**783**（481－297－5）	52.2	この日からシロザケ漁解禁
8月8日	ジョンストン海峡	13	**3,167**（2,435－721－11）	243	漁網の大きな破損が１回
8月14日	ジョンストン海峡	10	**10,015**（0－10,000－15）	100	
8月15日	ジョンストン海峡	10	**10,490**（13－10,460－17）	1,049	
8月21日	ジョンストン海峡	9	**163**（30－117－16）	18.1	
10月2日	ジョンストン海峡	10	**10,000**（0－0－10,000）	1,000	

操業総日数：22日　　計：249回　計：**53,610**（ベニザケ10,537－カラフトマス32,435－シロザケ10,638）

あげた尾数とほとんど変わることがない。ただし、一、〇〇〇尾をこえる漁獲を得たときのわれわれの提示する数値は互いに大きく異なった。たとえばグレンビル海峡での操業において筆者が約四、〇〇〇尾と記録したとき、HAの見積もりは八、〇〇〇尾になった。なお、陸揚げの際に漁獲は重さで提示されるから、結局はどちらの見解がより正確かはわからずじまいであった。図表4－3ではあくまで筆者が数えた数値を提示するが、実際の漁獲はおそらくこの数値よりも若干多い可能性があることを付記しておく[16]。

七月一〇日から一四日まで、HAらはポーチャー（Porcher）島沖とトレイシー（Tracy）湾といった、スキーナ川およびナス川の河口周辺で操業をおこなっている。この間、ドラムが故障したり、網が破れたりするなどのトラブルはあったが、サケの遡上のピークをまだむかえていなかったこともあって、いずれにしても漁獲が多い時期ではない。この間、市場価格の高いベニザケはほとんど捕れず、安いシロザケとカラフトマスの比率が多かった[17]。ただし、ナス・スキーナ川周辺ではベニザケの本格的な遡上がはじまっていなかったから、HAもさほどこの立ちあがりの悪さを気にしてはいなかった。

七月一五日以後、北部におけるベニザケの本格的な遡上がいよいよはじまったことが明らかになってきた。一五日には四一九尾の漁獲があったが、そのすべてがベニザケであった。その後、おもにスキーナ川河口周辺でベニザケ中心の漁をおこなうようになり、ベニザケの捕獲が一日で一、〇〇〇尾をこえる日が相つぐようになってくる。こうしたベニザケ漁のピークも、七月末には終わることになるが、その頃には近いうち（二〇〇〇年であれば八月七日）に南部のジョンストン海峡での操業が解禁されることがすでに発表されているので、HAは八月のはじめには南下を開始するのである。

南下の途中、八月三日と四日に、HAはグレンビル（Grenville）海峡に滞在し、カラフトマスを対象とした漁をおこなった。ＨＡはきわめて多くの漁獲が期待できる場合にしか、カラフトマス漁をおこなわない。結果は彼の思惑通りとなり、三日と四日ともにそれぞれ約四、〇〇〇尾――もっともＨＡはそれぞれの日に八、〇〇〇尾得たと推測したが――のカラフトマスを得ることに成功した。

〈ＰＦ〉はその後さらに南下し、八月五日には約一ヶ月ぶりにバンクーバー島に戻ってくる。そして八月七日と八日にかけて、ジョンストン海峡上で南部でのシーズン開始をむかえる。ジョンストン海峡は、市場での評価が高い〈フレーザー・ソックアイ〉が周遊するルートになる。だからこの二日間の操業は、彼ら――北部と南部両方のライセンスをもつ――漁師にとって、第二の「本番」だとみなされている。ただ、実際の操業においては、一日目は期待していた通りのベニザケを得ることはできなかった（図表４－３、および付録2参照）。二日目も朝から不調がつづいたが、昼過ぎにロブソン・バイト（Robson Bight）という漁場に移動して以来、各仕掛けでのきなみ三〇〇尾以上のベニザケを得ることに成功し、結果的には二、〇〇〇尾以上のベニザケを得ることに成功した。結果的に、〈ＰＦ〉にとって、八月八日はシーズンを通してもっとも成果の多い操業日となった。

ジョンストン海峡を〈フレーザー・ソックアイ〉が周遊する期間はきわめて短く、以後の操業日では、〈フレーザー・ソックアイ〉の捕獲はほぼ期待できない。そこで、この段階でシーズンを終える漁師も多い。しかしＨＡはその後もカラフトマスとシロザケを対象とした操業を一〇月までつづける。先述の通り、ＨＡは多くの漁獲が期待できない限り、カラフトマスを対象にした操業をおこなわない。八月の一四日および一五日は、それぞれ一〇回の仕掛けで一万尾以上のサケを得ることに成功した。しかしつづく二一日の操業日では漁獲がないに等しかったので（九回の仕掛けで一一七尾のカラフトマス）、以後カラフトマス漁にでることはなかった。そして一〇月にシロザケ漁に一度参加し、二〇〇〇年のシーズンを終了した。

第三節　生産的側面――操業時の風景

漁船での生活は、大きく二つの局面に区分することができる。実際に操業をおこなっている局面と、食事、雑談、娯楽など操業以外の活動をおこなっている局面である。本著ではこれらの局面に対し、若林にならってそれぞれ「生産的側面」、「消費的側面」と呼ぶことにする［若林 二〇〇〇］。本節ではこの二つのうち、生産的側面としての操業時の風景や、漁をおこなうときの戦略について記述することにしたい。

本節でもＨＡの漁船で筆者が得たデータを使うので、以下の記述はすべてまき網漁船に関するものになる。デービス・プラン以後の漁船の重装備化に伴って、まき網の方法とクルー職の種類が変化しているので、まずは操業の風景や戦略を理解するためにも、こんにちのまき網漁船の構造とクルー職の種類について簡単に述べておく。

1　こんにちのまき網漁船

図表４－４は〈ＰＦ〉のおおよその構造である。重量約九〇トンという〈ＰＦ〉の設計には、ＨＡの父ＢＯが携わっており、ほかのまき網漁船にくらべると横幅が若干広くなっているだけでなく、二層目の操舵室の後方に船長の個室があるのが特徴である。大きさも、北西海岸でも一、二を争うものらしい。横幅が広いので見た目はよくないかもしれないが、安定度は抜群だというのがＨＡの自慢である。このように〈ＰＦ〉にはほかの漁船とくらべると特殊なところもみられるが、基本的な構造についてはほかのまき網漁船とまったく同じである。

船首のほうは二層立てになっている。第一層は、前方からクルーたちの六つの寝台（bank）があるクルーの寝室、

その後方に二つの寝台がある部屋とユニット・バスがあり、さらにその後方に台所とギャリーがある。最前方の部屋

図表4－4 〈PF〉の構造

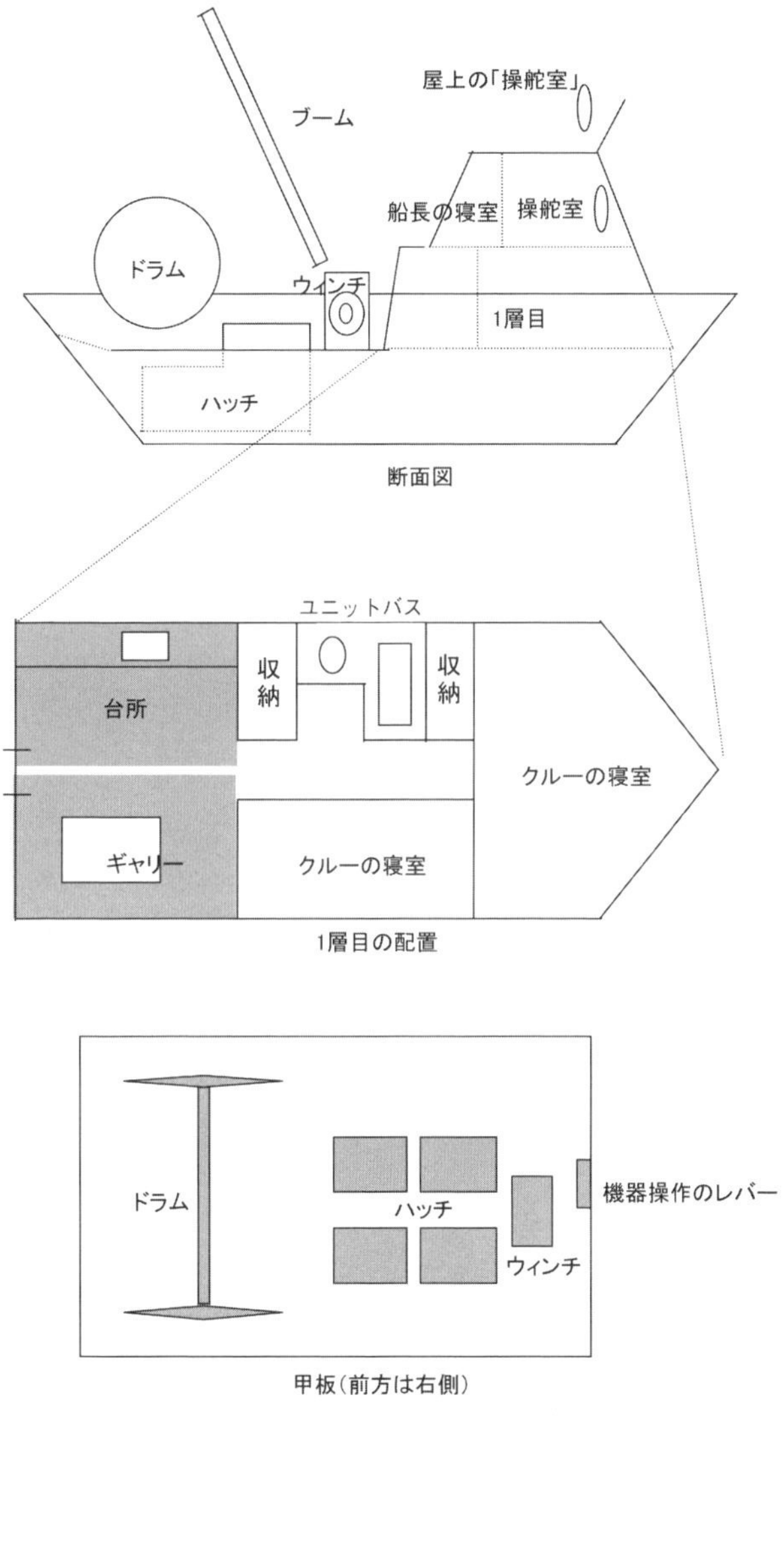

の寝台は横幅が約七〇センチメートルしかないが、その後方の部屋にある寝台はそれより広めである。本来なら上位クルーがこの寝台を使うが、サケ漁業の旅程では夏休みを船ですごそうと乗りこんでいるHAの孫たち全員で使っている。ギャリーでは、クルーたちが食事をとったりビデオをみたり、談笑したりする。かつて船長がHAの父親であった頃、ギャリーの壁には漁師を見守るキリストの絵と「禁煙」と書かれた張り紙があった。しかしHAが船長になって以来、喫煙者であるHAの妻は、「禁煙」の張り紙をとりはずした。

船首の二層目の前方には操舵室（wheel house）、その後方に船長であるHAの個室がある。HAはこの部屋で寝て、シャワーを浴びる。航海日誌は操舵室にあり、HAはここで日誌を書く。日本の漁船ではそうそうないことのようであるが、この日誌をほかのクルーや筆者が読んでもHAは怒らない。操舵室には二つの椅子、舵輪のほか、コンピュータ、ソナーのモニターなどがある。航海中、HAはここの操舵室にいる。

操舵室をでて後部にまわり、はしごをのぼると屋上の「操舵室」がある。先述したように、漁をおこなう際にはHAはここにいる。ここの舵輪は二層目の操舵室の舵輪と連動している。屋上の「操舵室」を使う理由は、サケ漁ではコンピュータやソナーを使わないので二層目の操舵室にいる必要がなく、また屋上のほうがクルーの作業全体を見渡せるからである。

これらの各部屋の後方には広い甲板がある。甲板には、まず前方にウィンチと呼ばれるコイル状の巻きとり機がある。サケ漁のときは、漁網のスキフ側の端にラニング・ラインという縄をつなぐが、それがウィンチまで伸びている。つまりウィンチの操作によって漁網の「向こう側」の位置を調節することができる。ウィンチの両脇には四つのハッチ（収納庫）がある。四つのハッチのうち、捕獲したサケを入れるために一つあるいは二つを使用する。残りのハッチには使っていない漁網が収納されている。甲板の前方には大中小三本のブームが聳え、ここにはパワー・ラインと

図表4－5　まき網漁船の漁網の構造

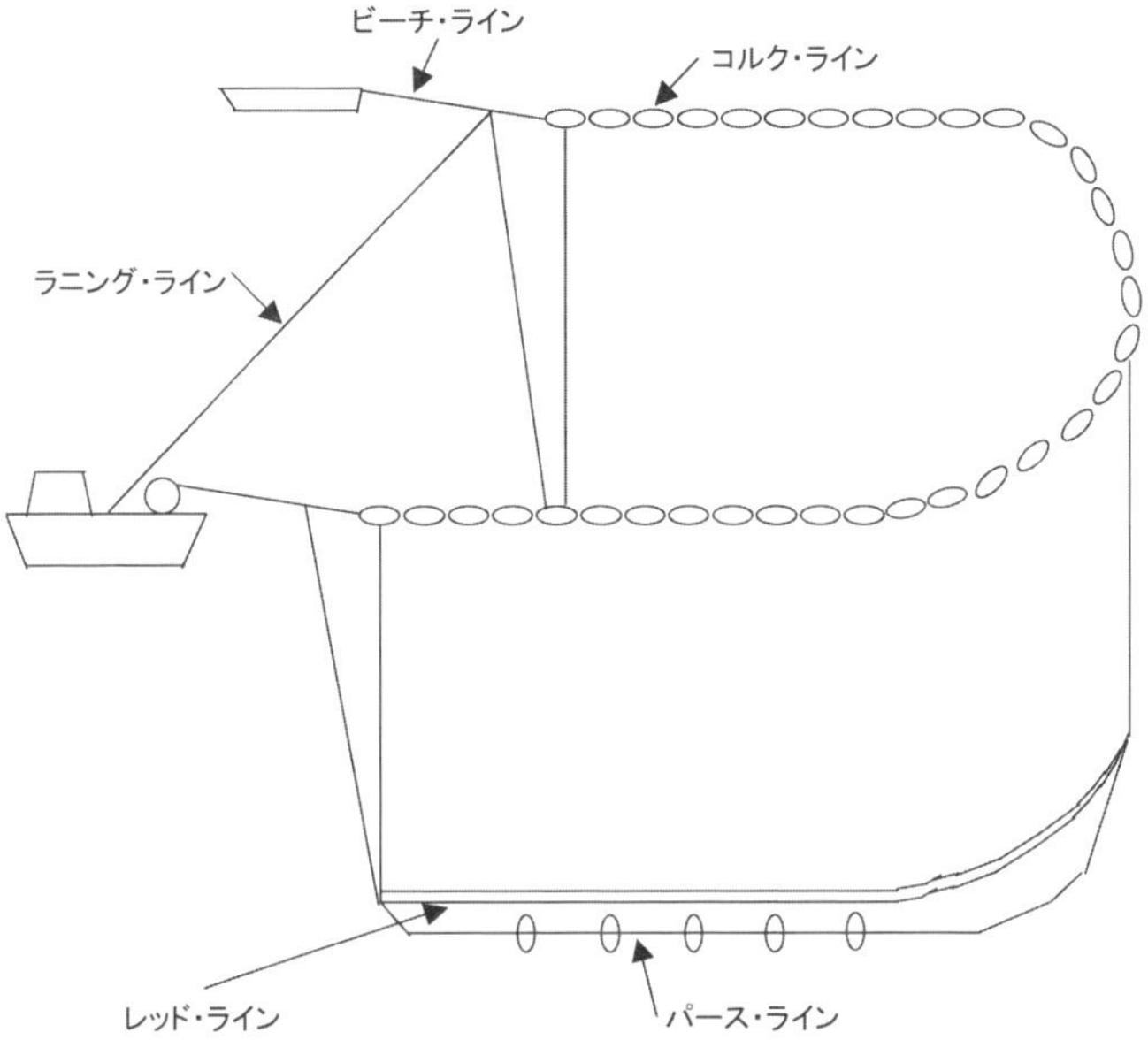

呼ばれるワイヤーがついている。重いものを漁船の内外に運搬するときには、このブームとワイヤー両方を操作する。パワー・ブロックを使う場合は、大きなブームにとりつけてから使う。

甲板の最後部には電動式のドラムがある。多くのまき網漁師は、このドラムの搭載こそが漁船の重装備化なのだと考えている。仕掛けを開始するときは、ドラムに巻きつけてある漁網を適度な速さで水中に放っていき、網を回収するときはドラムに巻きつけていく。前章でも述べた通り、ドラムのあるおかげで以前の五倍から六倍多く仕掛けができるようになった。

図表4－5は漁網の構造を例証したものである。一九五〇年代に漁網が軽いナイロン製になった以外、漁網の構造はかつてのままである。網が放置されている状態のときは、上辺のコルク付の縄（コルク・ライン）と下辺の鉛入りの縄（レッド・ライン）によって網が水面に対して垂直に保たれる。回収時には、上辺の両端を円形につなぎ、下辺のほうでも鉄輪付の縄（パー

〈ＰＦ〉の甲板の様子。左に投げ出されているのが大たもで、その右に見える四角い蓋がハッチ。ハッチの前（写真右下）に見えるのがウィンチ（2000年7月／著者撮影）。

ドラムの下にきれいにたたまれた漁網（2005年9月／著者撮影）。

ス・ライン）を絞りこむことで網のなかを閉じこむことになる。

2　まき網のクルー職と雇用

デービス・プラン以前のクルー職については前章で述べた通りであるが、上記のような漁船の構造の変化に伴って、クルー職の構造にも変化が生じている。現在の〈ＰＦ〉の具体的なクルーについては次章で詳しく論じるつもりなので、ここでは現在のＨＡらの船団における船長の紹介、およびクルー職の種類についての記述にとどめたい。

現在の操業では正規のクルー職が五つ確認され、それぞれのクルー職が、それに必要とされる知識や技能の難易度にしたがって序列化されている。この序列については次章で詳述することにして、この項では各クルー職の基本的な役割についてのみ説明する。

北西海岸のサケ漁業における船長は、日本でいうところの船長と漁撈長を足したようなものであり、航海中に漁船を操舵するだけでなく、操業においては適切な時間に適切な漁場を決定し、甲板でのクルーの仕事全体に指示をだす。二〇〇〇年のシーズンにおいては、〈ＰＦ〉の船長はＨＡで、〈ＮＱ〉の船長はＨＡの弟（ＢＯの三男）ＲＩ、〈ＷＳ〉の船長はＨＡの弟（ＢＯの四男）のＢＮであった。〈ＷＲ〉の船長は、ＨＡの父ＢＯの妹の夫であるＧＡであった。しかし二〇〇五年のニシン漁業シーズンに、〈ＷＲ〉の船長としてＨＡは自身の長男ＪＩを指名した。

それ以外のクルー職としてまず紹介したいのが、ドラム操縦者（drum man）である。当然ながら、このクルー職は、漁船にドラムが搭載されてはじめて誕生したものである。ドラム操縦者の役割は、ドラムの傍らにあるレバーを操作して漁網を放ったり回収したりすることである。こういうと単純な作業のように思われるが、網を放つときにドラムを適切な速さで回転させ、逆に回収するときには五メートルほどの幅のドラムに均等に網を巻きつけていくことは、

ＰＦ屋上（3層目）の操舵室にて、つぎの漁場を思案する船長のＨＡ氏（2006年8月／著者撮影）。

ＰＦのドラム操縦者。水中に放たれる漁網が絡まっていないかを注意しなければならない（2006年8月／著者撮影）。

スキフに乗り込むタイ・アップ（左）とスキフ操縦者（右)。タイ・アップがスキフ操縦者に行先を指示している（2006年8月／著者撮影)。

ビーチ・セット時にビーチ・ラインを木の幹に結びつけたタイ・アップ（2006年8月／著者撮影)。

実際にはきわめて熟練の技能が必要となる。こうした漁網の扱いを滞りなくおこなえなければ、網が破れてしまうからである。操業中、もっとも多いトラブルは漁網の破損であり、修復作業には最低でも三〇分は費やされる（付録2参照）。つまり漁網の破損があると、結果として一回の仕掛けを棒にふることになってしまう。このことを考慮すれば、いかにこのクルー職の責任が重大なのかが理解されるであろう。なお、ドラム操縦者は次期船長候補とみなされている。

さて、仕掛けにはスキフ側の漁網の端につながるビーチ・ラインを水中に放置する場合（これをオープン・セットという）と、陸上の木や岩に結びつける場合（これをビーチ・セットという）があるが、後者のときにビーチ・ラインを木や岩に結んだり、それをほどいたりすることを専門とするクルーがいる。英語での呼称にしたがって、このクルー職をタイ・アップ（tie-up man）と呼ぼう。タイ・アップは作業をおこなうにあたってそれほど漁の知識を必要としない（あくまで漁師の認識にしたがえば、である）。けれども、このクルー職につく者には、つぎのような高度な身体技法ないしワザが求められると考えられている。ビーチ・ラインを木からほどく作業は、ときに生死に関わるほど危険なものとなる。なぜならビーチ・ラインをほどいた際、ビーチ・ラインにはきわめて大きな反発力がかかるからである。そこでタイ・アップの漁師は、その反発力を最低限にとどめるための結び方とほどき方を会得していなければならない。なお、オープン・セット時、タイ・アップは甲板での作業を補助している。

最後に紹介するクルー職はスキフ操縦者（skiff man）である。スキフ操縦者の役割は、仕掛けの開始時に漁網を拡げていく際に、スキフに乗って網の端を固定することである。現在、漁師になる若者のほぼすべてはまずこのクルー職からはじめることになる。なぜなら、この仕事は船外機の操作方法がわかればできるものとみなされているからである。

このほか、ブーム、ウィンチ、ドラムのほか、漁船のエンジンなどが故障した際に、それを修理するための技師(engineer)がいる。ただ、技師の仕事はそのような機械修理だけではない。操業中も、技師はウィンチやブームの操作のほか、いくつかの仕事をおこなう。

以上の五つが正規のクルー職であるが、場合によっては以下のクルー職が別途おかれることもある。調理クルーはその一つで、〈PF〉と〈NQ〉ではサケ漁業のシーズンに限ってこの調理クルーをおいているが〈〈PF〉では、二〇〇〇年まではHAの妻CI、翌年から娘のBAがそうである〉、〈WS〉と〈WR〉ではおいていない。そのほか、甲板でのさまざまな作業をおこなうクルーがおかれる場合がある。こうした甲板クルーがおかれる場合、甲板での作業全体をドラム操縦者とともに監視する役割の者と、甲板での作業を補佐する者の二つのタイプがある。もちろん前者はベテランの漁師がおこない、後者は初心者がおこなうことになるが、このどちらのタイプかによって、彼らの集団内に占める位置は違ってくる。

3　親族雇用の歴史とその意義——ヨーロッパ系カナダ人漁師との比較から

前章で述べたように、北西海岸先住民のまき網漁業漁師がクルーを親族関係にある者から雇用する傾向は、すでに一九二〇、一九三〇年代からみられた。しかし当時の親族雇用はシステム化されているというには程遠く、シウィドの例にあるように、場合によっては解雇されてヨーロッパ系カナダ人に置きかえられることもあった。

詳しくは次章で論じるつもりであるが、これに対して現在のWクランの船団におけるクルー雇用の方法をみると、親族からのクルー雇用はシステム化されているように思われる。さらにプリンス・ルパートであったツィムシャン、ハイダの漁師から聞いた限りでは、雇用における同様のシステム化はこれらの先住民族集団の漁業漁師にも採用されている。親族からのクルー雇用がシステム化されている場合、男性は一六歳になると同時にほぼ強制的にクルーにさせられることになる。だから、たとえば現スキフ操縦者は、親族のなかにもうすぐ一六歳になる男子がいる場合、やがて自分がタイ・アップに昇格するから現タイ・アップにビーチ・ラインの結び方とほどき方をならっておくようになる。ただ、Wクランでは、船長は実子に対してはほぼ強制的に漁師集団に送りこむが、養子に対しては自由意思に任せている。(18)

これに対し、先住民以外の漁師、たとえばヨーロッパ系カナダ人漁師は、基本的にクルーを公募によって獲得する。もちろん家族や親族を雇用することもあるが、クワクワカワクゥ――ひいては先住民――漁師との違いは、それを強制できないことである。なにか欲しいものがあるときに、子どもが父親の漁船で働くことはあり得るが、その欲しいものを買うだけの貯金ができれば、その子どもは翌シーズンふたたび漁にでるとは限らない。

海洋人類学の研究を網羅的にレビューしたアチスンも示すように、北西海岸の先住民漁師のように船長が家族や親族を雇用することはけっして特殊なものではなく、むしろ多数派であった［ACHESON 1981: 279-280］。たとえば若林が提示する日本の遠洋カツオ一本釣り漁船や近海カツオ漁船のクルーたち――もちろん現地ソロモンで獲得したクルーはこれにあてはまらない――も、陸上では地縁・血縁関係にある者たちであった［若林 二〇〇〇：一六八―一七六、二九一―二九八］。しかし漁村の近代化によって就ける職業の選択肢が増えるにつれて、親族のクルー登用の強制は、ますますむずかしくなっていくものである。そこで公募という方法がでてくるわけであるが、このように考えるならば、公募によるクルー獲得という方法もまた、「漁業の近代化」という現象を構成する新たな条件の一つと考えられるであろう。

4　操業の風景

つぎに、こんにちのまき網の仕掛けでは具体的にいかなる作業がおこなわれているかを述べていく。それぞれのクルーの基本的な役割については先述した通りであるが、実際の各クルーの仕事は、だれかに縄を手渡したり、それを受けとったり、縄をほどいたり、きれいに整頓したりといった、細やかな作業にいたるまで厳密に分担される（図表4－6参照）。これらの細かい作業は、シーズンの最初の段階では試行錯誤で互いに担当したりしなかったりしているが、しばらくすると分担が明確化し、最終的には図表4－6にみられるように硬直化する。これら分担される作業内容のなかには、ある縄をだれがだれに手渡すかとか、ある縄をだれが結び、ほどくかといった、一見すると些細なものもある。だが、これらの作業も分担が明確になっていなければ、作業の行程に支障をきたす。図表4－6は、あくまで筆者が何も手伝っていないときの分担状況を図証したものであるが、実際には筆者も仕掛けのときはウィンディ・ラインをほどいたり、ある縄を誰かに手渡したりするなどの単純な作業を手伝っていた。これらの作業をいったん受けもつようになると、以後その作業から抜けだすことはむずかしかったし、どうしても抜けざるを得なかったときの仕掛けでは、しばしば作業行程に支障がでていたのである。

一回の仕掛けにかかる時間はだいたい四〇分である。仕掛けの行程は、〈漁網を水中に放つ〉、〈漁網を開いたまま放置する〉、〈漁網を回収してサケを甲板にあげる〉という三つの段階に分けることができる。以下、それぞれの段階ごとに作業の風景を記述する。

【漁網を水中に放つ】

ＨＡは仕掛けをおこなおうと考える漁場近くまでたどりつくと、後方のドラム操縦者に顔を向けて合図を送る。ド

図表4－6 〈PF〉でのクルーワーク

	船長	ドラム	スキフ	タイ・アップ	技師
1. 網のリリース：0－3	・ボート操縦、投網の合図 ・コルクラインを見て漁船を前進させる	・スキフと網を漁船から放つ ・網の端にパワーラインをつなぐ	・シーアンカーを落とし、スキフを陸へ	・ビーチラインをスキフから引く ・陸にあがりビーチラインを木か岩につなぐ	・ラニングラインを放つ ・パワーライン（漁船と網を結ぶ綱）をドラムへ渡す
2. 網の放置：3－20	・ボートの操縦、網をしばらく放置し、ゆっくり閉じていく	・（前の仕掛けで漁獲の多い時）魚を区分けし、ハッチに入れる	・シーアンカーをスキフへ戻し、陸上にて待機	・陸上にて待機	・ウィンチでラニングラインを調節
3. 網の回収（閉じ込み前）：21－25	・スキフにビーチラインをほどく指示 ・網が閉じるまでボートを操縦 ・甲板に降りドラムの回収に指示	・ドラムの操作、網の回収 ・回収（魚や木切れのある時はそれを除く）	・スキフとボートへ ・船首へ。ウィンディラインを結ぶ ・鉄輪が見えたらそれをボート横のボールへ	・ビーチラインをほどく ・網の端部（スキフ側）が漁船縁まで来たらコルクラインをはずし、縁に固定	・ウィンチでラニングラインを回収しはじめる ・パースラインを引く ・ワイヤーの操作、フック付ワイヤーをゆるめる
4. 網の回収（閉じ込み後）：26－29	・ウィンディラインをほどくタイミング、ドラムの動きを指示 ・（輪が1つになると）船尾の網をロープで束ねる	・ドラムを操作、網の回収 ・束ねた網をフックにとりつけ	・網の回収に従って鉄輪を水中へ ・フックをはずし、ドラムに渡す	・ウィンディラインをほどく ・スキフに乗り込む ・スキフ側からコルクラインをスキフの縁にあげる	・フックをはずし、スキフに渡す
5. 網の引き上げ：30－35	・網の引き上げ ・（大たも使用時）大たもの動きを指示	・網の引き上げ ・大たも使用	・網の引き上げ	・スキフ側から網の引き上げ	・網の引き上げ ・大たもとつながったワイヤーの操作
次の仕掛けの準備：36－38	・操縦室へ	・ドラムを最後まで回収 ・魚の区分け、ハッチへ	・スキフ側の網の端を元に戻す	・スキフを船尾へ	・ラニングラインを放ち、船尾へ

ラム操縦者はすぐに仕掛けがはじまることを、スキフ操縦者、タイ・アップ、技師らに伝える。いよいよ漁場に達したとき、ＨＡは大声をだしつつ（もっともこの声が聞こえているとは思えないが）手を回して作業開始の合図を送る。それと同時にドラム操縦者は〈ＰＦ〉からスキフを離し、ドラムを回転させて漁網を水中に放っていく。水中に投げだされたスキフでは、タイ・アップがシー・アンカーという重石を落とし、すぐさまビーチ・ラインをスキフ上にきれいにたたむ一方で、スキフ操縦者が（ビーチ・セットであれば）陸地にむかってスキフを走らせる。技師もスキフが水中に放たれると同時にウィンチをまわし、ラニング・ラインなどのさまざまな縄を緩めていく。船長は、水中に描きだされる白い漁網の跡（漁網上辺のコルク・ライン）をみつつ、漁船を走らせる。ウィンチの轟音、パース・ラインの鉄輪が漁船の舷にあたってたてる金属音、クルーたちの怒鳴り声などがきびきびとしたクルーたちの作業と重なりあって、緊迫した空気が漂う行程である。

【漁網を放置する】

漁網を水中に放つあわただしい行程が終わると、約二〇分網が広げられたまま放置される。一転して、静かでのどかな光景が広がり、聞こえる音といえばときどき技師がラニング・ラインを調節するためにウィンチを動かす音くらいしかない。クルーたちにとっては、昼食のサンドウィッチを食べたりタバコを吸ったりできる唯一の時間である。ただ、その視線はつねに水面のいたるところに注がれており、漁網に向かうハネをみつけたら大声で「（漁網の）内側（inside）！」と叫ぶ。この間にみたハネによって網の放置時間が変わってくることもしばしばある。

【漁網を回収する】

網を一定時間開いたまま放置し、魚群が来るのをまった後は漁網を閉じにかかる。船長が陸上にいるタイ・アップに手を回して合図を送ると、タイ・アップはビーチ・ラインを木からほどき、スキフに乗りこむ。同時に、それまで

漁網を水中に放つ。船長は水面の白いコルク・ラインをみながら漁船を進ませる（スキーナ川河口周辺にて、2000年7月／著者撮影）。

パース・ラインの鉄輪が鉄のポールに通され、漁網がいったん閉じられるや、つぎに網で囲われた部分を狭めていくために少しずつ漁網をドラムに回収させていく。その際、鉄輪も少しずつポールから外されていく（2006年8月／著者撮影）。

網で囲われた部分が狭められると、大たもで網のサケを甲板にあげる（2006年8月／著者撮影）。

甲板から受けとったウィンディ・ラインを所定の位置に結びつける著者（2003年10月／立川陽介撮影）。

ゆっくりとまわっていたウィンチの回転が急に速くなる。船長は漁網のコルク・ラインが円形になるよう漁船を旋回させ、それが終わると甲板におりる。そしてドラム操縦者に、ドラムをまわす速さとドラムのどのあたりに網を巻きつけるのかについて指示をだす。ドラム操縦者も、船長の指示にしたがいながら、網が絡まっていないか、破けたところがないかを確認する。ビーチ・ラインをほどいたタイ・アップはスキフ操縦者とともに漁船に帰ってくる。ウィンチのたてる轟音にのせて、ドラムでの漁網の回収も一段と速さを増してくる。こんどはスキフから〈PF〉に戻った二人のクルーが、水面上にあがってきたパース・ラインの鉄輪を左（右）舷の鉄製のポールにはめこむためにあわただしく動く。そして鉄輪すべてが鉄のポールに「ガチャーン」と大きな音をたててはめこまれたときに、漁網が閉じられたことがわかるのである。

このときまでの緊迫した空気も、ひとたび漁網が閉じられるやふたたび和らいでくる。ドラム操縦者はゆっくりとドラムをまわし、残りのクルーたちは左（右）舷にはりついて手で網を引っ張ることで網の容積を狭めていく。大漁のときは、このとき網のなかにいるサケの口からでた大量の泡があがってくるので、クルーたちは歓喜の声をあげる。その後、ブレーラーと呼ばれる大たもでサケを甲板にあげ終わると、船長は屋上に戻り、それ以外のクルーはつぎの仕掛けの準備が終わり次第サケをハッチにいれるのである。

一回の仕掛けはこうして終わるが、同じ場所でまた仕掛けをおこなう場合、仕掛け間の時間は三分から五分しかない。とくに漁獲が多かったときなどは、同じ漁場で、しかもなるべく急いで仕掛けをつづける傾向がある。そのような場合は捕獲したサケをハッチにいれることなく、つぎの仕掛けを開始することになる。また、漁網に破損部が発見されると、漁網の回収途中にそれが補正される。この補正は応急処置であるが、それでも費やされる時間は無視できるものではない。ドラム操縦者の作業の重要性が改めて理解されるであろう。

5　操業の戦略

以上、仕掛けの行程のモデルを描写してきたが、つぎに操業をおこなうにあたっての各種の戦略について述べてみたい。操業上の戦略に関連して、たとえばつぎのような疑問を提示することが可能になるであろう――「船長は、漁場を定め、各クルーの作業に指示をだすにあたって、いかにそのときどきの状況を認知し、決断するのか」、「クルーたちは作業のいかなる状況のときに縄をもつ手を緩めたり、ドラムの回転の速さを変えたりするのであろうか」。こういった問題が、この項で扱おうとする操業上の戦略である。もっとも、漁師たちはこれらの状況において判断を下す際、いわゆる「暗黙知」と呼ばれる類の知識を動因するから、それを理解する――あるいは少なくとも文字化する――ことは、不可能とはいわずとも、容易ではない［cf. ポラニー 一九八〇：福島 二〇〇一a、二〇〇一b］。そこでここでは、おもに以下の四つの点に焦点をあてて、可能な限り――筆者の観察および経験と、HA自身の論理的な言語説明が可能な範囲で――その理解を試みることにする。その四つの点とは、（1）いつ、（2）どのポイントで、（3）漁網をどのような形で、（4）何分くらい放置するかといった点についてである。

以下に示すのは、二〇〇三年の一〇月二〇日と二一日におこなわれた漁業操業の例である。このとき〈PF〉は、シロザケのみを対象とした漁をジョンストン海峡でおこなっている（図表4－7参照）。したがって、各仕掛けの番号（○つきの数字）とその時間のあとに付されている「○○尾」という数値は、第何回目の仕掛けにおいて何尾のシロザケが捕獲されたかを示している（なお、この漁でシロザケ以外の種類のサケはほとんど捕獲されていない）。筆者はこの二日間、作業を手伝いつつ、二層目のコンピュータのモニターに映しだされるGPSの画面でどの漁場に滞在しているかを確認し、各仕掛け時の漁獲とともにそれをノートに書きこんだ。後日そのノートをもって、HAに「なぜこのときポイントをかえたのか（あるいはかえなかったのか）」を尋ねたのだが、その結果わかったことが以下の説明にも付されている。

【一〇月二〇日】

①八：三〇－八：四五（二五〇尾）

前日船を停泊させた場所に近いところでの最初の仕掛け。**ここはHAのお気に入りの漁場らしく、二〇〇〇年にも使われている。**潮の流れつく方向に弧の内側が来るように仕掛けたが、これは以前HAがいっていた「**サケは潮に逆らって泳ぐ**」という説明に反している。ちなみに、**朝の潮の流れは北から南らしい**（HA後日談）。こうした仕掛けはたびたびみられたが、理由はわからない。なお、開始が遅れたのはBA（調理クルー）が朝食を作るのが遅れたから。二五〇尾という結果にHAは不満であった（だからつぎに場所を移動した）。

②九：一〇－九：三三（二一六尾）

少し北上したところで二回目の仕掛け。前回から約三〇分経過しているのは、この間うろうろとハネを探してまわり、つぎの漁場を検討していたから。そして**いいハネをみつけたこの漁場で二回目の仕掛けとなった。**結果は前回とほぼ同じ。HAは**北からやってきたサケ群が、ボデガ・ポイント（Bodega Pt.）に衝突すると思ってここを選んだらしい**（HA後日談）。HAがつぎに同じ漁場にいないところをみると、彼はこの数値に満足していないようだ。なお、ここでも仕掛けは潮の流れる方向にそって、つまりサケが来るとされる方向が網の外側にくるようにしてなされた。

③九：五〇－一〇：二五（一七〇尾）

またハネを探してうろうろと探索をつづけ、いいハネをみつけたらしきところでの仕掛け。ちなみにこの漁場以南のメンジス湾での操業は許可されていない。**HAによれば、ここをサケはぐるぐると周遊している。**クルー間でハネを発見次第すぐに簡単な打ちあわせがもたれ、その結果ここがいいということで選ばれた。結果は一七〇尾と減少。HAは

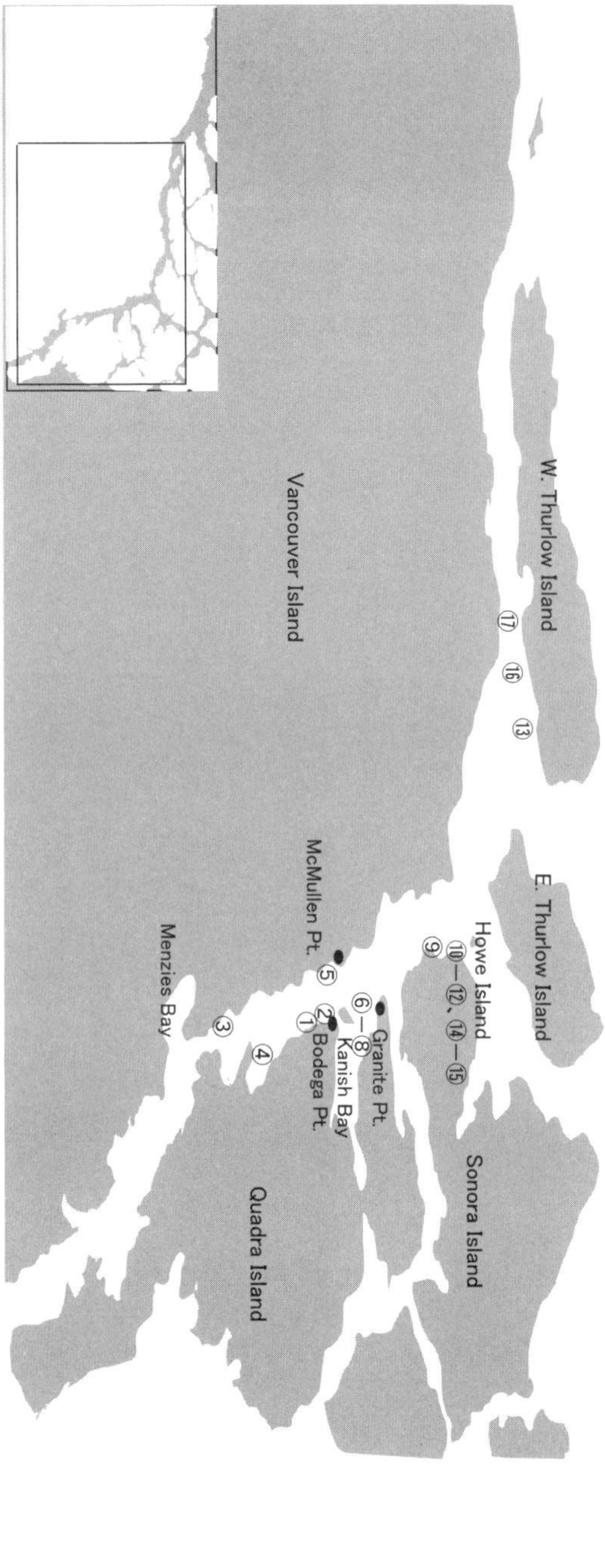

図表4−7　2003年シロザケ漁時に〈PF〉が使用した漁場

もちろんこの結果に満足していない。

④一一：一〇－一一：四五（三八〇尾）

さらにハネをさがしてうろつく。ディープ・ウォーター湾はおそらく元来いい漁場とみなされているのであろう、最終的にその北側で仕掛けがなされた。**かなりのハネをみつけたところに、ハネの方向などを参考にしてただちに仕掛けをおこなう。**三八〇尾というのはそこそこの数値だと思うが、ＨＡはすぐに移動。

⑤一二：〇五－一二：四〇（五五〇尾）

この頃から潮の流れが南から北に変わるという。だからＨＡは、前回の漁場にいたサケ群がたどるであろうこのマクマレン・ポイント（McMullen Pt.）に移動してきた（ＨＡ後日談）。いずれにしても、この漁場の変更は成功。

⑥一二：五五－一三：二五（二五〇尾）

北上する潮の流れにそって、サケはグラナイト・ポイント（Granite Pt.）にぶつかると呼んだＨＡは、漁場を少し北東に移す（ＨＡ後日談）。そのとき**ほかの漁船の漁獲状況を観察し、**好調なのを確認。仕掛けの方向はほかの漁船とほぼ同じであるが、微妙に違うのはおそらくほかがビーチ・セットであるからと思われる（ＨＡはオープン・セットを選んだ）。しかし漁獲は二五〇尾と落ちこむ。**ＨＡはこの回から⑧回目までを、後に失敗だったと振りかえる。**

⑦一三：三〇－一四：一〇（一三〇尾）

間髪いれず、同じ漁場で仕掛けを開始。結果はさらに落ちこむ（一三〇尾）が、ＨＡはとくに問題にしていない。おそらく前回の仕掛けから、潮の干満からしてよくない状況になったのであろう。

⑧一四：四〇－一五：二〇（二五尾）

同じ漁場。時間が三〇分空いていることからもわかるように、一応いろいろと徘徊した結果、いい漁場がなかったので戻ってきたとみるのが適切であろう。結果はわずか二五尾であったが、網が破けたことが一因だと思われる。もっともこの網の破損は、ドラム操縦者のせいというよりは、底の浅いところで仕掛けをおこなったからだとみなしたほうがいい。

⑨一六：〇〇－一六：二五（〇）

これまでは潮がグラナイト・ポイントにぶつかると読んできたが、そうではなく北上するのだと考え直し、北上してハウ（Howe）島あたりまで来て仕掛けを開始。ただし、この間約四〇分もうろうろし、ほかの漁船の状況やハネの状況を検討している。クルーたちとの打ち合わせで、ここからビーチ・セットに切りかえる。〈NQ〉がそばにいたから、無線でＲＩ〈NQ〉の船長）からあらかじめ情報を得ていたと思われる。しかし漁獲はなし。

⑩一六：四五－一七：三〇（一五〇尾）

ハウ島との狭い水路を封鎖する形で仕掛けを実施。多少徘徊はしたが、ハネもみつからなかったし、何かクルーと話しあったわけでもなかったことから、ＨＡはこの漁場を「適当」に選んだのかもしれない。それでも、網の絡まりがあったとはいえ一五〇尾を獲得。**前回が坊主であったにもかかわらず、同じあたりにとどまったのは、この時間当たりから満ち潮になってきたかららしい**（後日談）。

⑪一七：四〇－一八：三〇（一、〇〇〇尾）

いい潮の状態を得た結果であろう、前回とほぼ同じ漁場であったのにもかかわらず、一、〇〇〇尾を獲得。ある意味でここにとどまるのは「賭け」であったが、その「賭け」がうまくいったことになる。なお、**この漁場は二〇〇〇年のベニザケ漁の初日、最初に仕掛けがなされた場所でもある。ＨＡはこの漁場が気に入っているらしい**（後日談）。この日は一八時が操業の終了時間なので、ここで終わりとなる。あとでわかったことであるが、このときすでに網には大きな穴が開いていた。

【一〇月二一日】

⑫八：〇〇－八：三五（八〇尾）

この日は操業時間開始と同時に仕掛けを開始。八時前、ＨＡはたくさんのハネを確認していたから、早く八時になることを期待していた。そしてようやく八時になり仕掛けを開始。漁場は昨日最後に大漁になったところ。しかし網を放置する最中にはすでに、まったくハネはみられなくなっている。みられたとしても、それは網の外側に逃げるものであった。

⑬八：四五－九：一五（一五〇尾）

少し北上してビーチ・セットに切りかえての二回目。ハネはまったくといっていいほどみられなくなっている。この漁場は適当に決めたようにも思えるが、二〇〇〇年のベニザケ漁でも使われているから、彼の好む漁場の一つだとも考えられる。漁獲は少しよくなって一五〇尾。

⑭九：二〇－九：五〇（三尾）

みている側には、「やけくそ」にしか思えないポイントの選び方。ハウ島との水路を塞いで、かなり楕円型に漁網を仕掛けてみたものの、三尾しかとれない。潮の関係があると思われる。なお、網の回収時にトラブルがある。

⑮一〇：〇〇－一〇：二五（三〇尾）

かなり適当に決められた漁場での仕掛け。ただ、この日第一回目（⑫回目）の漁場に近いことは注目していい。しきりにＲＩらと無線で連絡をとりあうが、ＲＩも芳しくないらしい。

⑯一〇：五五－一一：三〇（一〇〇尾）

いよいよＨＡも焦ってきたとみえて、徘徊を開始。そしてつぎの⑰回目の漁場となるところの先までいってみて、結局引き返して⑬回目の場所に近いところでビーチ・セット。徘徊を繰り返した結果、このあたりに五－六尾のハネを確認したことが漁場決定の決め手になった。途中ハネを見つけ、「ハネがあるよ」と報告したＮＯ（ＨＡの次男でタイ・アップ）に、ＨＡが「いくつ？」と聞き、ＮＯが「一つ」と答えると、「五、六みつけたら報告しろ！」と怒られるシーンも。その後ＲＡ（ＨＡのイトコでスキフ操縦者）やＪＩ（ＨＡの長男でドラム操縦者）らが多くのハネをみつけた。結局ＪＩがハネをみつけたポイントで仕掛けを実施。期待されるが一〇〇尾。かなりの落胆がある。

⑰一二：〇〇－一二：三五（一〇〇尾）

前回の仕掛けで、網の外では多くのハネを確認した（ＲＡの主張したほう）ので、こんどはそのサケ群が移動したと

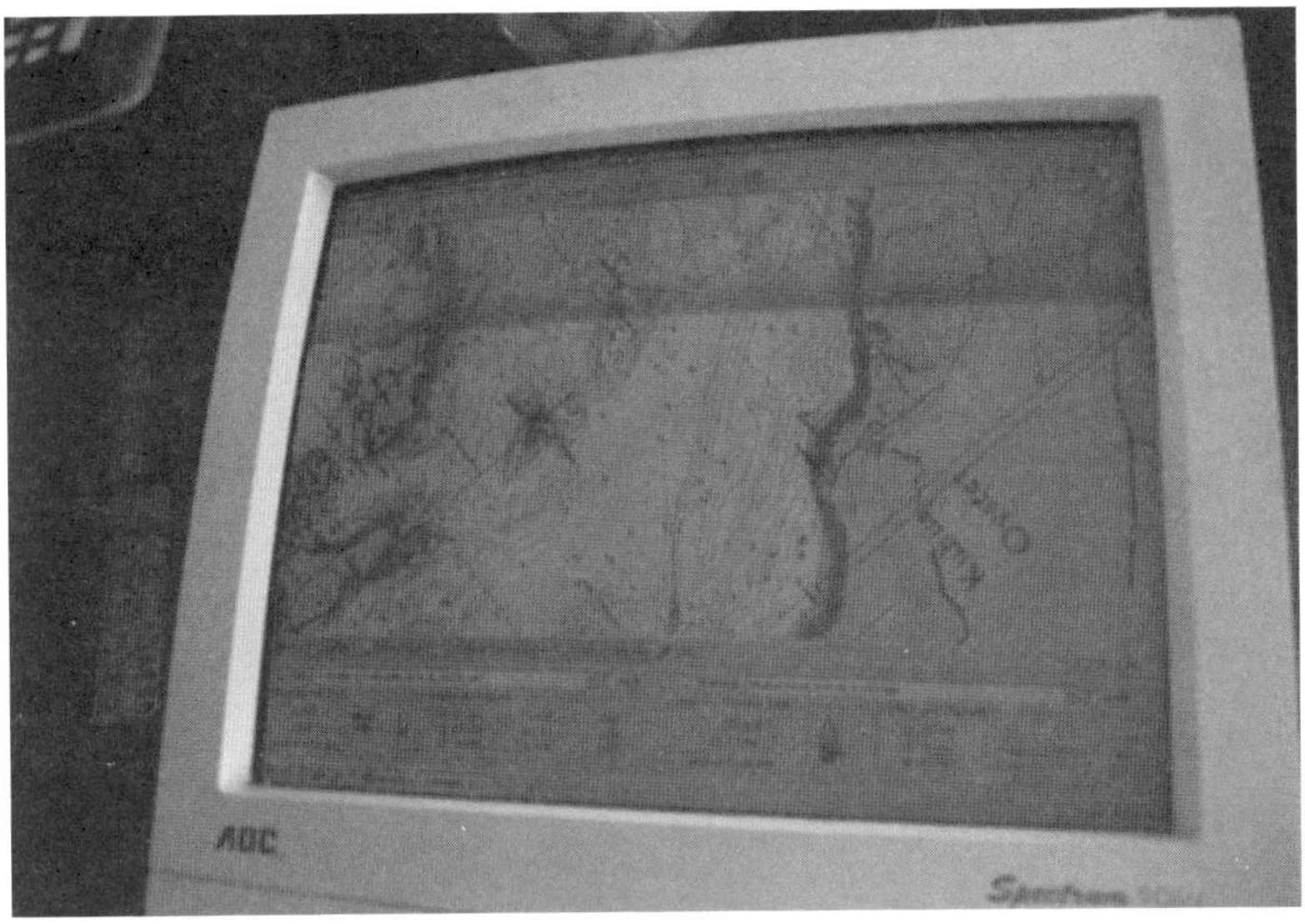

漁船に搭載されたコンピュータのモニター。ＧＰＳソフトの画面が映しだされている（2006年8月／著者撮影）。

思われるほうに先回りして仕掛けをおこなう。放置中、たしかにハネは確認されるが、微妙に方向と位置が仕掛けた漁場とずれている。結果、一〇〇尾。ここでこの日の操業は終了。

結局〈ＰＦ〉が二日間で得たシロザケは、三、五八四尾であった。上記の記述では、ＨＡが多くの失敗を犯してしまったような印象を与えかねないが、実際にはそうではない。二〇〇〇年のシーズン時でもこうした光景はしばしばみられたし、あえてＨＡの名誉のためにいえば、二〇〇〇年のシーズンでも二〇〇三年のこのシロザケ漁でも、〈ＰＦ〉の陸揚げ量は、操業漁船全体の陸揚げ平均値を倍近く上回っていたのである。つまり、優秀な漁師であっても、こうした試行錯誤は日常のことなのである。

さて、この事例からＨＡが漁場を決定するために活用する因子が少なくとも四つあることがわかるであろう。第一に、ＨＡは前もって彼自身の漁場というものをもっていて、そこで積極的に仕掛けをおこなおうとしていることがわかる。[19] 少なくとも、彼は一日の最初の仕掛けをこの自身の漁場でおこなうことが多い。なお、上記の例では彼自身の漁場での仕掛けの回数は比較的少ないが、今回は詳述しなかった二〇〇〇年のシーズンにおいては、〈PF〉の仕掛けの総数二四九回のなかで「HAの漁場」と思しきところでの仕掛けは七〇パーセントにおよんでいることを付記しておきたい(付録2参照)。なお、この「HAの漁場」なるものは、彼の祖先や彼自身が過去にハネを頼りに仕掛けをおこなってみて、結果的に大漁であったところが記憶され、かつ——祖先が発見したものの場合には——継承されたところである。[20] 上記の例におけるボデガ・ポイント、グラナイト・ポイントなどが、そうした例だといえるであろう。

漁獲が芳しくないときには新たな漁場が開拓されることになるが、ここで第二の因子が活用される。それがハネである。二〇〇〇年に筆者が観察した操業においては、ハネを頼りに新たに漁場を開拓することはけっして多くはなかった(全二四九回の三〇パーセントにも満たなかった)。当時、ハネはむしろ、網をどの方向(たとえば時計回りか反時計回りか)に仕掛け、何分くらい放置しておくか(網に向かっているなら放置時間を長くし、網から離れていくならすぐに回収をはじめる)を判断する目安として活用されることが多かった。しかし上記の二〇〇三年のシロザケ漁では、ハネの目撃から漁場を決定することがきわめて多くなっている。HAはこのようにハネを頻繁に活用するが、だからといってハネから得られた情報に反する結果——たとえばたくさんのハネが漁網に向かっていたのに実際の漁獲が少なかった、など——が得られたとしても、ハネを活用することの信憑性を疑うことは、とくになかった。

HAが判断を下すにあたって活用する第三の因子は、潮の状態と潮の流れに関するHAの知識である。一般に、HAは漁獲がよかった漁場をつぎの仕掛けでも使う傾向があるが、一〇月二〇日の九回目以降は、漁獲がなかったにもかかわらず、同じ漁場を使っている。これはHAの言葉にもあるように、潮が満ちてきている——そのことは漁船に搭載されたＧＰＳソフトで確認できる――からきっとサケが多くなるであろうと「知っていた」からである。同様に、彼はまた、サケは潮の流れに逆らって泳ぐことも「知っている」し、けれども場合によっては――一〇月二〇日の午前中にもみられるように――潮の流れにそって泳ぐことも「知っている」のである（もっとも、それを論理的に説明することは筆者の能力をこえている）。

第四に、無線での情報やほかの漁船の漁獲状況の観察がある。〈ＷＳ〉の船長でＨＡの弟であるＢＮのように、船長としてのプライドからほかの漁船から情報を得ることはできるだけ避けたいと考える漁師も多い。けれども、不漁よりはましだということで、しばしば不振の際にはほかの漁船の作業状況を観察したり、船団を組むほかの漁船から無線で情報をもらったりすることもある。

およそここにあげた四つの因子を活用して、ＨＡはほぼつねにすべての漁船による平均陸揚げ量の倍近くを陸揚げしている。しかしここで再認すべきことは、上記の例において彼は一日目の最後の数回をのぞくすべての仕掛けにおいて満足してはいないということである。一日目の最初の仕掛けから、ＨＡはみずからの漁獲に満足してはいないし、またたとえ一時的に（一日目の最後に）大漁に恵まれたとしても、それが長くはつづかないことを知っている。だからすべての仕掛けにおいて、彼は上にあげたようなすべての情報源を活用し、さらなる漁獲を得ようと心がけているのである。

第四節　消費的側面――操業時以外の状況

前節では、〈ＰＦ〉の事例から漁船でのクルーたちの生活における生産的側面について論じてきたが、本節では消費的側面について述べる。

消費的側面は、一見すると船上生活においてはとるにたらない生活の場面のように思われるが、必ずしもそうとはいえない。本章第二節でも述べたように、彼ら漁師が実質的な「労働時間」とみなしている漁業航海の旅程全体のうち、操業をおこなわない日のほうが実は多いからである。二〇〇〇年シーズンの例をあげるなら、四七日間の旅程において、操業がおこなわれなかった日数はじつに二五日間を占めている（操業日数は二二日間）。では、この間クルーたちはいかなる生活を送っているのだろうか。

1　船長との雑談

ある場所から別の場所への航海中は、クルーたちにとって休息の時間となる。この間、基本的にクルーは何をしていても、とやかくいわれることがない。ギャリーでトランプをしても、テレビで映画をみても、あるいは寝台で寝ていてもかまわない。実際、〈ＰＦ〉のかつてのロシア人技師は、自分の寝台に寝転んで、本を読んでいることが多かった。

しかしこのロシア人技師をのぞくクルーたちは、操舵室にいって椅子に座り、ＨＡと雑談していることが多かった。クルーがこうした休息時間に操舵室に足を運ぶことは、もちろん義務ではない。けれども、ＨＡがさまざまな機会に

ギャリーでくつろぐクルー（ポート・マクニールの港にて、2006年8月／著者撮影）。

「操舵室に足を運ぶやつはいい漁師だ」とはなしていることと、このことはけっして無関係ではない。とくにドラム操縦者など高位のクルーたちにとっては、操舵室での船長との雑談は、将来彼が船長になるためには必要なことだとHAは力説している。

だからといって、操舵室での雑談を実際に聞いてみると、HAがドラム操縦者――たいてい彼の長男JIや次男NOである――に対してとくに「有益な」助言をしていることはほとんどない。筆者もこの雑談にしばしば参加したが、ほとんどはHAの過去の武勇伝（漁に関するものもあれば、そうでないものもある）、HAの父親や祖父の逸話、そのほか他の漁船の漁獲情報もあれば、漁とはまったく関係のない本当の雑談もあった。「有益な」助言があるとしても、それらの雑談すべての五パーセントにも満たなかったであろう。

もっとも、筆者には、クルーたちが彼らの父あるいはオジであるHAのそうした雑談を喜んで聞いていたようにみえたし、筆者もその輪のなかに入るのは好きなほうであった。その理由は、操舵室での雑談のなかで——いかにそれが有益でないとしても——情報を共有できることが、クルー集団の一人なのだと実感できるからである。反対に、ギャリーで映画をみている最中に上の操舵室から笑い声が聞こえると、クルーたちは急いでその輪のなかに加わろうとしたものであった。自分がとり残されているように感じるからである。また、各クルーがその集団の一人なのだと強く実感できるという点では、船長の航海日誌が誰にでも公開されている事実も、おおいにそれに貢献していると考えられる。

こうした操舵室での雑談は、昼間なら「期待」されるものではあるが、「義務」ではない。しかし夜間の航海中であれば、クルーが交代で船長と雑談するのは義務となる。それによってHAが眠気をおこさないようにしなければならないからである。クルーたちは二時間おきに交代で操舵室にいってHAと何かしら会話するのであるが、実はこのときの雑談のほうが「有益な」助言がされやすい。おそらくは夜の闇のなかで船長とクルーが一対一ではなすから、会話の内容がよりしんみりしたものになりがちなのであろう。しかし詳しい理由はわからないし、彼らにも「夜には有益な会話をすべきだ」という自覚などあるはずもない。

操舵室での雑談のほかに、クルーたちが一堂に会す場として食事の時間があげられる。食事はギャリーのテーブルでとられるが、このギャリーの椅子は〈コ〉の字型（あるいは〈U〉字型ともいえるであろうか）に配置されているので、奥側に座ると外にでにくくなる構造になっている。そこで船長など高位のクルーたちが手前側に座り、新参のクルーが奥に座るなど、暗黙のルールがある。食事の際のギャリーの空間的な配分には、こうしたきわめて興味深い要素があるが、ここではその点にはあえてふれず、食事の際のコミュニケーションに焦点をあわせようと思う。

操業日であれば、朝と夜は一堂に会して食事がとられるが、朝はそれほど時間もないので、ゆっくりと会話ができるのは夜だけである。このときの会話も、基本的には雑談でしかない。ただ、HAが無線を通じて得たほかの漁船の情報や近くの川におけるサケの回避数の情報などがクルーたちに伝えられるとすれば、このときが多い。クルーたちはHAのはなしを食べながら、なんとはなしに聞いている。それらの情報が、彼らの仕事内容に直接関わってくることなどないからである（いうまでもなく、ほかの漁船よりも漁獲が多いとわかれば、それが彼らの誇りにつながるであろうが）。ただ、クルーたちはそのような情報をHAと共有していることには大きな喜びを感じている。本来なら船長しかしらない情報を得られた、しかもほかのクルーたちと共有できたことで、彼らのクルーとしての意識が高まるからだと思われる。

2　船長以外のクルー間のコミュニケーション

操舵室での雑談とギャリーでの食事が、おもに船長とそのほかのクルーたちのコミュニケーションをはかる場であるのに対し、船長以外のクルーたちだけでコミュニケーションをとれる場もある。その一つが、クルーたちの寝台がある寝室である。操業後の、寝入ってしまうまでのわずかな時間には、船長以外のクルーたちがキャンベル・リバーにおいてきた恋人のこと、その日の作業の失敗のこと、HAへの不満（もっともこれはきわめて稀である）が聞かれる。また、クルー集団のなかでも下位のクルーたちのなかでは、シーズンの中盤以降になると「あとどれくらいで帰れるのかな」といった会話がされることもある。なお、この部屋にHAが立ち入ることは稀である。

操業日でなくても、掃除や食後の皿洗いなど、細々とした仕事はある。〈PF〉のように調理専門のクルーをおく場合をのぞけば、これらの仕事をおこなうのはスキフ操縦者のような下位のクルーである。食事が終わると、下位のクルーは全員の食器を流し台に運んで洗い、それが終わるとギャリーの掃除をする。その間上位のクルーたちは、ギャリーの長椅子に寝転がってタバコを吸うなどしてくつろぎ、もし下位クルーの皿洗いや掃除の仕方に問題があれば、文字通り「アゴで指図する」。船上では淡水が限られているので、水を節約する特殊な皿洗いの方法があり、ときに上位クルーはこの方法を教えなければならないのである。もっとも、これら上位クルーが皿洗いや掃除の邪魔になるようなことをすることはないし、皿洗いをしている下位クルーにくだけた口調で「この食べ残しを海に捨ててくれ」と頼まれれば、それにふつうに応じている。

航海中に漁網を修理したり漁具の点検をしたりする場合には、ドラム操縦者が中心となって作業をおこなうことが多い。漁網の修理の際には一度ブームを使って漁網を高く吊りあげ、網の破損部を探し、修復する。この場合、網の破損部を探して修復するのはドラム操縦者以外のクルーたちで、ドラム操縦者はブームの操作をおこないつつ、そのほかのクルーに指示をだすだけである。この仕事は身体的に不快で（網が体にふれると痒くなる）、また過酷なものであるから、クルーたちにとっては嫌いな作業の一つに数えられている。それでも船長の命令なので、彼らはときおりドラム操縦者に怒鳴られながらも、黙々と作業するのである。

3　船外での休暇

たとえば七月からの北部への漁業航海では、七月下旬になるまで二日間の操業の後に二日間の休暇がある。このとき〈ＰＦ〉やその他三隻の漁船は、みなプリンス・ルパートに停泊する。ＨＡなど船長たちは、それぞれが一〇〇ドルずつだしあって、クルーをつかまえて買えるだけのビールを買ってこさせ、翌日の朝か昼すぎまで飲みつづける。ただ、漁船のなかでビールを飲むのは基本的に各漁船の船長クラスの人だけで、そのほかの若いクルーたちは、同じ漁船、あるいは（同じ船団の）ほかの漁船の気のあうクルーたちとバーに繰りだすことのほうが多い。せっかく陸にあがったのだから、親や親の世代の人よりは同じ世代の気のあう仲間と一緒にいたいというわけである。

バーではしばしばほかの漁船のクルーたちとの喧嘩がある。もしその場に同じ船団に属す気の短いクルーがいれば、だいたいはその喧嘩に加勢するであろう。喧嘩のせいで留置所にいれられる者もいるが、留置期間がつぎの操業に支障をきたさない限り、ほかのクルーも、そして船長たちも、そのことを気にとめる様子はない。バーで漁師どうしが喧嘩することはよくあることであるし、それに喧嘩で留置所に入れられてもすぐにだしてもらえることを知っているからである。喧嘩の原因はさまざまである。単に「強そうなやつがいるから」という場合さえある。ただ、HAらの船団のクルーたちに特徴的なのは、「同じ船団の別のクルーが中傷されたから」という理由での喧嘩が多いことであろう。前節でも述べたように、同じ船団のクルーはほとんどの場合みな同じ名字をもつ親族たちである。彼らは同じ船団のクルーが中傷されると、それを自分の一族への中傷と受けとる。筆者が見聞きした喧嘩の半分以上は、これが原因であった。

船外での休暇においてもクルー間の序列は生きている。だからこそ彼らは、ほぼ同じくらいの序列の者どうしで集まろうとするように思われる。とはいえ、もしプリンス・ルパートの町で上位のクルーとばったりあったなら、それなりに尊敬心を示すことになるであろう。たとえばレストランやバーで下位のクルーが上位クルーにばったりあったら、前者は後者のために場所を確保したり、注文をとったりするであろうし、対して上位クルーは下位クルーの飲食代を支払うはずである。もっとも、このような光景は、漁業シーズン中でなくてもキャンベル・リバーではよくみられるものである。

4　「もめごと」の「処理」

対照的に、〈PF〉およびその船団のクルーたち同士で喧嘩があったという事例は、ほとんど聞かない。殴りあいはもちろん、口論もないに等しい。操業中は、すべてのクルーがHAからつねに「そっちじゃないだろ、このボケ（not the way, stupid !)」とか「速くしろ、マヌケ（hurry up, idiot !)」などと怒鳴られている。また、HAほど露骨な表現ではないにしても、上位クルーが下位クルーに怒鳴ることもよくある。ただ、怒鳴る側にせよ怒鳴られる側にせよ、仕事が終わってまでそれを根にもっていることはほとんどない。仕事中に怒鳴ることは――たとえそこに「ボケ」とか「マヌケ」という言葉がくっついていたとしても――、その言葉に含まれた意味を伝達するというよりは、作業全体に緊迫感をもたせようとするための一つの手段でしかないことを全員わかっているからである［cf. HAAS 1972］。また、「（船長を含め）クルーたちは失敗をするものなのだ」という意識を全員が共有しているからでもある。

ただし、これはあくまで彼らクルーたちがみな親族関係にあることを前提にしている。彼らは漁船をおりれば親と息子、兄と弟、あるいはイトコ同士であり、このような間柄では、失敗はむしろかばわれるものになる。とくに漁獲が不振のときに、クルーたちが彼らの父親である船長のことを気にかけている情景はよくみられる。けれども、ときには単にかばうだけでは済まない深刻な失敗や問題もある。だれかの貴重品がなくなったとか、罰金の対象となるギンザケやマスノスケがみつかったとか[21]、漁網の破損のせいで大量のベニザケが逃げてしまったという場合である。こうしたとき、クルーたちはやり場のない怒りを技師（このクルー職は専門職なので、親族でないことが多い）やそのほかの親族関係にないクルー（雇っていればであるが）にぶつける。「あいつがやったんだ」というわけである。ただ、本人に直接そういうわけではなく、ほとんどは独り言か陰口である。ひとたび海にでてしまえば、彼らクルーたちは技師と逃げ場のない漁船のなかで生活をともにしなければならないので、できるだけ人間関係をぎくしゃくさせたくないという思いもあり、直接的な中傷はおこらない。もっとも、なにか深刻な問題があっても、こうして一時的にだれかのせいにしてしまえばそれで十分なようで、後に引くことはそう多くない。

註

（1）Wクランにはこのほか〈KL〉というまき網漁船もあった。しかしHAは、二〇〇五年までに〈WS〉と〈KL〉を売却してしまっている。

（2）北西海岸北部のネーションの多くは、政府との交渉で合意に達した結果、毎年漁獲するサケの尾数を種類ごとにあらかじめ決めておく見返りに、彼ら固有の特殊なライセンスを獲得している。筆者の記憶が正しければ、二〇〇〇年当時、キャンベル・リバーのクワクワカワクゥの間ではそのような例はなかった。しかし近年、この地域でも北部と同様の例が確認されている。たとえばキャンベル・リバーに住むクワクワカワクゥの諸ネーションは、近年共同で法人機関〈ア・トレガイ漁業協会〉（A-Tlegai Fisheries Society）を創設し、漁撈をおこなう際には同組織が発行する「共同漁業許可証」（Communal Fish Permit）をあらかじめ取得しておくようになった［立川 二〇〇八a：八二］。この許可証の発行の際、あらかじめ獲得するサケの種類と尾数は申告されている必要がある。また、〈北方先住民漁業共同体〉（Northern Native Fishing Corporation）に属す北西海岸北部の先住民刺し網漁師個人に対しては、俗に〈N〉ライセンスと呼ばれる漁業ライセンスが発行されている（以上についてはホーム・ページ、http://www.pac.dfo-mpo.gc.ca/ops/fm/Salmon/licensing.htmを参照）。

（3）漁師人口を減らすことでサケの乱獲を防ぎ、かつ残った漁師たちの漁獲効率をあげる目的から、ライセンスの買戻しはデービス・プラン以後しばしばおこなわれている。デービス・プラン発表直後、約七、〇〇〇あった漁船はその八年後には五、〇〇〇程度になったが、この間おもに減少したのは刺し網漁船であり、大型のまき網漁船数はほぼ横ばい状態（四五〇から五〇〇隻程度）であった［CANADA. DFO 1992: Fig. 1; NEWELL 1993: 173］。しかし一九九〇年代から実施されている買戻し政策下では、まき網漁船も着実に減少している。二〇〇〇年一二月の段階で、北西海岸で操業する漁船に発行されたライセンス数は、まき網が二七六、刺し網が一、四〇二、トロールが五四三である（本章注（2）掲載の漁業海洋省HPより）。もっともこのライセンス数は、漁業域（注（4）を参照）ごとに発行されたものの合計である。したがって、一隻の漁船が複数の漁業域のライセンスを取得することが多々あるので、実際に操業する漁船数はライセンス数より少なくなる。

（4）　北西海岸は、まず二つか三つの漁業域にわかれ、さらに各漁業域が複数の漁区に分かれている。ライセンスをもつ船長たちは、現在漁業域ごとにライセンスを取得し、どの漁区で操業するかを事前に登録しておかなければならない[CANADA, DFO 2000: Appendix 6]。なお、本著でいうところの「漁業域」も「漁区」も英語では〝area〟と呼ばれているので、それらを区別するために筆者は上記二つの用語を用意した。

（5）　漁業海洋省のホーム・ページ（本章注（2）参照）によると、二〇〇〇年一二月三一日の段階で、北部のまき網ライセンスの数は一〇八、南部のまき網ライセンスの数は一六八である。なお、先住民がこのライセンスを取得するためには、漁業域ごとに二、六七〇ドル（二〇〇一年シーズンの場合）支払う。それに対して非先住民漁師は漁業域ごとにライセンス費用として三、八八〇ドル支払う。

（6）　参考までにHAが二〇〇二年に各地域で数えてくれたクワクワカワクゥ漁師が所有する漁船の数をあげると、ポート・ハーディには一四隻、アラート・ベイには八隻、キャンベル・リバーには三〇隻以上あったということである。もちろんこれらの漁船すべてが漁業シーズンに漁にでるとは限らない。

（7）　現在HAらは、ニシン漁の漁網、サケ漁用の漁網（これは大きさにしたがって三種類ある）、そしてニシン漁時に使用するポンプとパワー・ボート（ニシン漁で使用するエンジン付スキフ）をスティーブストンのカナディアン・フィッシング・カンパニーから借りている。

（8）　漁業操業のクォータは、まず漁区ごとに計算される。シーズン前におこなわれる試験的な漁（test fishing）での漁獲その他のデータから、漁業海洋省所属の生物学者たちが毎年設定しなおすのである。ついで、その漁区ごとのクォータを、その漁区で操業する申請をした漁船の数で等分したのが漁船ごとのクォータとなる。つまり各漁船にとっては、同じシーズンであっても、どの漁区で操業をおこなうかで提示されるクォータが違ってくることになる。なお、ニシン漁をおこなうまき網漁船のクォータの相場は、多くても六〇－八〇トンである。

（9）〈PF〉らのように「湾」と「ベラ・ベラ」で操業をおこなうキャンベル・リバー在住の漁師にとって、ニシン漁業シーズンの漁業航海の移動距離は、約三、六〇〇キロメートルになる。

（10）一九八〇年代以降、カナダの北西海岸では数多くの養殖企業が養殖場を建設している。これらの企業には国内資本のものもあるが、ほとんどはノルウェー企業である。Wクランの成員たちは、ノルウェー企業のなかでも最大手とされる、現マリン・ハーベスト（Marine Harvest）社で働いていることが多い。

（11）本章の注（2）でふれたように、キャンベル・リバー在住の先住民がいつ、どこでも好きなときに漁撈を実施していたのは〈ア・トレガイ漁業協会〉創設以前のことである。なお、現在のオヒョウ漁は釣り漁か延縄漁で、カニ・エビ漁は罠漁でおこなわれることが多い。二〇〇〇年の六月頃、バンクーバー島西岸のコール・ハーバー（Coal Harbor）でサケの養殖網の洗浄作業をおこなっていたHAは、この仕事の合間にPFに搭載していた罠を垂らしてカニ漁をおこなっていた。

（12）二〇〇〇年に〈PF〉らの船団がサケ漁業の旅程において移動した距離は、五、五〇〇キロメートルから六、〇〇〇キロメートルくらいになると思われる。

（13）二〇〇六年におこなわれたベニザケ漁撈では、ノルマは八、〇〇〇尾強であった。しかしこのときも、わずか半日でノルマを達成している［立川 二〇〇八a］。

（14）二〇〇〇年の漁業航海の詳細については、拙稿［立川 二〇〇三b］を参照されたい。

（15）HAはこの点に関して「自分は効率重視型」だとみなしており、自身の父であるBOとの違いを力説していた。HAいわく、船長としてのBOは、漁場の時間や空間が適切であろうとなかろうと、とにかく一日一五回仕掛けをおこなうことをノルマとしていたそうである。しかしみずからを効率重視型と名乗るHAも、多くの非先住民漁師とくらべれば一日あたりの仕掛け数のノルマを高く設定しているし、また現に実際の仕掛け数も多い。HAはみずからの父親の方式を「キリスト教［プロテスタント］的な労働観が沁みついていた」のせいだと述べていたが、同じことはHA本人にもあてはまるかもしれない。なお、海洋人類学のレビューをおこなったアチスン［ACHESON 1981: 290］は、ブラジルの漁民コミュニティにおいてもプロテスタント的な倫理観こそがこれらの漁民の勤勉さに貢献しているというコタックの主張を紹介している［KOTTACK 1966］。

（16） なお、筆者が四、〇〇〇尾、HAが八、〇〇〇尾と考えた仕掛けの漁獲が陸揚げ時に重量単位で発表されたときの結果は、一万八、〇〇〇パウンドであった。「カラフトマス一尾＝三パウンド」という通説にもとづくなら、このときの尾数は六、〇〇〇尾ということになり、筆者もHAも同じだけの誤差があったことになる。けれども後にHAは、「あそこのカラフトマスはほかのところのより大きかった、だからたぶんお前のほうが近いよ」とはなしていた。もっとも、彼ら漁師にとって重要なのは尾数ではなくパウンドで示される重量であるから（陸揚げ額はパウンド単位で計算される）、実際に何尾とれたかは彼らにはどうでもいい問題である。

（17） 参考までに、二〇〇〇年当時における各種一尾あたりの陸揚げ時の価格を以下に紹介する――ベニザケ七ドル、シロザケ三・五ドル、カラフトマス五〇セント。なお、実際の価格は一尾あたりではなく重さ（パウンド）あたりで提示されるので、上記の価格はおおよそのものである。

（18） クワクワカワクゥ社会では、現在でも養取慣行が頻繁にみられる。養子がクワクワカワクゥであるかどうかは問われない。養子は実子と同様、生活上さまざまな援助を受ける。世襲の地位の継承や財産の相続に関しては、実施のほうが優先されるが、その反面養子は強制的にクルーにさせられることはない。

（19） 漁場（point）の定位にはいわゆる「山たて」が活用され、GPSに映しだされるチャートに頼ることはない。ただ、一口で山たてといっても、実際には潮の流れや干満の状態にしたがって微調整が必要になる。この点の分析に関しては、澤田による認知心理学的な研究［澤田 二〇〇一］が参考になる。

（20） HAおよび彼の弟たちによれば、彼らはみな「おじいちゃんの漁場」（dada's point）と呼ばれる漁場を彼らの父親を通じて祖父から継承している。彼ら以外の漁師たちは、よほど不振でない限り、このような他人の漁場を使うことはない。

（21） 現在の操業では、五種のサケのうち捕獲が許されるのはベニザケ、カラフトマス、シロザケの三種である。ただしシロザケも八月中には捕獲が許されないときもある。ギンザケとマスノスケの二種は、資源減少のせいで現在捕獲が禁止されており、もし捕獲してしまったとしてもハッチに入れる前に海に戻さなければならない。もし陸揚げ時にこれらの種がみつかると、一尾につき約一六〇ドルの罰金が科せられる。

第五章

漁業から「近代性」を剥ぎとる

実践レベルでの漁の日常化と伝統化

ＨＡ氏がチーフ・カウンセラーを務めるママレレクァラークィクサタヌクゥ・ネーションの事務所（2008年9月／著者撮影）。

前章では、現役の先住民漁業漁師の労働現場である漁船に焦点をあてつつ、その上でのミクロな次元における労働や活動を記述した。これをふまえ、本章では漁船上のそうしたミクロな次元での労働や生活が、現役の先住民漁業漁師たちにとっていかなる意義をもつのかという点を考察する。

前章で詳細に記述した〈ＰＦ〉のクルーたちの船上生活を特徴づけるものをあげるとすれば、それはつぎの二点であろう。一つが「親族関係を利用したクルーの雇用と編成」であり、もう一つが――生産的側面も消費的側面も含めて――「船上生活の徒弟化」である。これらの特性が〈ＰＦ〉、ひいては北西海岸の現役の先住民まき網集団に固有のものであることは、ヨーロッパ系カナダ人漁師との比較からすぐに明白になるはずである。ヨーロッパ系カナダ人漁師の場合、もはやクルーの獲得に際して親族関係に頼ることができなくなり、その結果公募を通じて「優秀な」クルーによる――徒弟集団とは異なった――平等な、いわば「プロフェッショナルな集団」を構成する道を選んだのである。

本章ではまず、最初の二つの節において、現役の先住民漁業漁師のまき網漁船に顕著なこれら二つの特性に焦点をあてて、それぞれについてできるだけ詳しく記述し、検討する。第一節では〈ＰＦ〉の事例を中心に、Ｗクランの船団の例からこんにちの先住民まき網漁業漁師によるクルーの雇用・編成を記述し、つづく第二節では、クルー集団の船上生活にみられる徒弟的な諸特徴およびその機能についての分析をおこなう。

では、これら二つの特性は、サケ漁業の歴史において、いつ、いかなる状況のなかで先住民まき網漁師たちの操業に導入されたのか。この問いについての検討をおこなうのが第三節である。この節の議論から、本来的にこれら二つの特性が、サケ漁業の技術的な革新に対する先住民の適応の産物として、操業に導入されたことが理解されるであろう。

しかし、本来サケ漁業の技術革新に適応するために導入されたはずのこれらの特性は、現役の先住民漁師にとって、技術面での適応とは異なる意義もまた同時にうみだすことにもなる。その意義とは、サケ漁業という近代的な産業の下の労働を〈日常化〉することであり、かつ〈伝統化〉することである。そこで第四節では、これら二つの特性が漁業操業という近代的な「労働」を日常化し、伝統化していった過程を論じることからはじめ、ついで漁業操業を日常化し、伝統化することにいかなる意義があるのかという点を考察しようと思う。

第一節　クルー集団の雇用と編成

本節では、〈PF〉をはじめとするWクランの船団の事例をもとに、北西海岸の先住民まき網漁業漁師によるクルーの雇用、およびクルー集団の編成の仕方について詳述する。はじめに、この船団においては親族関係を通じた雇用がこんにちシステム化されていることを確認し、つぎに雇用されたクルーたちの具体的な配置に関して、第四章よりもさらに詳しくみていくことにする。なお、筆者が同行した二〇〇〇年シーズンの雇用は、さまざまな特殊な事情がかさなって、例年――とりわけ二〇〇〇年より以前――の雇用状況とは著しく違っていた。二〇〇〇年シーズン時の「即席」の雇用は、後にある重要な事実を浮かびあがらせてくれるきっかけになったこともあるので、以下では例年の雇用だけでなく、二〇〇〇年シーズンの雇用についても同様に紹介する。

1　親族関係を通じたクルー雇用――船団の事例から

図表5－1は、二〇〇〇年シーズンにおける〈PF〉をはじめとしたWクランの船団のクルーたちの社会関係を示

図表5−1　2000年シーズンでの〈PF〉、〈NQ〉、〈WS〉、〈WR〉のクルーの関係図

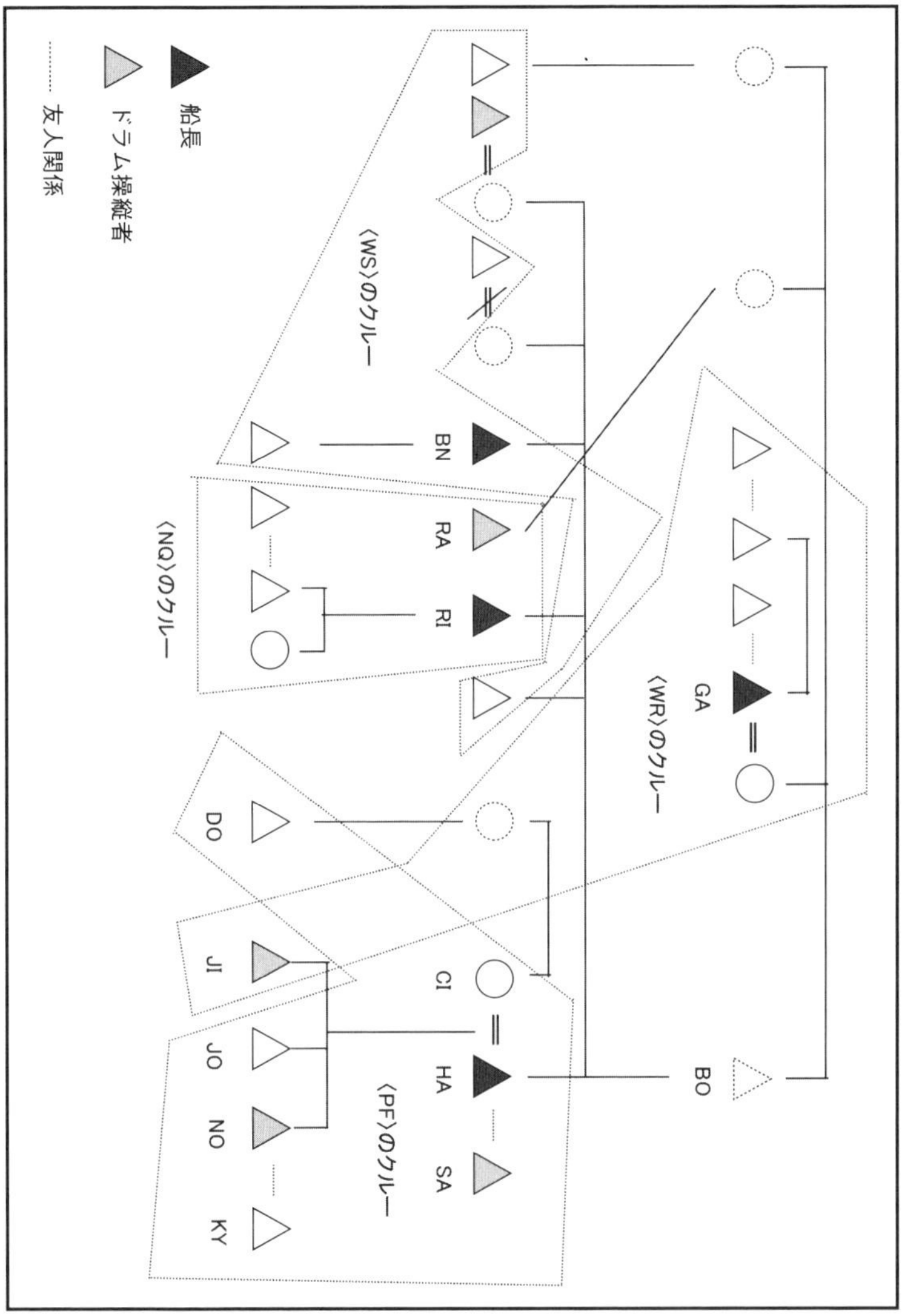

している。この図表をみる限り、いずれの漁船であっても技師をのぞくクルーのほとんどは、親族関係——正確にいえば、姻戚関係も含めた、いわゆるシンルイ（kindred）にまで広がるが——にあることがわかる。また、このシーズン、船長に抜擢されたばかりのGAが乗り込んだ〈WR〉をのぞき、各漁船のクルーの多くは船長の息子たちで構成されていることも窺える。〈WR〉のクルーに関しては、GAに息子がなかったこともあり、GAの弟をのぞくクルーが例年ほかの漁船のクルーとして働いている者たちとなった。なお、筆者がプリンス・ルパートで知りあったほかのクワクワカワクゥのまき網漁船、ならびにほかの先住民集団——たとえばツィムシャン、ヌカルク、ハイダなど——のまき網漁船の漁師たちであっても、同様のクルー雇用の方法が確認された。つまり親族をクルーに雇用する方法は、Wクランの船団の漁師に限らず、先住民の漁業漁師に幅広く認められるものであることが理解されるであろう。

〈PF〉ほか四隻で構成されるまき網船団のクルーたちは、HAの父BOが設立した会社である〈有限会社PF〉（P. F. Ltd.）に属している。つまりこの船団での操業は、ある種の「ファミリー・ビジネス」の様相を呈している。もともと〈PF〉の船長はBOで、HA、RI、BNが残り三隻の船長であった。しかし、BOがWクランの首長、かつネーションのチーフ・カウンセラーとして、さまざまな会議に奔走せざるを得なくなり、またそれと同時に体調を崩したせいで漁業操業から引退した一九九〇年代以後は、彼の長男であるHAが〈PF〉を譲り受けている。その結果、つねに四隻での船団を組んできたこのクランでは船長が一人不足してしまうことになったが、二〇〇〇年シーズンにはHAの推薦があったこともあり、HAの友人で、なおかつBOの義理の弟でもあるGAがこの漁船のスキッパーに抜擢された（GAもクワクワカワクゥである）。もっともGAの登用は一時的なものであり、HAをはじめ船団の船長たちは、HAの長男であるJIが後に船長になるものと期待していた。そして実際、二〇〇五年のニシン漁業シーズンではJIがこの漁船の船長を務めた。

例年のシーズンとくらべると、二〇〇〇年シーズンは彼らにとって異例のクルー配置を強いられたシーズンであった。このシーズンは、例年クルーとして働いている者が急に参加できなくなることが多かったからである。そうした場合には、〈PF〉のクルー雇用で実際にあったように、正規クルーの友人が臨時で雇用されることもある。ただ、このような友人の雇用は基本的にそのシーズンだけに限定され、また配置されるクルー職もたいていは――クルー職のなかでは低く位置づけられる――スキフ操縦者になる。

2　〈PF〉における例年のクルーの雇用

つぎに筆者が同行した〈PF〉の例年のクルー雇用状況について、各人のキャリアやクルー職の移動などを含め、詳しく述べる。なお、先述したように、ここでいう「例年」とは、おもに筆者がデータを収集した二〇〇〇年より以前を指している。

船長のHAは四四歳である（以下では便宜的に、年齢はすべて二〇〇〇年当時のものとする）。彼は九歳から正規クルーとして働きはじめ、高校に進学する頃にはすでに父BOの漁船のタイ・アップになっていた。高校を卒業後、HAは医者になるべくビクトリアのカレッジ(1)に進学したものの、すぐに中退して結婚し、専業の漁師になった。彼の漁師としてのキャリアは二〇〇〇年当時ですでに三五年以上になり、また船長としてのキャリアも――彼は一九歳で船長になったので――二〇年以上になる。

一九九〇年頃から二〇〇二年まで、〈PF〉ではロシア人技師が雇われていた。しかし彼は、二〇〇三年には過度の飲酒のせいで解雇されていた。二〇〇三年以後は、代わってニュー・ファウンドランド島州出身のヨーロッパ系カナダ人であるBUが技師として雇われている。ロシア人の元技師は、機器の修理においても、また操業において自身に割りあてられた仕事に関しても、きわめて優れた能力を発揮した。しかしほかのクルーたちと密にコミュニケーションをとるよりは一人でいることを好み、漁業航海中の操業のない時間の多くを自分の寝台で寝るか、酒を飲んですごしていた。そのことがＨＡの家族たち（つまりクルーたち）から反感を買う一因となっていたようである。それに対し、新しく雇われたＢＵは、漁業操業に関してはまったくの素人であるものの、仕事には非常にまじめに打ちこんでいる。また、ＨＡらが酒を飲むときにはともに酒を飲み、ＨＡらが酒を飲まないときには彼も酒を飲まない。こうしたＢＵの態度がＨＡらに好印象をもたせている。

二〇〇四年まで、ドラム操縦者にはＨＡの長男ＪＩ（二五歳）が配置されていた。ＪＩは高校に進学したが、一年もしないうちに退学してすぐに専業の漁師になった。父のＨＡも、漁師になるのであればとくに学歴は必要ないと考えていたので、あっさりとＪＩの退学を認めた。ＪＩは一六歳でスキフ操縦者になり、弟のＮＯが一六歳でクルー登録されたのと同時にタイ・アップに、ＨＡの養子ＪＯが操業に参加するようになったときにドラム操縦者に昇格した。ＪＩは自他ともに認める優れた漁師であったから、ＢＯの引退と同時に船長への昇格が期待された。しかし彼は漁船操舵の免許習得に関心がなかったようで、少なくとも筆者が二〇〇三年にフィールド調査を実施した時点では、まだ漁船操舵の免許の取得試験を受ける心構えさえなかった。しかし二〇〇四年のうちに上記の試験に合格したらしく、先述のとおり、二〇〇五年春のニシン漁業において、晴れてスキッパーとしてデビューすることになった。

前章でも述べたが、ＨＡの漁船では、ドラムの操縦からスキフの操縦まですべての業務をこなせる甲板のクルーをおくことが多く、二〇〇〇年以前にこの任務に就いていたのがＨＡの次男ＮＯ（二二歳）であった。高校に入学した一六歳のとき、彼はまずニシン漁業の操業では調理師兼甲板雑務者として、サケ漁業の操業ではスキフ操縦者として漁業操業に参加した。一七歳のときに娘が生まれることを知った彼は、ＪＩと同じく高校を退学し、タイ・アップとして専業の漁師になった。以後、タイ・アップがつぎに紹介するJOに担われるようになって以来、NOは甲板業務全体の補佐を任されている。もっとも、NOはすでにドラム操縦者に昇格するに足る十分な知識と技能をもっていたのであるが、兄のJIがまだ船長に昇格していなかったので甲板業務に甘んじていたともいえる。彼はJIの船長昇格と同時に、正式にドラム操縦を任されるようになった。

タイ・アップはHAの養子JO（二六歳）であった。一〇代前半にHAに養取されたヨーロッパ系カナダ人のJOは、HAの実子と違って、中学・高校在学時の夏を漁船ですごす必要がなかっただけでなく、半ば強制的に漁師にならされることもなかった。高校卒業後、彼はナナイモの林業キャンプに参加していたが、二〇歳頃からはシーズン中に限って自主的にスキフ操縦者としてサケ漁業に携わるようになった。そして後述するDOが漁師になるというときに、タイ・アップに昇格した。

一九九〇年代の後半、スキフ操縦者はHAの妻方のオイDO（二九歳）であった。DOもまた、JOと同じくヨーロッパ系カナダ人である。もともと母親とアルバータ州に住んでいたDOは、二〇代半ばに母の姉であるHAの妻を頼ってキャンベル・リバーに移り住むようになった。したがって、当時、DOの漁師としてのキャリアは、彼がキャンベル・リバーに移り住んでからのわずか三－四年しかなかった。現在DOは、長期の漁業航海を嫌って漁にでることは少なく、警備員をしたり、車の解体工場で働いたり、あるいは仕事をせずに、失業手当に依存したりしている。しかしHAにいわせれば、スキフ操縦者は船外機が使えればだれでもできる仕事であり、だから彼がいなくてもとくに困りはしないらしい(2)。前章でもふれたように、二〇〇三年以来〈PF〉のスキフ操縦は、HAの娘BAの夫で、ふだんはサケの養殖場で働いているCRがおこなうようになっていた。

このほか、サケ漁業のシーズン中に限って〈PF〉には調理師クルーが乗船する。二〇〇〇年まで、調理師クルーを担当するのはHAの妻であるCIであった。しかしHAの娘BAが一六歳になった二〇〇一年以後はBAが、HAの次女DAが一六歳になった二〇〇七年以後はDAが、調理師として乗り込むこともある。

なお、HAにはもう一人、当時一九歳であった三男のMIがいる。HAはおそらくMIもいずれは漁師になるものと漠然と考えていたようであるが、高校卒業後、MIは、会計士になりたいから大学に進学したい旨を父親に伝えた。MIから漁師にならないという告白を聞いたばかりの頃は、HAも戸惑いを隠せなかった。しかしHAは、MIが高校で成績優秀であったことを知っていたため、「身内のなかに一人くらいそういうのがいてもいいだろう」と結局はMIの希望を受けいれた。ただ、もし彼が成績優秀——大学に進学できるくらい——でなければ、漁師になりたくないという彼の申し出はまず認められなかったはずである。なぜなら、クワクワカワクゥの漁師コミュニティにおいては「漁師の息子は漁師になる」という強い規範があるからである。実際、MIも、高校生の頃は夏休みの期間中サケ漁業シーズンに参加することを要請されていたし[3]、また、HAのオイのなかには、漁を嫌っているものの、高校を退学したため、半ば強制的に漁につれていかれる者もいる（もっともニシン漁業シーズンに限ってのことである）。

3　〈PF〉における二〇〇〇年のクルーの雇用

つぎに、例年とは違うクルー雇用の様相を呈した二〇〇〇年のサケ漁業シーズンにおける〈PF〉のクルーの雇用について述べる（図表5－1参照）。

二〇〇〇年シーズンの最初の異変は、例年ドラム操縦を担当しているHAの長男JIが、このシーズンに限って〈WR〉のドラム操縦を担当するといいだし、HAを困らせたことである（結局JIの申し出はBOに認められたので、HAも渋々それを認めざるを得なくなった）。JIはきわめて優秀なドラム操縦者であったから、彼が〈WR〉に移ることでこの年〈WR〉の船長に抜擢されたばかりのGAを補佐できるであろうと考えたからである。もっともこのことをHAはBOやJIから直前まで知らされていなかったので、あわてて〈PF〉のドラム操縦者を探さなければならなくなった。そこでHAは、彼の幼なじみであるSAという人物（当時五〇歳くらい）をドラム操縦者に抜擢した。HAおよびSAが当初はなしていたところでは、SAの父親はかつてHAの祖父の漁船でタイ・アップとして働いており、またSAとHA自身も子どもの頃からともに漁をやってきた仲であった。SAはいまでこそ漁師を引退しているが、漁師歴そのものは長かったらしい。また、当時SAは生活に困っていたらしく、そのこともまたHAがSAを雇うきっかけにもなったようである。ドラム操縦者はクルー長的な存在としてほかのクルーをまとめなければならないが、その点についても、HAはSAの力量に問題はないと考えていた。なぜならSAは、二〇〇〇年の〈PF〉のクルーのなかではHAについで漁師としてのキャリアも長かったし、またほかのクルーより年輩であったからである。ただ彼は、HAの次男NOが八月上旬に漁に復帰したときに甲板雑務にまわされ、八月八日のジョンストン海峡における操業を最後に、船を降りてしまった。その理由は第三節で詳述する。

二〇〇〇年シーズンのつぎの異変は、例年甲板業務全般をおこなっているNOが妻の出産に立ち会うために、八月上旬までの長期の漁業航海に参加しなかったことである。もっとも、このクルー職はふつうなくてもいいわけであるし、彼は八月七日のジョンストン海峡でのベニザケ漁から合流したから、それほど大きな支障はなかった。ただ——理由は後述するが——、合流したときのNOは、いつもの甲板業務ではなく、ドラム操縦を担当している。

二〇〇〇年シーズンにおこったもう一つのできごとは、スキフ操縦者のDOが七月上旬まで別の仕事をするというので、NOと同じく七月の北部への漁業航海には参加しなかったことである。そこでNOは、ヨーロッパ系カナダ人の友人であるKYをスキフ操縦者としてHAに紹介した。KYはその前年（一九九九年）ヨーロッパ系カナダ人が所有するトロール漁船に同行していたので、一シーズンだけではあるが、サケ漁業の操業の経験があった。KYの経験したトロールとHAらがおこなうまき網とでは方法的にまったく違うものの、スキフの操縦ならばできるだろうという理由で、HAはKYの参加を認めた。KYはシーズン中スキフ操縦者として申し分ない仕事をしたので、DOが復帰した八月中旬以後もスキフ操縦をつづけた。他方でDOは、本来のスキフ操縦ではなく甲板の雑務をやらされることになった。なお、KYの登用はこのシーズン限りのことで、その後KYは短期の建築現場での労働を転々とした後、警察官になった。

第二節　クルー集団の徒弟化

これら親族関係を通じて雇われたクルーたちは、サケ漁業のシーズンになると長期の漁業航海を経験する。この漁業航海期間中の船上生活——生産的側面および消費的側面も含めて——は、以下で論じていくように、きわめて強い徒弟的特性を帯びたものとみなすことができる。では、徒弟的な船上生活とはいかなるものであり、またそれにはどういった意義があるのか。本節では、これらの点を検討していく。

1　徒弟的な諸特性

まき網という漁法を使う場合、ほかの漁法とは違って一定以上の人数が必要となる。前章で記述したように、こんにちのサケのまき網漁では、最低五人のクルーが必要となる。それに対し、ドラムが搭載される前のまき網漁には七人から一〇人程度のクルーが必要であったし、さらに当時は、一つのクルー職を複数の人員でこなさなければならない類のものもあった（第三章参照）。また、ニシン漁をおこなうためのまき網では、いまも昔も、可能であれば、網を引きあげるという重労働のために、一〇人以上のクルーを確保しておきたいものだと彼らはいう。つまり、一言でまき網といっても、捕獲の対象となる魚の種類によって、あるいは同じ魚を捕獲する場合であっても時代によって、必要とされるクルーの人数も役割分担も違ってくるのである。

これらさまざまなまき網の形態のなかに、現在のまき網によるサケ漁を位置づけるとなると、以下のように位置づけられるであろう。つまり、現代のまき網でのサケ漁は、わずか五人のクルーが、それぞれ異なるクルー職をただ一人で担当するような、各人の熟練の技能に大きく依存したものなのである。まき網漁船の徒弟的な特性を検討するにあたり、まずは現代のまき網におけるこうした特徴を念頭においておくことは、けっして無駄ではなかろう。

さて、筆者が実際にシーズンに同行して参与観察した限り、こうしたクルーの労働や技能学習などの生産的側面だけでなく、さらにはクルーたちの船上でのコミュニケーションといった消費的側面においても、きわめて強烈な徒弟的特徴が浮かびあがる。そこでまず、以下では筆者が「徒弟的」という用語で具体的に指し示そうとしている特徴についてて整理していくことにする。

徒弟制、あるいは徒弟集団とほぼ同義に扱われている用語のなかに、レイヴとウェンガーの主張した「正統的周辺参加」（Legislative Peripheral Participation）、およびそれにもとづく「実践共同体」（community of practice）がある。レイヴとウェンガーは、この「実践共同体」をいわゆる徒弟集団だけに限定すべきではない（その特徴は学校教育などテキストを利用した体系的な学習システムにもみいだせる）ことを強調しているが［レイヴ・ウェンガー 一九九三：第一章］、提示される事例やそのほかの議論からみて、彼らが徒弟集団をその典型とみていることは間違いない。レイヴとウェンガーのいう「実践共同体」という概念は、いまや使い古されたものという観もあるが、以下につづく分析のためにも、本論の趣旨に沿う形で、ここで一度整理しておくことは有意義であろう。

実践共同体とは、ある共同体の成員が社会的な実践をおこないつつ、同時に、状況に埋めこまれた形での学習を進めていくような集団のことである。この共同体への参加の仕方は「正統的」かつ「周辺的」である。「正統的」だということに対しては、とくに異論はないであろう。なぜなら、漁師である彼らは、サケをとるという仕事のために、漁師集団のなかに入りこまなければならないという正統性をもつからである。それに対して「周辺的」という用語については若干の説明がいるかもしれない。レイヴとウェンガーも強調するように、「周辺的」参加は「部分的」参加ではない［レイヴ・ウェンガー 一九九三：一〇－一三］。なぜならこれらの用語は、参加形態のことをさすというよりは、むしろ成員の共同体における位置に言及しているからである。つまり、共同体の成員は、はじめは周辺的なところにとどまりつつ、場合によっては共同体の活動とは一見無関係にみえるようなことをする。(4)そしてみずからの共同体での位置を「中心的な」ところ（もっともレイヴとウェンガーは、単一の中心など存在しないと主張しているが［レイヴ・ウェンガー 一九九三：一一－一二］）に移行させつつ、次第に十全なる参加をおこなうようになるのである。こうした移動性を「周辺的」という用語で示そうとしているのは、レイヴとウェンガーがその対義語として「十全的」をあてていることからもわかる。

集団の成員による「周辺的参加」から「十全的参加」への移行は、多くの場合、その成員の集団内における序列の上昇という形をとる。これと同じことを違う形で述べると、集団における地位が上昇するにしたがって、その成員の共同体における参加の形態はより十全なるものへとかわっていくことになる。ここでいう「十全なる参加」の例としては、たとえば活動のより中核的な役割を担うようになること、責任がいっそう重大になっていくこと、アクセス可能な「資源」が増えていくことなどがあげられるであろう。そして、十全なる参加への移行が集団内における序列の上昇という形をとるならば、序列の上昇はその成員が集団に参加している期間の長さ、および技能の向上と一致する傾向にある［福島 二〇〇一a：五八－六六］。

実践共同体ないし徒弟的な集団の別の特性は、近代的な学校教育とは対照的に、それが「為すことによる学習(learning by doing)」［レイヴ・ウェンガー 一九九三：四］、あるいは「実際にやってみる」［福島二〇〇一a：七二－七三］という方法に依拠した学習方法を採用している点である。実際、レイヴとウェンガーが実践共同体の典型例として徒弟集団に注目した直接的なきっかけは、こうした学習の側面にあるといっても過言ではない［レイヴ・ウェンガー 一九九三：第一章］。徒弟的な集団における学習は、テキストを利用する近代的な学校教育とくらべると、たしかに体系性に欠くところがあるかもしれない。しかし他方でそれは、参加者による自主的な学習態度を高め、さらには状況に応じた（現場に即した）学習を可能にするものなのである。

実践共同体ないし徒弟集団には、さらに、その成員に全人格的な参加を求めるという特徴もある［cf. 福島 二〇〇一a：七二］。成員たちは単に特定の実践（漁師であれば漁そのもの）だけを学習し、おこなえばいいというわけではなく、その他諸々のこと――たとえば掃除、皿洗い、そのほかのコミュニケーションなど――の学習と実践を課される。全人格的な参加を求められる徒弟集団のなかで、われわれにもなじみがあるものとして、いわゆる丁稚奉公と呼ばれるものがあるが、まさにこの丁稚奉公に象徴されるように、全人格的な参加を求める徒弟制度の特性は、しばしば労働の技術面だけでなく労働の精神面や態度面にも波及し、ひいては生産的な時間とそれ以外の時間（たとえば仕事の時間と休息の時間）の境界を曖昧にさせる。

徒弟集団、あるいは正統的周辺参加にもとづく実践共同体にはほかにもさまざまな特徴がみいだせるが、それでもクワクワカワクゥのまき網クルー集団の徒弟的な特性を理解するにあたっては、上記三つの特性――（1）集団内の位置（序列）と技能の高低の一致、（2）「為すことによる学習」の方法、（3）全人格的な参加――がもっとも重要となる。以下につづく諸項では、実際にクワクワカワクゥのクルー集団がいかなる点で徒弟的なのかという点を、さらに詳しく検討することにしたい。

2　技能段階にもとづくクルー間の序列

HAらまき網漁師たちは、漠然とではあるけれども、みずからのクルー職に要求される技能というものを「身体的要素」（ワザの要素）と「知的要素」（漁に関する知識）に区分している。そして相対的に、後者の比重がおおきく要求されるほど、そのクルー職の技能は高度だとみなしている。

この認識にしたがうと、もっとも高度な技能を要求されるのは船長ということになる。船長の身体的な動作はきわめて単純――操舵室で舵輪を操作し、クルーたちに合図をおくるために腕を回す――であるが、その反面、船長には適切な時間に漁場を定め、潮の流れや干満を読みとり、そこから漁網や各種の縄を結んだりほどいたりするタイミングを指示するための複雑かつ多様な知識が求められるからである。操業の成功も失敗も、基本的には船長の力量に課される。

船長のつぎに高度な技能が求められるとみなされているのが、ドラム操縦者である。ドラム操縦者の身体的な動作もまた、単純である――彼はドラムを動かすために、レバーをあげたりさげたりすればいい。ただ、彼は漁網を破かないように、幅五メートルほどのドラムに均等に網を巻きつけて回収していかなければならないし、網が木切れを拾っていないかどうか、そのせいで網が破れていないかをつねに確認し、さらに漁網を破きやすい漁場の海底の地形――たとえば底が浅いところや、底に土ではなく石や木切れが多いようなところ――をある程度事前に把握している必要もある。また、彼は甲板にいるほかのクルーの仕事が滞りなくおこなわれているかにも、注意を払わなければならない。

これら二つのクルー職とは対照的に、むしろ高度な身体的なワザが要求されるクルーとして、タイ・アップがある。前章でも述べたように、タイ・アップの仕事でもっとも危険なのはビーチ・ラインをほどく作業である。漁網を放置している時間、きわめて大きな網が、一方では九〇トンもある漁船に引っ張られ、他方ではビーチ・ライン一本で一本の木につながれた状態にある。だから網の回収に際してビーチ・ラインをほどくときにはきわめて大きな反発力としなりがある。このしなりを最低限にし、またしなりをかわし、危険を回避しつつうまくビーチ・ラインをほどくことがタイ・アップに求められるワザになる。もっとも最近では、ビーチ・ラインを安全にほどくための方法が発明され、知れわたっている。けれども、二〇〇〇年のシーズンにおいてさえ、筆者は、ほどいたビーチ・ラインのしなりをかわしきれずに、軽い脳震盪をおこした漁師を目撃した（この漁師は〈ＰＦ〉らの船団のクルーではない）くらいである。

これらのクルー職に対し、スキフの操縦は、船外機の使い方がわかればだれでもできるもっとも「単純な」仕事だと考えられている。現に、クワクワカワクゥの男子が一六歳になったり、あるいは――ＨＡの娘ＢＡの夫であるＣＲのような――ある人物が「親族」として新たに加入したりすると、この新参者はまずスキフ操縦者に配置されることになる。なお、ＪＩやＮＯなどの船長の実子であれば、幼少の頃から夏休みを親とともに漁船ですごしているので、作業の行程も、また船外機の使い方も、スキフ操縦者として正規のクルーになる頃にはすでに把握していることが多い。

このように、ＨＡらのまき網クルー集団では、船長、ドラム操縦者、タイ・アップ、スキフ操縦者という順に技能

図表5－2　まき網漁船におけるクルー職の序列と〈ＰＦ〉における序列

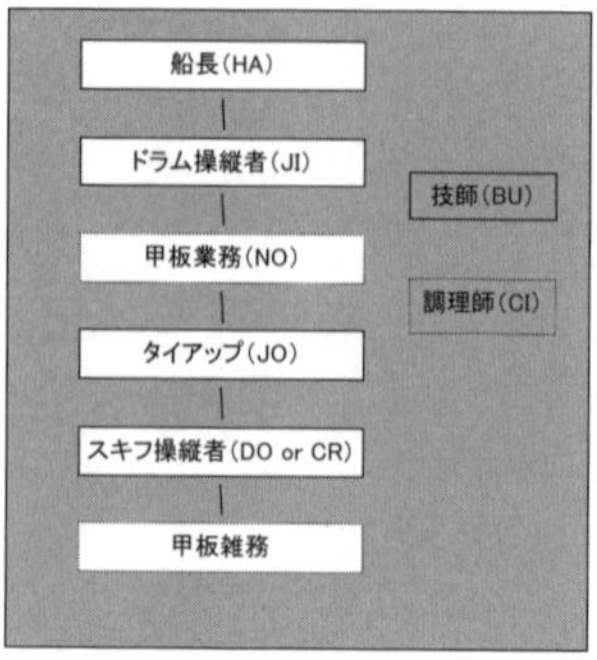

（実線枠は正規クルー職、破線枠は正規でないクルー職）

上の難易度が設定されている。しかもこの難易度は、クルーの序列にそのまま反映されている。技師も操業に際しては固有の仕事の分担を受けもつが、彼の専門はあくまで機器の修理なので、この序列からは除外されることが多い。また、先述したように、それ以外にクルーを乗せる場合には甲板業務を担当させることになるわけであるが、その場合には——ＮＯのように——ドラム操縦者に代わって甲板業務全体の監視を担当する者と、甲板の雑務を担当する者にわけることができる。こうした甲板クルーが乗船している場合、前者はドラム操縦者のつぎに、後者はスキフ操縦者の下に序列化されることが多い（図表５－２参照）。

一般的にいうと、一六歳の誕生日を迎えた後の最初の夏に、Ｗクランの男子は新参者としてクルー集団に入る。理念的にいえば、その男子はまずスキフ操縦者として数シーズンをおくることになるが、親族のなかにもうすぐ一六歳になる男子がでてくると、タイ・アップに昇格する日が近いことを察する。いまでも漁師の息子は半強制的に漁師にさせられるＷクラン、およびそのほかの漁業漁師コミュニティでは、一六歳になる男子がいれば、彼は当然漁師になるものと考えられているからである。タイ・アップに昇格後、その男子は数シーズンをすごし、やがて別の男子が一六歳になってクルー集団に入ると、ようやくドラム操縦者になる道が開かれることになる。もっともこれは理念上のシナリオであり、実際にはすでに十分な数のクルーが揃っていて、新参者が加入してもなかなか昇格できないことも多々ある。そうした場合には、NOなどのように甲板業務をおこなうクルーがでてくるのである。

成員のこうした加入と（集団内での位置の）移行の制度がある帰結として、上位のクルーは下位のクルーよりもつねに長い経験を積んでいることになる。その結果、クルーたちの間に序列と技能の段階的な一致が生まれる。クルー集団においては、上位あるいは中心に移行すればするほど、クルーが集団において果たすべき責任と役割が増していく。たとえばドラム操縦者に昇格すると、そのクルーはみずから重大な任務を負うだけでなく、ほかの甲板クルーたちの作業を監督しなければならなくなる。さらには、第四章でもふれたように、休息の時間の多くを操舵室における船長との会話に費やさなければならなくなる。しかしそれと同時に、上位に移行してはじめてアクセスが許される諸特権もある。食後に皿洗いをしなくてもいい権利、最初にシャワーを浴びる権利、クルーのもっとも嫌う漁網の補修の際に、ほかのクルーに指示をだすだけで実際の作業をしなくていい権利（これは意外と無視できない特権である！）、また場合によっては――まれにある大漁後の休暇のときなどは――ほかのクルーよりも多額の臨時ボーナスをもらう特権などである。各クルーにとっては、これらの特権へのアクセスを得ることが、序列をかけあがろうとする、つまりは技能を向上させようとする大きなモチベーションの一つとなっているのは明らかである。

3　「為すことによる学習」

技能学習という点に目を移してみると、仕立屋、大工、芸能集団などほかの徒弟集団と同じく、クワクワカワクゥのまき網集団においても学習と労働とが同時におこなわれる、つまり二つの活動が不可分だという特徴がある。こうした環境では、技能を学習する際、学校でおこなわれているような言語テキストによる体系化された教育ではなく、他の労働者の仕事を観察してそれを模倣してみるという、いわば「為すことによる学習」(learning by doing) あるいは「実際にやってみる」という手法がとられるものである［福島 二〇〇一a：七二－七三；レイヴ・ウェンガー 一九九三：七六］。

もちろん、初歩的な技術――どのレバーをおろせばドラムが右に回るのか、ビーチ・ラインを木からほどくにはどうすればいいか――なら、上位クルーからの対面的な教授法で会得することも可能であろう。ただ、こうした教授法に限界があるのは容易に想像がつくものである。仕事の後などの時間に、現タイ・アップが甲板上で（次期タイ・アップ候補の）スキフ操縦者に対して、ビーチ・ラインの結び方とほどき方を教えることは可能であろうが、それだけでは、教わる側はビーチ・ラインをほどくときの強烈なしなりや恐怖感はわからないし、状況に応じた微調整の仕方もわかるはずがない。結局のところ、操業中に当人がとにかくやってみないことには、その場その場の状況にあった具体的な方法や感覚は理解できないのである。

ただ、この「為すことによる学習」という学習方法には失敗がつきものであることを忘れてはならない。事実〈PF〉においても、ドラム操縦者のような上位のクルーでさえ数多く失敗している。また、ある仕掛けでの不漁を船長の失敗とみなすなら、船長でさえしばしば失敗するものといえるであろう。これらの失敗に対し、クルー集団では大きく二つの対処法がとられているように思われる。つまり、（1）できるだけ失敗を事前に防ごうとする対処法と、（2）失敗に対してあらかじめ寛容な態度を育てようとする対処法である。

船長の場合は別として、それ以外のクルーの作業が遅いとき、あるいは失敗したとき、前章でも述べたように、彼は必ずといっていいほど船長に大声で怒鳴られる。しかも名指しで怒鳴られた後に「マヌケ（idiot）！」などの単語がつく。ただ、こうした言葉はあまりに多く飛びかうので、筆者にはクルーたちがそれらの言葉をそう真に受けているようには思えないし、実際、船長にしても、失敗をしたクルーを解雇するつもりで怒鳴っているわけでない。ハースも指摘するように、むしろこうした檄は、下手をすると命を落としかねない漁業操業に際してつねに緊張感をもたせ、全体を見渡す気配りや冷静さをもたせるために発信される記号のようなものだと解釈したほうがいいであろう［cf. HAAS 1972］。本当に船長が怒っていたり、あるいは（仕掛けの失敗のせいで）落ちこんだりしているときは、かえって沈黙していることのほうが多いくらいである。実際のところ、船長は事前にクルーの失敗を想定していなければならないし、反対にそのほかのクルーたちも怒鳴られることに慣れていなければならない。こうした檄などは、失敗を事前に防ぐための一つの対処法といえる。

対して、失敗に対して寛容な態度を育てるためには、クルー間の信頼関係が不可欠になる。この点、ＨＡらの船団のような、クルーが互いに親族関係にある集団はその効果を発揮しやすい。あるクルーの失敗は、別の次元では息子あるいは弟の失敗になるからである。もっとも、身内であるからといって信頼関係がすでに存在するとか、失敗に寛容になるという論法は、たしかに十分な説得性をもつものとはいえないのも事実である。しかし概して徒弟的な集団では、ある成員の失敗に対して周囲の者たちが寛容な態度で接する――たとえば兄弟子が弟弟子の失敗をかばうなど――のが一般的であるのもたしかなことであるといえよう。おそらくそれは、集団の構成員たちがふだんの絶え間ないコミュニケーションを通じて、すでに――クワクワカワクゥの親族関係に匹敵するような――ある特殊な「擬似－家族関係」とでも呼べるような社会関係を構築しているからである。〈ＰＦ〉の現技師は失敗してもかばわれることが多いのに対し、（ロシア人の）元技師はそうではなかったという先の記述を思いおこしてもらいたい。両者ともに〈ＰＦ〉のほかのクルーたちとは親族関係にはない。けれども現技師は、ふだんの船上生活においてしばしばほかのクルーたちとつねにコミュニケーションをとってきたのに対し、元技師の場合は同様のコミュニケーションを避けてきたという違いがある。このことは、結局集団において失敗に寛容な態度を育てるためには、——次項で検討することになる——船上生活、具体的には船上で全人格的な態度でのぞむコミュニケーションにおいて、擬似‐家族関係とも呼べるような関係性を構築することが不可欠なのだということを示している。

4　全人格的な学習——漁業航海の行程と集団帰属の問題

丁稚奉公など、住みこみを前提とした徒弟制度に顕著に現れているように、徒弟制度のなかには労働の時間とそれ以外の生活の時間との区別が曖昧なものがある。そこでは、概して集団の核となる実践（たとえば労働）と学習が未分化であるだけでなく、さらに学習すべき事柄が、集団の核となる実践そのものとはまるで無関係のものにまで及ぶものである。このとき集団の成員、とくに新参者は、実践（労働）の技術だけを学ぶのではなく、その実践に望むべき態度や精神についても学んでいる。このように、徒弟集団においては学習されるべき内容の範囲が、集団のなかで核となる実践の技術の領域をはるかに越え、ある種「全人格的」とも呼べる領域にまで広がるものであるが、こうした特徴を以下では「全人格的な学習」と呼んでいる。

北西海岸の先住民漁業漁師の場合、その全人格的な学習という性質は、操業そのものというよりは、むしろ漁業航海全般において確認されるものである。前章で詳述した〈PF〉の二〇〇〇年シーズンの例でいえば、七月上旬からの長期の漁業航海のなかに、このような特徴が、とりわけ顕著に現れでる。七月上旬から一ヶ月以上に及ぶプリンス・ルパート方面への漁業航海の最中は、各クルーは操業中であるとないにかかわらず、互いに全人格的に接することを求められる。船上という限定された空間で生活しなければならない故に、クルーたちは労働時間中もそうでない時間においても四六時中顔をつきあわせ、コミュニケーションをとることを余儀なくされる。このコミュニケーションの方法に、操業中かどうかの区別はない。また、学習すべき対象も、労働（つまり操業）に関する技能だけでなく、たとえば皿洗い、掃除、水の使い方など、操業とは無関係の生活全般に関することにまで及んでいる。まさに漁船の上のクルーたちは、いつの時間であってもみずからの生活を律し、学習するという態度を維持しているのである。

こうした全人格的な態度でのぞむ学習は、さまざまに展開されている些細なコミュニケーションの場でさえおこなわれるものである。前章で記述した、漁業航海中のさまざまなコミュニケーションの場面をここでもう一度思いおこしてみよう。ギャリーでの食事の後、下位のクルーが皿洗いをし、ギャリーの掃除をする。それを上位のクルーが寝転んでタバコを吸いながら眺めつつ、ときおり下位のクルーに対して――少し横柄にもみえる態度で――指示をだす。下位のクルーは黙ってそれにしたがう。ここで下位のクルーは、本来の職務であるサケ漁とはまったく関係ないこと、つまり漁船での淡水の使い方や、上位クルーとのコミュニケーションのとり方などまで学習しているのである。

操舵室での雑談についても同様のことがいえる。操舵室で展開されるクルーたちのコミュニケーションは、だれが聞いても雑談としか思えない場合がほとんどである。しかし船長は、これがきわめて重要な学習の場だと認識しているし、クルーたちも――理由はわからないかもしれないが――漠然とそう考えている。ここでも、雑談なのか学習なのかが曖昧なコミュニケーションがとられている。

漁船でのこうした特徴は、以下の三つの影響を集団にもたらすものと考えられる。第一に、クルーたちは船上で漁の技術を磨くだけでなく、ある種の「心構え」ともいえるような、労働としての漁に向かいあうべき態度と精神を養うことになる。操舵室での雑談などは、まさにその例としてしか理解できるものではない。操舵室で船長がほかのクルーたちにはなす他愛もない武勇伝や失敗談は、漁の技術的な助言ではあり得ない。そうではなく、むしろ船長自身の経験にもとづいた、漁師としての態度や精神に言及したものとして理解できるであろう。

これと関連して、第二に、全人格的な学習は生産的側面と消費的側面、あるいは労働とそれ以外の面の境界を曖昧にする。換言すれば、全人格的な学習は、生産的側面と消費的側面に連続性をもたせるのであり、結果として労働というものを日常化するのである。もっとも、労働を日常化することの意義については後で詳述する。

第三に、前項の最後でも述べたことであるが、漁業航海におけるこうしたコミュニケーションは、クルーたちにある特殊な——擬似家族のような——関係性を生みだすことになる。それと同時に、他方ではクルー一人一人がこの集団の成員なのだという意識を強化する機能をもっている。とくに操舵室での雑談やギャリーでの食事は、船長一人が得た情報を下位のクルーたちが共有できるかもしれない貴重な機会である。クルー集団のような「周辺参加」型の実践共同体では、そのなかに占める位置が周辺から中心に移るほど、アクセス可能な〈資源〉も増えていく。船長が一人得た情報とはまさにそのような、つまり本来なら船長だけにアクセスが可能な〈資源〉なのであるが、その資源を共有できることにクルーたちは喜びを感じ、いままさにその集団にいるということを再認するのである。このことはまた、ギャリーで下位のクルーが掃除をしているのを上位のクルーがみて、ときに指示をだすという些細なできごとにもあてはまる。このとき、両者は互いに同じ集団に属しているだけでなく、自分がおかれた序列上の位置——コミュニケーションをとっている相手より上位なのか下位なのか——をも再認することになるのである。

第三節　二つの特性の技術的効果——漁業史におけるハード面での技術革新への適応

これまでの二つの節では、ＨＡら先住民漁業漁師の操業にみられる二つの特性——親族関係を利用したクルー編成と徒弟制度の導入――の詳細について記述・検討してきた。それに対して本節では、これら二つの特性が、サケ漁業の歴史上、いつ、いかなる目的で導入されたのかという問いを検討してみるつもりである。

この問いにとり組むにあたり、本著ではまず、つぎの前提を立てる。つまり、これら二つの特性は、まずもってサケ漁業の歴史のなかでたびたび確認された、ハードな技術面での革新に対する適応努力の産物として生まれたのだという前提である。以下の議論はこの前提にしたがって、上記二つの操業上の特性を、サケ漁業史における二度の技術革新との絡みから論じることにしたい。

1　サケ漁業でみられるハードな技術の変遷

最初に、第三章で展開した議論に依拠しつつ、サケ漁業の歴史におけるテクノロジー、つまりハードな技術の進化について整理してみよう。

サケ漁業が北西海岸で開始されて以後、クワクワカワクゥを含む先住民の漁業漁師にとっての最初の技術的転換期とは、彼らがサケ漁業の操業に参加したまさにその瞬間である。それまで河川で網をしかけ、また堰、簗でサケをとっていた先住民漁師がこのときはじめて操業の場を海上に移し、刺し網を経験したからである。ただ、当時は具体的な漁場を漁師が決定する必要はとくになかったので、刺し網という漁法に慣れさえすれば――もっともこれに慣れること自体が容易ではないが――それほど困難なものではなかったと思われる。つまり、操業の場は海域に移行したものの、魚が網に来るのを待つといういわゆる「レシーブ型」の捕獲原理そのものは維持されていたのである。少なくとも筆者は、当時の先住民漁師の自叙伝［e.g. ASSU with Inglis 1989; FORD (ed.) 1941; SPRADLEY (ed.) 1969］のなかで、彼らが刺し網への適応について何か苦労話を残している記録を確認していない。

サケ漁業の歴史におけるそのつぎの技術的な転換期は、クワクワカワクゥ漁師にまき網が許可された一九二二年である。まき網は、それ以前の漁法――とくに刺し網――とくらべて二つの違いがあった。一つには、まき網は刺し網同様海域での漁法ではあるが、広い海原で、肉眼ではみることのできない魚群を探しまわらなければならなくなった。つまり、「レシーブ型」漁業から「アタック型」漁業への転換を迫られたことになる。もう一つの刺し網との違いは、まき網の操業が、個人ではなく集団での作業であったことである。

テクノロジー上のつぎの転換期は、ソナー、パワー・ブロック、ウィンチ、ブーム、電動式ドラムなどがほぼすべての漁船に搭載され、そのような重装備化がデービス・プランによっても後押しされた一九六八年である（もっともこれらの導入は、一九四〇年代から少しずつはじまっていたが）。とくに電動式のドラムの導入は、漁師による漁船への設備投資、漁獲の向上、労働力の軽減などの点で、以後の操業に対して大きな影響を与えることになった。

このように、テクノロジーの進化という技術的な面から北西海岸における一〇〇年以上のサケ漁業史をみてみると、おおきく三つの転換期のあったことが窺える。最初の転換期がサケ漁業の導入期、第二の段階がまき網の導入された一九二二年、そして最後の段階が電動式ドラムなどのハードな技術が幅広く導入された一九六八年である。ただ、これらの転換期のなかでも、クワクワカワクゥ漁師にとってとくに適応が困難であったのは第二段階と第三段階であったことに疑いの余地はない。事実、HAら現役まき網漁師にみられる上記二つの特性も、これら二つの段階で導入されたものであった。そこで以下では、これら二つの技術転換に対する適応の産物として、上記二つの特性の導入を論じてみたい。

2　一九二二年におけるまき網での操業

第三章でも述べたように、クワクワカワクゥなど北西海岸の中央沿岸部で活躍していた先住民にとって、一九二二年は彼らにまき網での操業が認められたという意味で大きな技術的転換期となった。当時すでにおこなわれていた刺し網から新しいまき網に移行するにあたって、彼らは二つの問題に直面した。第一に、広い海原で魚群を追い回さなければならないという条件を課せられたことであり、第二に、基本的に個人操業であったそれ以前の刺し網とは違って、集団による大規模な漁をおこなわなければならなかったことである。

これらの問題に直面したクワクワカワクゥ漁師は、いかにそれを乗りこえようとしたのか。まず、広い海原で魚群を探しだすために彼らがとった方法の一つについては、すでに前章までの議論で論じてきた。つまり彼らは、ハネを魚群の指標として活用することで、この難題を乗りこえようとしたのである。一九二〇年代、一九三〇年代に活躍したジェームズ・シウィドなどの漁師が当時ハネを探しては仕掛けをするという試行錯誤を繰り返したことは、第三章でも述べた通りである。また、第四章における現在の操業に関する記述からは、シウィドら過去の世代がそのような試行錯誤を繰り返した結果、「ここはよい漁場だ」とわかったところは、現在でもその後の世代によって「おじいちゃんの漁場」として記憶され、利用され得ることが示唆された。さらに、第四章におけるＨＡらの実際の操業記録からは、ハネが現在の操業のさまざまな局面において魚群の指標として利用されていることが窺える。

これに対して、現役の先住民漁業漁師の操業にみられる特性の一つである、親族関係を利用したクルー編成というものは、当時先住民漁師が直面したもう一つの問題、つまりまき網での集団労働化に対する適応戦略の産物だと理解できる。もっとも、このクルー編成の方法が一九二〇年代には現在ほど厳格に採用されていなかったことは、第三章で紹介したジェームズ・シウィドの回想に窺える通りである――彼は自分に頼りすぎる身内を捨て、勤勉なユーゴスラビア系漁師を雇ったことがあった。ただ、それでも先住民が「近代的」産業に乗りだすにあたって親族関係を利用することは、きわめて一般的であることにかわりはないし、たしかにそれなりの利点は認められる。たとえば労働集団（ないし生産単位）という点からすれば、伝統的な生業活動との間に連続性を維持できるし、また労働によって得られた利益やさまざまな「資源」を親族内で独占することもできる。ここでいう「資源」とは、あるドラム操縦者が船長になるため（つまり漁船を手に入れるため）に必要な漁船、あるいはそのための金銭的費用などといった、物質的なものだけでなく、先述したような上の世代が発見した特定の漁場などの非物質的なものも指している。先述の「おじいちゃんの漁場」などがつぎの世代に継承される際には、基本的に親族――とくに彼の子ども、そして孫たち――がその対象になる。

他方で、先住民漁業漁師の現在の操業にみられるもう一つの特性である徒弟制度は、この当時はまだ明確に操業のなかに確認することができない。まき網が許可された一九二〇年代当時、もし徒弟的な特性、たとえばクルー間の序列が確認されたとしても、それはまだ緩やかなものでしかなかったといえる。当時は最低でも七人、できれば九人くらいのクルーが必要であったわけであるが、クルー職の種類そのものは多くなかった。船長と技師をのぞくと、一人のスキフ操縦者、一人のタイ・アップ、そして大勢の甲板労働者という構成であった（つまり、当時ドラムはまだなかったからドラム操縦者はいかなった）。ジェームズ・シウィドの回想録によれば、これらのクルーのうち、甲板業務をまかせられるクルー長的な存在が一人いれば十分で、しかも彼はこのクルーがほかのクルーたちに高圧的な態度をとることを厳しく禁じていたのである。

以上の記述をふまえ、まき網が導入された一九二二年から一九三〇年代までの状況については、以下のようにまとめることができるであろう。つまり、二つの特性、とりわけ親族関係を通じたクルー編成は、当時すでに操業のなかに垣間みられていた。ただし、このクルー編成の方法にせよ、また徒弟的な環境の整備にせよ、当時はまだ萌芽的な状態でしか認められなかったのである。

3　一九六八年の漁船へのドラムの搭載

ＨＡがいうに、一九四〇年代から少しずつ導入されていったハードな技術の革新がほぼすべての漁船に浸透したのは、一九七〇年頃のことであった。また、一九六八年のデービス・プランは、それまでの漁船の重装備化を正当化する論理を提供した。当時のハード面での技術革新としては、ソナー、パワー・ブロック、ブームの搭載などが例としてあげられるが、なかでも現在のまき網漁船の船尾に横たわる電動式ドラムの導入こそが、サケ漁業の操業においてはきわめて大きな影響を与えたものと漁師たちには考えられている。ソナーは、ニシン漁業の操業で使われるがサケ漁業の操業では使われていないし、またパワー・ブロックも、漁網の補修作業時以外、使われることはないからである。

漁業経済史の上では、電動式ドラムの搭載がもたらした最大の影響といえば、漁獲の向上ということになるであろう。これが後に乱獲を招き、ひいてはサケのストックの減少をもたらしたわけであるし、さらには〈もてる〉漁師と〈もたざる〉漁師の経済的格差をいっそう顕著に引きだしたからである。ただ、労働技術論的な観点からドラム搭載の影響を捉えるならば、その最たる影響とはつぎの三点に要約できる。

第一に、電動式のドラムが搭載されたことによって、漁網の引きあげ作業など、かつては大勢のクルーでおこなわなければならなかった作業に人手がいらなくなったことである。ドラムが搭載される以前のまき網（テーブル式）では、船尾にプラット・フォーム状の台が装備されており、漁師たちはこれを使って漁網を海に落とし、また全員で引きあげることで網を回収していた。この引きあげ作業は人力でおこなわれたため、この作業だけで多くの人手が必要であったが、ドラムが搭載されたことによってこの作業は電力でおこなえるようになった。つまり、ドラムの搭載は、人力に依存するいわゆる「力仕事」の要素を少なくし、またそれに伴って「力仕事」を専門とするクルーを不要にした。それは、現在のクルーがわずか五人いれば十分で、なおかつ各クルー職に一人いれば十分になった点に窺える。

第二に、ドラムを操作するための新たなクルー職がつくられたことである。現在このクルー職につく人物が船長につぐ地位にあるという事実は、ドラムの搭載によって漁網の引きあげ作業が――力仕事という点では――きわめて楽になったものの、いまだに仕掛けの行程のなかでは重要なものとみなされていることを示唆している。このことは、実際の操業では網の破損がたびたびおこり、そのたびに多くの時間を補修作業に費やさなければならないことにも窺える。

第三に、各クルーの作業の質が変化したことである。作業の質の変化は、おもにつぎの三つの形をとっている。まず、クルーによる分業体制が具体化かつ硬直化した。ドラムの搭載前は、――現在のニシン漁業の操業にその名残をみることができるように――船長や技師をのぞくクルーの仕事のなかに、かなりの重複――あるいはハッチンズがいうところの「冗長」(redundant) なところ [HUTCHINS 1995: 180-181] ――が設けられていた。大勢の網の引きあげクルーがいたことにも窺えるように、当時はまだ同じ仕事をおこなうクルーが複数名いたことも珍しくはなかった。ところが、ドラムが搭載されたことによって作業が力仕事ではなくなってくると、クルー職にはそれぞれ一人だけがつくようになり、それと同時に各人が――まさにその役職の〈専門家〉ないし〈職人〉として――みずからに課された役割を、責任をもっておこなわなければならなくなった。その過程で、かつての分業でみられた冗長なところの多くは失われた。二〇〇〇年シーズン、筆者は各仕掛けでウィンディ・ラインをほどくという作業を担っていたのであるが、なんらかの理由で筆者がこの作業をおこなえなかったときには、仕掛けの行程にある種の混乱が生じたものであった（第四章参照）。この事実は、ドラムの搭載による各クルーの分担がよりいっそう硬直化されたということを端的に示している。

つぎに、クルーの仕事から「力仕事」的な要素が大きく失われたことに伴って、ソフトな技術、つまり彼らがいうところの漁の「知識とワザ」への依存度が急激に増すことになった。もっとも、ここでいう知識とは、ドラム搭載以前の漁の知識と質的にまったく同じものではないことを強調しなければならない。いまでも漁に関する暗黙知的なものは不可欠であるが、ドラムなどのハードな技術の導入により、クルーたちはほかにも機械を正確に操作し、ときには技師に頼らずとも修理できるような知識が求められているのである。ドラム操縦者を例にとれば、ドラムが搭載されるまで、つまり網を人力で引きあげていた頃、彼はサケを傷つけないように気を配りつつ、あとは力いっぱい網を甲板にあげていればよかった。その過程で漁網の破損やその原因となる木切れがみつかれば、それを拾えばよかった（なお、それらの障害物があれば、網を引きあげる妨げになるからすぐに気がついたはずである）。それがドラム搭載後になると、彼はまず機械を的確に操作する技術を覚えなければならなかった。とくに、幅が約五メートルのドラムにいかに均等に漁網を巻きつけていくことができるかは、つづく仕掛けで滞りなく網を放つためにも重要になってくる。それだけでなく、それまでよりもいっそう多様な知識の習得が必要になったのである。ドラム搭載によって漁網の引きあげが楽になるにつれて、むしろ木切れなどの障害物には気がつかなくなる。そのため漁網の破損も多くなったので、ドラム操縦者はたとえば漁網を仕掛けたところの海底の地形――深いかどうかで障害物を網が拾いやすいかがわかるし、また河川に近いかどうかで海底の堆積物が土なのか石なのかがある程度把握できる――に関する知識が求められるようになった。このように、ドラムの搭載によってクルーたちのソフトな技術は質的な変化をしているが、けっして低下してしまったわけではないのである。それどころか、ドラムの搭載によってかつては必要のなかった技能の習得が求められることもあるのである。

これらのことに伴って、最後に、クルー集団では各クルー職に必要な技能の性質が次第に特定されていき、またそれにしたがって技能の難易度に応じたクルー職ごとの段階が明確に認識されるようになっていった。そして、こうして認識されるようになった技能段階にもとづいた形で、船長、ドラム操縦者、タイ・アップ、スキフ操縦者というクルー間の序列が厳格なものとして誕生したのである。

一九六八年以後に顕著に現れた漁船の重装備化は、まき網の操業システムに対して上記のような変化をもたらした。これに対して、先住民のまき網漁業漁師たちは、一方では親族のクルー登用をシステム化し、他方では操業を徒弟化することで、この技術革新を克服しようとしたのである。

ドラム搭載以後、クルーの作業が「力仕事」から「知識―技能重視型」に移行したことを受けて、まき網のクルーはそれまで以上に高い技能を要求され、かつ重い責任を負わされることになった。このことは先住民とヨーロッパ系カナダ人とを問わず、まき網漁師であれば誰にでもあてはまることであったはずなのであるが、こうした労働技術上の変化に対する対応の仕方は、両者の間で同じではなかった。ヨーロッパ系カナダ人漁師の場合、そのような高度な技能をすでにもっている経験者を、公募で募ることにした（あるいは、身内を強制的に漁師にしづらくなる環境のなかでは、公募に頼らざるを得なくなったともいえる）。それに対し、先住民は、これまで緩やかにおこなってきた親族のクルー雇用を半ばシステム化することで、クルーたちが長期的な技能学習をおこなえる環境を整えようとした（いうまでもなく、この方法は同時に、毎シーズンのクルー供給を安定化させる効果ももっている）。そして先住民漁師たちは、言語テキストで学習することがむずかしく、また労働実践と学習が未分化である漁という実践の学習に際して、まさにこうした暗黙知の習得のための制度として機能してきた徒弟的な環境を、漁船での生活に導入したのである。

技術的な観点からいうと、徒弟制度の導入は少なくとも以下の三つの点において機能しているといえる。第一に、クルー集団の徒弟的な諸特性、とくにそこに属すクルーたちの参加形態が周辺的なものから十全なるものへと移行していくという特性により、クルーたちはみずからの技能学習に関して高いモチベーションを維持することができる。クルーが高い技能をもつようになれば、彼はみずからの地位を上昇させることができる。それにしたがって、彼の責任もより重くはなるであろうが、反対にアクセスできる「資源」も増えるであろう。これらの事実が、クルーの学習に対して高いモチベーションを提供しているのである。

第二に、徒弟的な集団における「実際にやってみる」という学習方法は、近代的な学校教育とくらべると、明らかに現場依存的な知識を会得する際には効果的なものだといえる。もちろん、この学習方法には失敗がつきものになるが、クルー集団の徒弟的な諸特性にはそうした失敗を未然に防いだり、あるいはすでにおこった失敗に対処したりするためのさまざまな機能があるように思われる。ビンジング、つまり船長が操業中に頻繁に叱咤することは、クルーの緊張感と冷静さを維持するのに効果的であり、それ故に失敗を未然に防ぐのにある程度寄与しているといえる［cf. HAAS 1972］。また、休息の時間に操舵室やギャリーでクルーたちがコミュニケーションをとることにより、仲間の失敗に寛容になれる環境が整えられているということができる。

第三に、親族を半ば強制的にクルーに登用することは、その是非は別として、少なくともクワクワカワクゥ漁師がほぼ毎シーズン同じクルーを安定して確保できること、ひいては長期的に技能学習させられることを保障している。対照的に、一般的に公募でクルーを毎年募るヨーロッパ系カナダ人漁師の場合は「経験が豊富だ」と自称する人たちによってクルー集団が構成されるが、これらの自称「経験者」が果たして実際にそうなのかというところがすでに問題になっている。それにも増して問題なのは、毎シーズンこれらの自称「経験者」たちがめまぐるしく入れかわるため、クルーを長期的に訓練するどころか、訓練すること自体がほぼ不可能になってしまうことである(5)。

Wクランの船団の操業に限ってみれば、先住民まき網漁師が採用したこれら二つの特性は、サケ漁業の技術革新への適応戦略としてうまく機能しているように思われる。そう筆者が判断する最大の根拠は、Wクランの船団の漁獲が、陸揚げ工場から発表される一隻あたりの平均陸揚げ高を常に上回っている点にある。もっとも、この方法による代償があることも忘れてはならないであろう。たとえば、これらの特性を導入することで、「漁師になんかなりたくない」とじつは考えている若者から、職業選択の自由を奪っているという問題がある。二〇〇〇年当時の状況では、先述したHAの三男MIのように、高校をきわめて優秀な成績で卒業しない限り、漁嫌いの若者の希望が叶う見込みはなかった。われわれは、先住民まき網漁師によって採用されたこれら二つの特性が、サケ漁業の技術革新を克服する道具として機能したことを賞賛すると同時に、もしかするとその成功はある若者の犠牲の上にあるのかもしれないことにも注目する必要もある。

第四節　「近代的」漁業の日常化と伝統化

前節での議論から、Wクランの船団によるサケ漁業の操業にみられる二つの特性は、まずもってサケ漁業の技術的な発展に対する適応のための戦略として導入されたことが理解されたはずである。けれども他方で、これらの特性は——彼ら先住民漁業漁師が意図したかどうかはいざ知らず——それ以外の重要な意義を有することになった。つまり、サケ漁業の操業という、紛れもなく近代資本主義システム下の労働形態を「日常化」することであり、かつ「伝統化」することである。本節ではこうした労働の日常化、ならびに伝統化の論理について考察する。

だが、そもそも労働を日常化するとはいかなる意味なのか。その意味を知るために、まずはいわゆる「近代化」が、かつて日常の領域に埋め込まれていた「労働」を日常の領域から切り離し、時間・空間の上で、また社会的な意味である特殊な形態へと変貌させていった過程を理解する必要がある。そこでつづく第一項では、歴史学や社会学的研究の例に言及しつつ、「近代化」なるものが労働を特殊化した過程について整理する。

1　近代化と労働の特殊化

一九世紀後半に北西海岸に導入されたサケ漁業は、紛れもなく近代資本主義システム、ないし「近代化」と総称されるものの産物である。そしてサケ漁業のような「近代」が、それ以前に家庭の日常化された生活世界に埋め込まれていた「労働」を、日常の領域から切り離し、時間軸の上だけでなく、空間軸、さらには社会的な面においても特殊化していったことについては、多くの歴史学・社会学的研究が示すところである。

北米におけるそのような事例を扱った歴史学的な研究としては、たとえばドーリーのものがある。ドーリーは、アメリカ北東部を事例に、アメリカの産業革命がそれまでの徒弟的な職人制度を破壊し、かつ彼らを建設労働者層に再編していった過程を明らかにした［DAWLY 2000］。ほかにも、ダブリンは、同じくアメリカ北東部での産業革命を事例にしつつ、女性の家庭内手工業がいかに崩壊し、その後家庭からはるか離れた工業地帯の町で女性たちが働きはじめたかについて論じている［DUBLIN 1979］。日本における同様の事例については、たとえば橋本と栗山らによる「近代的時間」の研究に窺える。橋本と栗山らの研究によれば、日本における産業化は「職場」という労働独自の領域を創出し、かつその領域を家庭から引き離したのであり、まさにこのことが「遅刻」という概念を生みだすことにつながったのである［橋本・栗山（編）二〇〇一］。以上に紹介した議論では、「近代」なるものがそれまでの「前近代」（ないし「伝統」）と時間軸の上で断絶を生みだしただけでなく、それが空間的にも労働に特化された「職場」という特別な場を創出したこと、また社会的な意味においても、労働を家族ないし――擬似家族としての――徒弟集団から切り離したことなどが説得的に論じられている。

北西海岸の先住民社会についても、ナイト［KNIGHT 1996］がさまざまな事例を通じて主張しようとしたことは、まさにこれと同じことであろう。北西海岸においても同様に、サケ漁業の導入は日常に埋め込まれていた労働を、三つの面で日常から引き離した。まず、サケ漁業の導入は、時間軸の上で近代とそれ以前の時代に断絶をもたらした。北西海岸の多くの先住民社会において、サケ漁業の導入以前の生業活動こそが「伝統的」とみなされるのは、そのためである。もっとも、第二章でも述べたように、クワクワカワクゥの場合はこの断絶がそれより多少遅かったといえるわけであるが、それでも第三章で論じたように、同社会においても、一九二〇年代を境に生業活動の位置づけは変化する。

つぎに、サケ漁業の導入は空間の面においても労働を日常から分断した。第二章で述べたように、サケ漁業が導入される以前の先住民の経済活動は、冬の定住村から年間の移動距離がせいぜい三〇〇キロメートル以内の範囲に制限されていた。それに対し、サケ漁業の導入によって、多くの先住民社会では漁業シーズンが到来すると、はるばるナス・スキーナ川河口やフレーザー川河口周辺の町まででむかざるを得なくなった。さらには、かつて海と陸の両方で、またその多くはまさに海と陸が交差する沿岸部でおこなわれていた先住民の労働は、サケ漁業の導入以後、海でおこなわれるものとなった。ここにおいて、〈海〉は労働に特化された空間として〈陸〉から切り離されたのであり、〈陸〉

は以後、労働のない、余暇をすごすための「日常空間」に変貌したのである。

最後に、サケ漁業は、社会的な面でもそれまでの日常から労働を分離した。第二章で述べたように、かつて経済活動は首長を中心に、家族や親族が生産単位となっておこなうものであった。しかしサケ漁業が導入されるや、この従来の方法は失われることになる。サケ漁業が導入された当初、導入された刺し網は個人を単位とするものであり、それ故に従来の社会的なランク制度にもとづいた家族やクランを単位とした集団労働の体制を必要としなかったからである。

このように、サケ漁業の導入は、時間・空間の上だけでなく、社会的な意味でも労働を日常の領域から切り離した。しかし、現在まき網操業をおこなう先住民漁師の労働システムのなかに確認されるさまざまな実践は、こうして一度日常の領域から切り離された労働のなかに、改めて日常性を復活させる実践であるといえる。

2　操業の日常化——まき網操業へのランク制度の導入

では、サケ漁業の操業は、いかにして改めて日常化されるにいたったのか。この問いを検討するにあたり、ここで再び〈ＰＦ〉の船団の事例に戻って同船団が漁業操業のなかに導入している、ある一つの文化的な特性をとりあげてみたい。その文化特性とはクワクワカワクゥ社会固有のランク制度であり、〈ＰＦ〉らの船団では、このランク制度は技能段階にしたがったクルーの序列のなかに編みこまれているのである。

この二つの序列の一致について検討する前に、まずは改めてランク制度について説明を加える必要がある。なぜなら、ここで言及されるランク制度はいわば「現代版」であり、第二章で論じた伝統的なそれとは厳密な意味では異なるからである。

民主主義的なカナダに先住民社会が組み込まれた結果、クワクワカワクゥ固有の階層制度はもちろん、ランク制度が従来のような形では現在機能しなくなったことはいうまでもない。しかしランキング第一位の首長位と、その他わずかの地位は、いまだに継承の対象となっている。それだけでなく、それ以外の人びともまた、日常のあらゆる局面において、自分と他者のランク制度上の相対的な上下関係をはかるために、ランク制度を活用しているのである。そしてそのような上下関係は、日々の尊敬の表明や、居留地の運営に関する政治のなかで顕在化する。筆者の観察したところでは、「現代版」ランク制度では、特定の二者の位置をはかる上で二つの原理――年功序列の原理と（最高位のランク保持者と考えられる）首長からの社会的距離の遠近の原理――が作用している。この原理にしたがえば、息子よりは父が、弟よりは兄が、そして首長のイトコよりは首長の長男が――前者のほうが世代上は上位にあるにもかかわらず――上位ランクを保持することになる。

これをふまえて、第四章で詳細に論じた〈ＰＦ〉の二〇〇三年シロザケ漁シーズンの、クルー関係を概観してみたい。この漁船の船長は、ヌマイムの首長であるＨＡ（四七歳、以下、年齢は二〇〇三年当時のもの）である。シーズン開始時、ドラム操縦を担当したのは彼の長男ＪＩ（二八歳）、タイ・アップを担ったのは次男のＮＯ（二五歳）であった。そしてＨＡのイトコにあたるＲＡ（二九歳）がスキフ操縦を担当した。このほか、当時はＨＡの娘のフィアンセであったＣＲというイギリス系カナダ人の男性（一九歳、漁は初体験）が甲板業務をおこなった。彼らの社会ランク上の序列は明白である。当時クランの首長の長男であったＨＡが最上位であり、その長男のＪＩ、次男ＮＯがそれにつづく。ＲＡはＪＩやＮＯより年上であるが、ＨＡとの社会的距離が遠いため、彼らよりランクは低い。最後に、まさにこの集団に入らんとしているヨーロッパ系カナダ人のＣＲは、先住民のランク制度の上では、地位がもっとも低いことになる。

一見して、クルー間の序列とこの社会的ランク制度が一致していることは明らかであるが、部分的にはこれは自然な帰結である。たとえばともに有能な漁師とみなされているＪＩとＮＯの場合、ＪＩがつねにより高いクルー職に就くが、これは先述したように、通常先住民の漁業漁師はみずからの息子が一六歳になると同時にクルー登録をするので、実際の能力はともかく、漁師歴の点からいえば兄のＪＩが弟のＮＯより三年多い漁師歴をもつからである。一六歳でクルー登録される以上、漁師歴の長さと年齢は相関する仕組みになっているのであり、この点でランク制度の年功序列の原理と一致するのである。

しかしここで注目したいのは、ＲＡの配置についてである。このシーズンに限って、なにかの理由で〈ＰＦ〉に配属されたＲＡであるが、彼は通常、ＨＡの弟ＲＩの漁船〈ＮＱ〉のクルーとして働いている。ＲＡはＪＩやＮＯより年上であるばかりか、〈ＮＱ〉ではドラム操縦を担当することもあるほどであるから、漁師としてもＪＩやＮＯとくらべてとくに見劣りするわけでもない。しかしこのＲＡが〈ＰＦ〉に借りだされたとき、彼とＪＩ、ＮＯの間で誰がどのクルー職につくかは、一瞬で——文字通り一〇秒ほどのやりとりで——上記のような、陸のランク制度をそのまま反映する形で「自然に」決まってしまった。あとで筆者が彼らに「なぜこうしたのか」と聞くと、彼らは肩をすくめ、「こういうものなのだ」というだけであった。つまり、技能段階に応じた漁船上の序列とランク制度上の序列は、自然に一致するだけでなく、「そうなるべきもの」とみなされているのである。

以上の記述から、〈ＰＦ〉とその船団では、〈海〉の集団構造のなかに〈陸〉の社会秩序を編みこむことによって、これら二つの世界の間に連続性が持ち込まれていることがわかる。現在においても陸上の日常生活を支配しているランク制度は、船上のクルー集団の構造のなかに編みこまれることで、〈海〉においても再生産されるのである。

しかし〈海〉が〈陸〉を再生産するというのは、実態を部分的に捉えた見解にすぎない。なぜなら、つねに〈陸〉

が〈海〉の世界を一方向的に左右するのではなく、ときとしてその逆もあるからである。つまり、〈海〉における漁のパフォーマンスが船上でのクルー間の序列に変化をもたらし、さらにはその変化が〈陸〉の社会秩序に波及することもあるからである。以下ではそのような例を、二〇〇〇年の〈PF〉の事例から紹介したい。

本章の第一節で述べたように、二〇〇〇年は〈PF〉にとってさまざまな理由で例外的なクルー配置を強いられたシーズンとなった。とりわけ、例年ドラム操縦を担当してきたJIが〈PF〉に乗船しなかったことは、HAを悩ませた。結局HAは旧友であるSAをドラム操縦者に抜擢し、ほかのクルーたちにも、年長者でまたドラム操縦を担当するSAに対して、それなりの敬意を示すよう促した。しかし当時すでに五〇歳であったSAは、過酷な操業についていけず、たびたび失敗を犯した。また、漁が終わった後におこなう漁網の修理作業を極端に嫌っていた彼は、網の破損に気づきながらもそれを黙っていたことも多かった(網の破損はドラム操縦者の力量に左右されると考えられる)。結局漁網の破損がみつかって、仕事のあとに網の補修をやらされることになると、SAは突然機嫌が悪くなった。これらのことがほかのクルーにとっての不満の種となっていった。SAは以後もドラム操縦をつづけはしたが、次第にほかのクルーからの信頼を失い、それに伴って甲板長的な役割は次第にタイ・アップのJOに委ねられていった。その後、妻の出産に立ち会っていたNOが〈PF〉に復帰するや、NOはSAにかわってドラム操縦者に任命され、他方でSAは甲板雑務にまわされた(タイ・アップとスキフ操縦者は以前のままであった)。その後のSAは、操業中だけでなく、陸の上でも社会的な威信を失うことになった。もはや休暇中にクルーたちが彼にあっても、だれも尊敬心をみせることはなくなったのである。結局SAは、シーズンが終わる前に――八月八日の操業日を最後に――〈PF〉のクルーたちに捨て台詞を吐いて船から下りていったのである。

この例から、海における漁のパフォーマンスがときとして陸での地位に影響を与えることもあるのだということがわかる。つまり〈海〉と〈陸〉は、一方が他方に一方向的に影響を及ぼすのではなく、双方向的に影響を及ぼし得るものなのである。もっとも、ランク制度そのものは〈海〉の世界とは無関係に――生得的に――決定されるものであり、それ故〈海〉から〈陸〉への影響は、ある個人のランクを上昇させる要因にはならないのだということには注意を促す必要があろう。〈海〉から〈陸〉への影響として唯一あり得る形態は、ＳＡの例にあるように、現代版ランク制度からの、事実上の「抹殺」である。

じつをいうと、ランク制度からの「抹殺」は、現代におけるサケ漁のパフォーマンスに固有のことではない。伝統的には、ポトラッチの失敗、ほかの冬村集団や先住民族集団の捕虜になった事実などもまた、ランク制度から抹殺される要因となっていたのである [cf. DONALD 1997: DRUCKER and HEIZER 1967: SUTTLES 1960]。かつての貴族たちは、ランクをただ所持していればいいのではなく、ポトラッチなどの機会のたびにそれを行使して、ランク保持者としての、みずからの地位を評価してもらわなければならなかった。そしてもしそれに失敗すると、事実上ランク制度から「抹殺」されたのであった。同じことは戦争についてもいえたようである。戦争に負け、捕虜になると、貴族は完全に権威を失い、ランク制度から抹殺されたのである。つまりマスコが的確にいうように、ランクとは所持するものというよりは実践するものなのである [MASCO 1995: 44]。このように考えるならば、現在ではサケ漁のパフォーマンスがかつてのポトラッチと同様の機能をもっていることがわかるであろう。

以上の記述に窺えるように、ランク制度のまき網操業への導入は、前近代（伝統）と近代という時間、〈陸〉と〈海〉という空間、さらにはクルー集団の構造と家庭での社会秩序の間に連続性をもたらしている。もっとも、ランク制度の導入だけが労働と日常をつなぐ機能を有すわけではない。家族や親族などの伝統的な生産単位をまき網集団の編成に導入することは、それ自体のうちにまき網労働を伝統化する作用があるといえるかもしれないし、また、第二節でも述べたように、これら伝統的生産単位と同様にまき網操業に導入された徒弟制度には、労働と（労働以外の）日常の境界を曖昧にする効果があった。いずれにせよ、伝統的な生産単位や徒弟制度をまき網操業に導入することは、一度は日常の領域から切り離された労働を、改めて日常の領域に引き戻す効果があったのである。

3　労働の伝統化――「サケ漁業は伝統だ」という語りをめぐって

これまでの議論のなかに示唆されているように、労働の日常化は、同時に、労働の伝統化でもある。なぜなら、ここでいうサケ漁業の日常化とは、具体的にはサケ漁という労働が日常に埋め込まれていた「前近代」、つまり伝統的な状況への回帰を指すからである。

このことは、近年ＨＡを含む現役のサケ漁業漁師たちによってしばしば口にされる一つの語りを解釈する際、きわめて有益な示唆を与えてくれる。その語りとは「サケ漁業の操業はわれわれの伝統だ」というものであり、同様の語りは、出版物においてでさえ、遅くとも一九六〇年代にはすでに確認されている［SPRADLEY (ed.) 1969］。この語りで興味深いのは、まず、彼らとサケ漁業との歴史が短い（もちろん、生業活動の歴史とくらべてのことである）という明らかな事実にもかかわらず、彼らがサケ漁業の操業を伝統だと主張することである。もっとも「彼ら先住民漁業漁師とサケ漁業の操業の関係性はすでに一二〇年を超えているのであるから十分に伝統なのだ」という見方もあるが、少なくともこの見方は先住民漁師当事者の見方とは異なっている。なぜなら彼らは、「サケ漁業は伝統だ」と語るとき、「何十世代にもわたって継承されてきた……」とか「数百年もの蓄積がある……」といった表現を加えるからである。では、実際に数十世代にわたって継承されてきた生業活動の一環としてのサケ漁撈とサケ漁業の操業を彼らが混同しているのかというと、そういうわけでもない。少なくともＨＡのような現役漁業漁師たちは、現在「フード・フィッシング」と呼ばれ、機能の面では伝統的生業活動と明らかに連続性のあるサケ漁撈と、サケ漁業の操業とを、明確に区別しているからである。

この興味深い語りの解釈に際し、近年「戦略的本質主義」、つまり語りの内容と史実の齟齬を、住民がなにか文化的・政治的な目的を達成する——たとえばそれは、身近に存在する「他者」と自己を区別するための明確なエスニック・アイデンティティの構築であったり、水産資源の管理をめぐる政治における、自己の発言力の強化であったりする——ために、あえて本質主義的な立場をとるものだとする立場がしばしば確認される。しかし以下で詳しく述べられるように、この語りのもう一つの興味深い点は、こうした戦略的本質主義的な理解をしようとすると、それからするりと逃れ落ちることがある点である。

ここでいう「戦略的本質主義的な語りの解釈」として、以下ではつぎの二つのタイプをとりあげ、それぞれについて若干の検討を加えたい。最初にとりあげる解釈例は、生業活動の一環としてのサケ漁撈と近代的なサケ漁業の操業が、ともにいまは失われた「過去の栄華」として認識されている点で同一視されるのだとみなすものであり、しばしば過去のカナダ政府の漁業政策を批判する際に発せられる［MORRIS 1994: 151］。この解釈について、筆者は、すでにサケ漁業から退いた先住民に限れば的を射ていると考える。漁業から退いた生業漁師にとって、伝統的な生業はフード・フィッシングとして現在も維持されているものの、数多くの制限を伴う活動となってしまった［NEWELL 1993］。対して、かつて多大な経済的恩恵を与えてくれたサケ漁業も、彼らにとってはいまや過去の遺物でしかない。つまり彼ら引退者にとって、二つの活動はともに「失われた栄華」としてノスタルジックな形で認識されるのである。ただ、この解釈にも限界がある。なぜなら、現役の漁業漁師がしばしば生業の延長とみなされるフード・フィッシングと漁業操業を別物として語る現実に、この解釈は答えられないからである。

つぎにあげる解釈例は、第一の例以上に説得的な答えを用意してくれるように思われる。その解釈とは、他民族と身近に接しなければならない日常的環境のなかで、人びとは自己のアイデンティティを維持するために、他者との文化的な違いを強調するようになったというものである［cf. スチュアート 一九九八：一八五－一九〇］。この種のアイデンティティ論から漁業操業を伝統とみなす北西海岸先住民の語りを解釈すると、つぎのようになるであろう――「他者としての『陸の輩』と『海の民』である自己の違いを強調する際、捕獲したサケを食べるのか換金するのかという違いは問題ではなくなり、ただサケをとりつづけてきたという事実だけが重要になるのだ」［立川 二〇〇三a：一六七－一六八］。この解釈は、上記の語りが特定の他者、たとえばヨーロッパ系カナダ人やそのなかでも漁業省の官吏などに向けて発せられる場合、よりいっそう説得性を増すであろう。もっとも、この語りは漁業省の官吏にも、彼らのヨーロッパ系カナダ人の友人にも、人類学者の私にも、そして彼ら先住民の子どもたちにも、同じ言葉で、また同じ調子で発せられるという特徴がある。したがって、この解釈も限定的なものといわざるを得ない。また、この解釈も、現役先住民漁師が漁業操業と漁撈（厳密にはフード・フィッシング）を明確に区別していることについての満足いく説明ができない。さらにいうなら、〈北西海岸先住民＝海の民〉という本質主義的なイメージを書き手と読み手双方に無条件に植えつけてしまう危険から逃れることもできないといえる。(6)

これら二つの例は、いずれも認識論的なレベルから「サケ漁業は伝統である」という語りを解釈しようとする試みであるといえる。つまり、意識的であれ無意識的であれ、先住民が漁業操業に関するみずからの認識論に何かしらの「操作」を加え、それを伝統的生業と同一視するという前提にもとづいている。これらの解釈例を、筆者は全面的に否定する気はない。しかし筆者が本章のなかでこれまで論じてきたことは、先住民はみずからの認識を操作することでサケ漁業を伝統だとみなすというだけでなく、実践のレベルにおいてもサケ漁業を伝統化した可能性を示唆している。

「実践レベルにおいて先住民漁業漁師たちがサケ漁業の操業を伝統化した」という解釈もまた、この語りの真意を部分的に捉えた見方にすぎないかもしれない。しかしこの解釈は、少なくとも「なぜ彼らは――真の生業活動の延長としてみなされる――現代の漁撈、つまりフード・フィッシングと漁業操業を区別するにもかかわらず、両方の活動を伝統だとみなすのか」ということについては説得的な解釈を提供してくれる。これまで繰り返し述べてきたように、一方の漁業操業は、性質上、利益重視型であり、それ故に長期の漁業航海の期間中、クルーは過酷でストイックな徒弟的生活に耐えつつ己の技能を磨き、多くの漁獲を得ることを期待される。クルーにとって、このような漁業操業は――彼ら自身の言葉でいうと――「本職」（real vocation）とみなされる。だからこそ、彼らはサケ漁業の度重なる技術革新に適応しつつ、できるだけ多くの漁獲を得るための彼らなりの手段として、サケ漁業の操業を伝統化したのである。対して現代の漁撈（フード・フィッシング）は、自給用のサケを捕獲する活動である点では伝統的な生業活動の延長ではあるが、サケ漁業の操業にくらべればノルマの低い、和やかな空気のなかでおこなわれる短期間（半日から一日）の活動であり、彼ら現役の漁業漁師たちには「レジャーのようなもの」とみなされている。二つの活動は、このように別個のものとして認識されているわけであるが、こう述べることによって、筆者はなにも現代の漁撈をとるに足らない活動だといっているわけではない。サケ漁撈もまた、先住民コミュニティが政治的な場においてみずからの先住民性を主張するため、コミュニティのなかで失われそうになった文化的出自の記憶を取り戻すため、さらにサケ漁業から退いた先住民にとっては、まさに日常の食生活を補うために、きわめて重要なものである。しかし、少なくとも漁業操業と漁撈の両方をこなす漁業漁師にとって、これら二つの活動は実践面において同じ次元の活動ではないし、同じ次元で伝統だとみなされているわけでもないのである。

4 労働を日常化、伝統化することの意義

以上で検討してきたように、現役の先住民まき網クルー集団がサケ漁業の操業に導入したさまざまな文化的特性や徒弟制度などは、当初、ますます効率を重んじるようになった利益重視型のサケ漁業操業に対する、彼らなりの技術的な適応戦略として生まれたものであった。しかしそれは、結果的に〈近代〉と〈伝統〉、〈海〉と〈陸〉、さらには〈労働〉と〈日常〉の間に連続性を改めて導入しなおし、一度は日常の領域から切り離されたサケ漁という労働を、改めて日常化、ないし伝統化したのである。

しかし、そもそもサケ漁業の操業を日常化しなおすことに、いかなる意義があるのであろうか。この疑問を検討するにあたって筆者が注目したいのは、エスニック・アイデンティティの構築に関して小田が展開した議論である［小田 二〇〇二］。レヴィ＝ストロースの議論にふれつつ、小田はまず二つの世界の存在を指摘する。つまり「日常的経験のなかで〈顔〉のみえる関係において……複合的なアイデンティティ」を形成し、かつ「『伝統』に閉じこもって近代性のゲームを拒否する」世界と、「メディアや国家装置を介して……単一の民族的アイデンティティ」が形成され、さらに「人びとが『近代的』市民としてグローバルな近代性のゲームに参入する」ような世界である［小田 二〇〇一：三〇〇、三〇七－三〇八］。この二つの世界の対比は、いわば「ローカルとグローバル」、「自と他」、「内と外」という対比とほぼ同義のものといえるであろうが、小田は、人びとによるこれら二つの世界の往来を「旅する理論」で理解しようとするクリフォードの議論［cf. クリフォード 二〇〇二］に対してまず異議を唱える。クリフォードは「旅」を「居住」に優先させるが、はたして「居住」と「旅」は二者択一的なものなのか。「根」は越境しないのか……。こうした問いにもとづいて、小田は、人びとが二つの世界の境界をたびたび越境して「脱領土化」するの

ではなく、後者を前者の世界に「再領土化」するものと理解できるのではないかと提起する［小田 二〇〇一：三〇〇］。そして、人びとはこの再領土化にあたってすでに手元にある道具を用いるという点で、人はブリコロールになり得ると主張する［小田 二〇〇一：三一一―三一六］。

小田はこの議論をエスニック・アイデンティティやナショナリズムの問題にそって展開させているが、同様のできごとは経済、政治、生態学的領域においても生じていることを考えると、この論を民族運動の分野だけに限定する理由はない。グローバリズムや世界システムの進行によってわれわれの身近に迫ってきたのは、他者の文化システム全体なのであり、本著でとりあげた北西海岸の現役漁業漁師にとっては、その一端は近代資本主義的な経済システムに支えられたサケ漁業として現れたのである。それに対して、彼ら先住民漁業漁師は、すでに手元にあった伝統的生業活動の生産単位としての親族集団、ランク制度などの「アイテム」を漁業操業の技術発展に対応すべく活用しつつ、「内なる」世界から越境し、実践のレベルにおいて本来的に「外側」にあった同産業を「内なる」世界の内部に組み込んでいったのである。

さらにいえば、「異質」で「外側」にあるものを「内側」に導くこの種の伝統化は、先述の労働の日常化と無関係ではない。Wクランの漁師がかつて近代化の導入時に「家（ホーム）」ないし「日常」の領域から切り離された漁という操業をあらためて日常化したということは、前節で述べた通りである。ならば、労働のなかに――前近代の時代にこれと密接に結びついていた――家庭と日常を回復することは、同時に伝統的な〈過去〉の回復ともみなせるであろう。この点において、伝統的な生産単位やランク制度、そして徒弟制度といったさまざまな伝統的文化特性は、時間（伝統と近代）、空間（陸と海）、生活様式（余暇を中心とした〝日常〟と労働）についての相異なる特性をつなぐ重要な役割を負うことが理解される。

つまりHAら先住民漁業漁師たちは、サケ漁業の操業という、彼らにとっては本来「外側」にあった異質な領域に属す産業を、彼らがすでに手元にもっていたさまざまな文化的な特性を編みこんでいくことによって、彼らの「内側」の、すでに馴染みのある領域に引き入れ、ある意味で「飼いならしていった」のである。このとき、もちろん彼らにとっての「内」と「外」の境界は、それ以前とは同じではないであろう。こうして彼らにとっては異質な「外」の領域をすでに手元にある文化資源を使って「内」に引き入れ、「手なずける」ことこそ、漁業操業を日常化し、伝統化することの意義だといえるのではないであろうか。

註

（1）カナダでは、大学の医学部に進学するためにはまずカレッジに二年間通ってディプロマを得ておかなければならない。

（2）筆者がきいた話では、DOは軽度の知的障害者らしく、彼の態度および彼に対するHAらの態度には、そのことが関係していると思われる。

（3）なお、二〇〇九年現在、MIは大学に進学していない。高校卒業後、二年間助成金の交付を待っていたものの、その後父のHAが養殖場と契約して漁業のオフ・シーズンに別の事業を展開するようになると、父とともにその仕事をするようになった。現在、MIは漁業シーズンになると父の漁船で働いているが、いまなお大学に進学する理想は捨てていない。

（4）福井県の王の舞という民俗芸能の演者集団では、おもに中学生からなる「小若い衆」の活動はまさに周辺的である。彼らは練習のたびに先輩より早く来ていなければならない。先にきて畳をあげ、湯を沸かすからである。しかし肝心の稽古がはじまると、先輩の演者から鉾を受けとる（王の舞ではそういうシーンがある）以外、ただぼんやりと先輩の稽古をながめているだけである［橋本 一九九五：一六八－一六九］。

（5）漁の成果とクルー獲得の同様の微妙な問題については、ノルウェーのニシン漁について論じるバルトの論にも確認される［BARTH 1966: 6-11］。

（6）かつてスチュアートは、イヌイトによる現代の狩猟を記述してきた彼自身が、すでに〈イヌイト＝自然とともに生きる民〉という先入観に囚われていたかもしれないことを自省しており［スチュアート 一九九六］、またフライデイも〈北西海岸先住民＝サケの民〉という語りは、われわれが思い込んでいるほど自明ではないことを警告している［FRIDAY 2000］。筆者はこのアイデンティティ論的な解釈を否定するつもりはないが、この視点はアイデンティティが流動的であることに、つねに意識的でなければならない。

終　章

ブロートン群島にあるタイセイヨウサケの養殖場。2000年以後、ＨＡ氏のクランは海に点在するこうした養殖場間の海上輸送もおこなっている（2006年8月／Chris Smith氏撮影）。

本著では、北西海岸の先住民にとって「近代化」はいかなる意義をもつのかという問いを、先住民のなかでも現役のサケ漁業漁師たち――とりわけキャンベル・リバーに住むクワクワカワクゥのWクランの漁業漁師たち――を事例に、彼らにとってのサケ漁業の意義、彼らのサケ漁業（の操業）の経験の記述と分析から理解しようと試みてきた。結論部となる本章では、本著のこれまでの議論を総括し、本著の議論が長い伝統をもつ〈北西海岸人類学〉、さらには人類学全般のなかでどう位置づけられるかという点を論じていく。それと同時に、漁船というミクロな次元に焦点をあててきたこれまでの議論が、マクロな次元ではどう展開できるものなのかという点についても、検討を加えることにしたい。そして最後に、このような総括にもとづいて、今後の課題と展望を述べることにする。

総　括

一九世紀後半に、カナダの太平洋沿岸部に導入されたいわゆる「近代化」は、現地の先住民社会にとっては主としてサケ漁業への参入という形で経験された。この事実に対し、現地の先住民に関するこれまでの研究は、つぎの二つのアプローチをとってきたといえる。まず、一方で人類学的な研究は、サケ漁業を伝統的なサケ漁撈の微々たる修正、つまり生業活動と連続したものとして捉え、かつその結果、サケ漁業ひいては「近代化」が先住民に与えた影響についてほとんどなにも言及してこなかった。つぎに、他方で現地先住民に関する歴史学、あるいは法学的な諸研究は、サケ漁業の現地への導入を先住民社会への「近代化」の導入とみなし、同産業を伝統的な生業活動とは根本的に断絶したものと捉えてきた。しかし、概してマクロな視点からサケ漁業の展開ならびにそれにまつわる諸政策を鳥瞰するこれらの研究においては、先住民は国家政策の無力なる犠牲者として一枚岩的に片づけられたのであり、それ故に先住民自身の巧みで狡猾な立ち振る舞いなどは看過されてしまったといわざるを得ない。

これに対し、本著は、歴史学・法学的な先行研究と同様に、サケ漁業を現地先住民にとっての近代化経験とみなしつつも、漁船を分析の対象に設定し、さらには漁船上での漁師たちの労働システムを中心に分析することで、サケ漁業の意義をできるだけ住民の側から理解する試みであったと位置づけられるであろう。

北西海岸の先住民は、サケ漁業の導入された一八七〇年代当初から、漁師あるいは工場労働者として同産業に参入し、また、少なくとも二〇世紀の半ばまでは北西海岸一帯において経済的な繁栄を甘受してきた。なかでも政治的、社会的な条件に恵まれた中央沿岸部を活動拠点としてきたクワクワカワクゥは、ほかの先住民とくらべてもよりいっそうの経済的恩恵に与かることができたといえる。一九二〇年代、ほかの先住民漁師に先がけてまき網での操業を認められたクワクワカワクゥの社会では、まき網の生産能力の高さにサケ漁業の明るい将来を予見した人びとを中心として、まき網漁船を購入した人びとが相つぎ、結果的に漁師としての自立と企業家の誕生をもたらされたのである。

マクロな歴史学、法学的研究が結論してきたように、二〇世紀半ばから少しずつ、しかし着実に進行していったサケ資源の減少、および漁船への高額な投資を推奨する一九六八年のデービス・プランによって、たしかに小規模な操業をおこなっていた先住民漁師たちは失業を余儀なくされた。しかし、少なくともクワクワカワクゥ社会においては、これら失業した漁師の大半は、その後も操業をつづけたまき網漁師の漁船のクルーとして働き、結果的に、一九七〇年代から一九八〇年代にかけても漁業の繁栄の恩恵に与かることができたと思われる。そして現在においても、その一部は操業を維持し、それなりの収入を得ている。もっとも、サケの乱獲と市場におけるサケの価格低迷により、一九九〇年代後半からは、サケ漁業は本格的な経済不振に陥っているが。

以上のことからわかるように、総じていうならば、サケ漁業は少なくとも二〇世紀半ばまでは北西海岸の多くの先住民たちに経済的恩恵をもたらしたし、さらにデービス・プランの漁師人口削減策を乗りこえた現役の漁業漁師たちに対しては、いまだにそれなりの現金収入をもたらす手段でありつづけている。つまり、少なくとも「近代的産業への関わりを維持できるかどうか」という点においては、彼らは成功者であるといえるであろう。しかし彼らが近代的産業への適応に成功したからといって、その適応自体が容易であったというわけではない。技術的な側面のみに注目しても、サケ漁業の歴史において、少なくとも三つの技術的な転換期が確認されるのであり、またそれぞれの転換期において、彼ら先住民漁師がけっして容易ではない適応に迫られたことが、本著のなかで明らかにされたと思う。

最初の技術転換期はサケ漁業が導入されたまさにそのときであり、このとき先住民漁師のほとんどは河川から海域へと操業の場を移し、また刺し網という漁具にふれることになった。しかし彼らにとって、本当の意味で技術的な適応の必要性に迫られたのは、むしろ第二、第三の転換期であったといえる。第二の技術的な転換期は一九二〇年代のまき網の導入時（クワクワカワクゥの場合）であり、このときはじめて彼らは海でサケを探すこと、そしてまき網という個人操業ではない労働システムにふれることになったのである。これに対し、クワクワカワクゥ漁師はハネをサケの魚群の指標として活用し、また伝統的な生産単位である親族をまき網クルー集団に組み込むことで適応しようとした。もっとも、当時の親族雇用は比較的緩やかなものであり、それがいっそう厳格に制度化されるにはつぎに述べる第三の技術転換期、つまりまき網漁船にドラムが搭載された一九七〇年代までまたなければならなかった。

一九七〇年代、ドラムをはじめとする電子機器類が漁船に搭載されたことを受けて、クルーの仕事は「力仕事」的なものから「知識・技能重視」型への移行を余儀なくされた。また、それに伴って、クルーたちは海や漁に関する知識、方法に熟練するという、それまでとは質的に異なる労働を求められた。この段階において、ヨーロッパ系カナダ人漁師たちが公募によってすでに経験の豊富な漁師たちを募り、ある意味「プロフェッショナル」な専門家集団を構成しようとしたのに対し、先住民の漁業漁師たちは従来の親族をたどるクルー雇用を制度化してクルー供給を安定させ、さらには漁の技能や知識を徒弟的に学習させることで、みずからのクルーを熟練させることを選んだわけである。

つまり、「親族関係をたどったクルー集団の編成」および「船上生活の徒弟化」という、現在の先住民漁業漁師の操業に顕著な二つの特徴は、サケ漁業の技術的な発展に対する先住民漁師なりの適応戦略として導入されたのであった。しかし同時に、これら二つの特徴は、サケ漁業の操業という、彼ら先住民にとっては「近代化」の産物であるものを「日常化」し、かつ「伝統化」するという意義を帯びることになった。欧米を対象とした多くの近代史のなかで明らかにされてきたように、「近代化」には、それまで日常の領域に埋め込まれていた労働を、時間、空間、社会的な面において日常から切り離し、ある意味特殊な形態としての「労働」を特化させる側面がある。つまりサケ漁業の操業を日常化し、伝統化するということは、一度は日常の領域から切り離されたサケ漁という労働のなかに、改めて日常性を復権させることを意味する。第五章でも論じたように、たとえばクワクワカワクゥ固有のランク制度をまき網クルーの序列に埋め込むことは、近代という時代のなかに「伝統的」（つまり前近代の）時間を復権させるだけでなく、労働の場としての〈海〉と「日常」の場としての〈陸〉をつなぎ、また（刺し網時の）個人主義、あるいは（ヨーロッパ系カナダ人漁師に多くみられる）平等主義に支配されたサケ漁業の操業のなかに、伝統的な社会構造を編み込んだのである。

第五章の最後で主張したように、サケ漁業の操業を日常化し、また伝統化することは、本来北西海岸の先住民社会にとって「異質」で「外部」にあるものとしての「近代」をすでに慣れ親しんだ「内側」に引き寄せる意義をもつといえる。こうすることによって、彼らはみずからにとって本来「外部」にあり、「異質」なものであった「近代」あるいは資本主義経済システムを、みずからの慣れ親しんだものとして飼いならしたのである。また、彼らは「内」と

「外」の境界を引きなおすこのような作業の際、伝統的生産単位である親族集団やランク制度など、すでに手元にある「伝統的」な資源を活用するのであり、その点において彼らはブリコロールなのである。

本著の意義

筆者が思うに、本著における以上のような議論は、いわゆる〈北西海岸人類学〉を含む北西海岸の先住民研究、ならびに人類学という学問分野全般、さらには広義のカナダ研究において、少なくともつぎのような貢献をしたのではないであろうか。

本著の意義としてまずあげておきたいのは、詳細な民族誌的事例の提示である。第一章でも述べたように、フィールド調査にもとづく詳細な民族誌を作成した上で、先住民の社会をボトム・アップ的に研究するはずの人類学――ここではおもに〈北西海岸人類学〉を指す――においてでさえ、ボアズが活躍した時代以降、フィールド調査にもとづいた民族誌的な事例が提示されることすら稀であった。とくにローナーがギルフォード島民の民族誌を書いた一九六〇年代以後の先住民の生活となると、まったく報告がないに等しい状況であった。さらにいうと、今後も先住民の現代生活を報告する民族誌が発表されることは、そうないものと思われる。この点で、本著には少なくとも現代に生きる北西海岸先住民、とりわけクワクワカワクゥの漁業漁師たちの貴重な民族誌的記録として、重大な意義が認められるはずである。

つぎに、本著はいわゆる〈北西海岸人類学〉において確認された「伝統的生業活動とサケ漁業との連続性」という前提を、具体的な事例を通じて批判したものと位置づけられる。本著のなかで詳細に論じてきたまき網導入の影響は、サケ漁業がまさに近代資本主義経済システムに支えられた産業であり、それ故に伝統的生業活動とはまったく異質なものであったことをきわめて説得的に明示したものと考えられる。

他方では、サケ漁業をいわゆる「近代」の産物として捉えた点で、本著は北西海岸を対象としたマクロな歴史学や法学的研究と基本前提を共有しているといえるかもしれない。しかしこれらの研究にみられた「先住民は国家の漁業政策の犠牲者であった」という結論に対しては、本著は異議申し立てをおこなっている。もちろん、本著は「先住民は国家の漁業政策の犠牲者であった」とする結論を全面的に批判するわけではない――大筋において、この結論が正しいことに変わりはない。しかしマクロな視点のみからこう結論づけることにより、デービス・プランを乗り越えた先住民漁師の少数派を無視したり、あるいは――ライセンスは売り払ったが、なおもだれかのクルーとして働きつづける漁師のように――統計には現れてこない数多くの「無名」の人びとの存在を見すごしたり、なおかつそれらの人びとの巧みな戦略、生き残った漁師たちの適応戦略などを見逃したりすることを批判することはできたといえよう。

かつてブーンは、人類学の本来的な意義は、社会における主流派や多数派、ならびに学問上メイン・ストリームを形成する「通説」に対してある種の風刺、批判、皮肉、異議申し立てをおこなうことで、より正確な現実描写に迫ることだと主張した［BOON 1984］。このブーンの主張にしたがうならば、本著は少なくともそうした人類学本来の役割を果たすことはできたといえるはずである。

マクロな政治・経済的次元への影響

本著でこれまで論じてきたことは、いってみれば漁船という、ミクロな世界における記述であった。しかし他方で、こうしたミクロな世界において培われてきた先住民の労働システムは、カナダという国家の政治・経済的なマクロ・レベルにおいてもある程度の影響を及ぼしていることが認められる。

まず、Ｗクランの実際の例にみられるように、漁船というミクロな世界における労働システムは、以後、先住民が別の事業に着手する際に、新事業の労働のモデルとして生かされている。本著のなかでも何度かふれたが、Ｗクランは二〇〇〇年以後、養殖企業と契約して養殖場間の物資移送業をはじめており、この労働における労働の組織化やシフトの組み方などに漁船での労働モデルを採用している[1]。つまり、漁船で培ってきた労働システムは、そのまま別の事業にも応用され得る。

ただ、むしろここで重要なのは、「漁業操業の労働モデルが実際に新事業に生かされている」という事実であるというよりは、むしろ、漁船での労働の経験がさまざまな展望や認識を生みだす点にあるといえる。つまり、上記のＷクランの例についていうならば、「漁業操業の労働モデルが実際に新事業に生かされている」という事実よりは、「漁業操業の労働モデルが新事業に生かせる」という展望や認識のほうが重要であり、さらにいえば、後者のような展望や認識が政治的な場において、言説として活用されることのほうが重要である。第二章でも述べたように、Ｗクランをはじめ、ほとんどの北西海岸の先住民ネーションは、未締結であった「条約」を現在政府との間で結ぼうとしている。「条約」締結に向けての現在の交渉においては、政治的自治権の獲得が最終的な目的とみなされているが、当然ながら、そのためには各ネーションの経済的な自立が不可欠となる。まさにこの段階において、「漁船での労働が新事業の労働モデルとして活用できる」という言説が、この交渉をネーション側の有利な方向に導く理論的な道具となるかもしれないのである。

また、漁船というミクロな世界での労働システムは、さらに上記のものとは違った、もう一つの認識や言説を生みだしてもいる。この認識や言説は、上記のもの——「条約」締結に向けての交渉で活用されるもの——とは違って、政治的な道具として使われるものではない。しかしこの認識や言説は、彼らの生活世界のなかで、またほかの先住民族集団とコミュニケーションをとるなかで、先住民個々人のうちにたびたび再認され、発せられるものである。その認識ないし言説とは、「われわれは海の民であり、かつ『近代』への適応の成功者である」というものである。もちろん、彼らが「成功者」であるというのはあくまで相対的にみた場合のことであるのはいうまでもない。現在サケ漁業が著しく衰退しており、Wクランの漁師たちであっても現金収入の手段としてそれだけに依存することはむずかしくなっていることは、繰り返し述べてきた。しかしそれでも、たとえばサケ漁業から結果的に排除されてしまったルミ（Lummi）などアメリカ側（ワシントン州側）の北西海岸先住民とくらべれば［cf. BOXBERGER 1989］、彼らは明らかに成功者であるし、また「サケ漁業との関わりを現在まで維持できた」という点においても成功者であるといえる。そしてこうした事実が、一方では彼ら自身と内陸部の人びと——ここにはヨーロッパ系カナダ人と内陸部の先住民もふくまれる——とを「海の民／陸の輩」として差異化し、他方ではアメリカ側の北西海岸先住民とみずからを「成功者／犠牲者」として差異化する認識および言説を生みだしてきた。こうした「差異化」の言説の是非はともかくとして、まさにこうした言説がマスメディアを通じて広く流布し、彼ら自身のコミュニティにおいてある種のイデオロギーへと変貌した場合もたしかに認められる。

今後の展望

最後に、本著の問題点として筆者が認識する点を指摘し、今後の課題としたい。

筆者が現役の先住民漁師による実際の操業をはじめて参与観察した二〇〇〇年から、すでに九年の年月が過ぎようとしている。この間、筆者の中心的なインフォーマントであったHAのクランをはじめ、そのほかのクワクワカワクゥのネーションにおいてもさまざまな変化があった。これらの変化を目の当たりにしながらも、本著において、筆者は基本的に二〇〇〇年当時の彼らの姿を描写しようとしてきたことを認めざるを得ない。

この九年間のもっとも大きな変化は、サケ漁業をとり巻く政治・経済的な環境の面にみられる。つまり、サケ漁業をとり巻く政治・経済的な環境が、ますます悪化していく一方で、タイセイヨウサケの養殖業がサケ漁業にとって代わる形で、しかもきわめて危なっかしい状態で急成長しているのである［立川 二〇〇五b、二〇〇六b、二〇〇八b］（本章注（1）参照）。サケ漁業をとり巻く環境についていえば、二〇〇一年以後、数シーズンの例外をのぞいてサケの市場価格は大幅に下落し、それによってHA漁業漁師たちは大きな痛手を受けている。そのせいもあって、HAらの船団ではナス・スキーナ川河口への長期の漁業航海を中止することにした。いくら漁獲が多くても、それが漁船の維持費に見あわないからである。それと同時に、先述の通り、彼らのはじめた養殖場間の物資移送事業のほうはきわめて順調であり、莫大で、しかもきわめて安定した収入をもたらすようになっている。もっとも、この物資移送業の成功は、現地での養殖業の成功に支えられたものであるから、もし養殖企業――その多くはノルウェーに本社をもつ多国籍企業である――が現地から撤退したり、経済不振に陥ったりすることがあるならば、彼らの物資移送業も破綻するであろう。そしてその可能性は、けっして少なくはない。なぜなら、養殖業は生態系に悪影響を与えるものとして、つねに批判に晒されているからである［立川 二〇〇八b］。いずれにしても、HAらのなかで、サケ漁業の操業のもつ意義が小さくなっている反面、養殖場への物資移送事業の意義が大きくなっているのは明らかであるが、本著ではこうした変化を捉えるにはいたっていない。これが筆者の考える、将来的な課題である。

もっとも、この海上移送事業は、本著のなかで論じてきたサケ漁業の操業ほど「のめり込める」ものにはなり得ていない。このことは以下のHAに窺えるであろう。

「もうこれからは、養殖業の時代だ。おかげで漁業操業を［中心的に］やっていた頃とくらべると、一桁違う収入を得られるようになったからね。でもね、こっち［の移送業］の仕事をやっているときの俺は、ただただ、いわれたとおりのことを機械的にこなすだけで、いまでも生計を立てるためにやっている以上の感覚はなくなっていない。その点、漁はいまでも人生すべてをかけられるし、本当に楽しんでやれることなのだ」。

つまり、今後先住民の漁業漁師にとってのサケ漁業の意義がどう変化していくかを知るためには、上に述べた養殖業の動向を追っていく必要があるのである。果たして養殖業は、今後も経済的に安定し、サケ漁業に代わってHAらの経済生活を支えてくれるのか。それと同時に、本著で論じたような「人生をかけてもいい」ほどのサケ漁業の意義を補完する仕事になり得るのか。それとも、先住民からサケ漁業を引き離したあげくに、みずからも破綻してしまうのか……。現役の先住民漁業漁師にとってのサケ漁業の意義は、今後養殖業がどのシナリオを選ぶかに左右されると思われる。

註

（1）この輸送業のため、クラン首長のHAは海上輸送船〈AH〉を購入し、クランをベースにした〈QFA Ltd.〉という会社を新たに設立した。この事業は、〈PF〉〈NQ〉〈WS〉のクルーたちがそれぞれ五日交替でシフトにつくことになっており〈つまり〈PF〉クルーのシフト時にはそれ以外のクルーは休みである〉、みずからのシフトの際には漁業操業と同様の徒弟的な特徴がみられる。なお、養殖業自体にはおもに環境面においてしばしば批判が投げかけられているが、少なくともWクランへの経済的貢献度でいえば、養殖業ならびに彼らがおこなうこの輸送業はきわめて大きな貢献を果たしている［立川 二〇〇五b、二〇〇六b、二〇〇八b］。

#【付　録】

【付録1　カナダ、北西海岸のサケ漁業をめぐる政策および社会史】

西暦	政策面の動向	カナダ社会での動向	先住民の動向
1860	(1868) 漁業法（Fisheries Act, 1868）制定	大西洋側でのサケの減少と保護の問題化	
1870	(1874) すでに人工孵化場の必要性の示唆 (1876) 州と連邦による居留地設置 (1877) 漁業法施行 (1878) 漁業法、B.C.州の漁へ適用 （海域のみでの網漁、漁法、時空間の規制、定置網の禁止） (1879) カナダ連邦でサケ漁のライセンス化導入		多くの雇用の存在 （とくに工場労働）
1880	(1888) B.C.州でライセンス制適用 (1888) 先住民漁の規制	(1883) ベニザケ大漁、フレーザー川河口に新たに10の缶詰工場設置 (14,000人の雇用) (1886) フレーザーで先住民の漁への批判	(1881) アラート・ベイで缶詰工場設立 フレーザー河口の缶詰工場で多くの雇用 この頃カウチン川で 先住民と工場側の紛争

1890	(1892) Wilmot Commission ライセンス、漁場、操業時間の規制	(1895－) サケ漁業空前の繁栄	労働力が珍重される、ただし豊漁はときに
1900	(1903までに) まき網のライセンス化 (1908) 缶詰工場の経営ライセンス化に関する連邦の要求	(1900) 工場が機械化される (1904) B.C. Packers Association設立 (1905) シロザケ、カラフトマスの缶詰市場設立	雇用を制限、1907年には経済危機も (1904) クアシアスキ・コブに工場設立 この頃バビーン湖で紛争
1910	(1910) Dominion B.C. Boat Rating Commission (北部で個人漁師にサケ漁ライセンスを与えず、すべて缶詰工場に与える) (1911) 北部で船外機付き漁船の使用禁止 (刺し網は翌年、その他は1924に解除) (1913) McKenna-McBride Commission (1890の居留地配分の修正、1916までの調査) (1917) トロールのライセンス化 (1917) 連邦による先住民漁撈の許可制導入 (1919) 工場へのライセンス制限解除	(1913) ヘルズゲートでの産卵場の破壊	(1911) クィーンシャーロットに初の缶詰工場設立 居留地に対する不満、しかし多くの場合漁に要す土地の確保はできない ヘルズゲートにより漁撈不可能 (1916) Allied Indian Tribe of B.C.設立 (McKenna-McBride Commissionに対抗)

1920	(1922) Duff Commission （北部での船外機付き漁船の許可、サケ漁業のオープンアクセス） (1922) 中央沿岸で、先住民へのまき網認可 (1924) 連邦、McKenna-McBride Com.を支持 （以後の居留地の問題を凍結） (1928) Someville判決 （連邦による加工業の管理）	日系人排斥 B.C.州のサケ缶詰市場の縮小 （日本の缶詰市場の拡大）	フレーザー川にて漁撈の禁止 北部先住民、船外機付き漁船に反対
1930	(1937) 米加間でFrazer River Salmon Commission	大恐慌 漁業の衰退、しかし漁業への高い関心、サケ漁業、加工業の中心がフレーザーからスキーナへ	(1936) 太平洋沿岸先住民漁師連盟（Pacific Coast Native Fishermen's Association）発足 クワクワカワクゥが中心
1940		(1941) 工場の未成年労働者就労の検査 (1942) フレーザーでヘルズゲート以来の豊漁 (1949) 日系人の漁業への復帰	先住民同胞団（Native Brotherhood）が先住民労働者の課税に反対 (1943) 先住民同胞団、5大缶詰企業と労働条件面で契約

1950	(1953－54) 政府による漁師の生活調査 (1960) シンクレア報告 (Sinclair Report) (ゴードン理論の政策化、中央集権化)	(1954) ゴードンの生物経済学的均衡論 技術革新、資源減少 漁船の重装備化、冷凍技術、地方工場の閉鎖、時空間規制。技術革新が時空間規制をもたらし、それがさらに漁船の重装備化をもたらすという悪循環で資源減少	先住民労働者の比率は約1/3 (1951年調査) ただしフレーザーでは少ない
1960	(1968) 先住民漁師援助計画 (Indian Fishermen's Assistance Program) (1968) デービス・プラン (漁師のライセンス、加工場の数の縮小、加工業の中央集権化、漁船の重装備、海域での操業、ライセンス払い戻し、ライセンス種類の精緻化)	(1967.8) ホーソーンらによる先住民研究 (中央集権化、居留地問題の破棄の支持、漁撈の必要性の強調) 加工業の二極化 (B.C. PackersとCanadian Fishing Company)	サケの加工・保存技術の多様化 (冷凍技術の導入を受けて) (1964) 先住民同胞団、オタワに状況改善を陳情 第一次先住民漁師援助プログラム (73年まで)

1960	(1969) トルドー政権による白書（先住権、居留地の問題の終結をはかる） (1969) Cooper判決（漁業法は条約より優先）	(1969) ストックの減少と北部での7工場の閉鎖	先住民の失職と福祉サービスの増加（とくに北部）
1970	(1971) 先住民漁業発展委員会（Indian Fisheries Development Board）（先住民漁師に漁船購入を促し独立を図る） (1973) Calder判決 (1974) ライセンス払い戻し政策の停止 (1975) Derriksan事件（先住権は漁業規制にしたがうことに） (1977) サケ増加プログラム	(1974) 米国でBoldt判決（先住民漁獲の50パーセントに権利） (1977) 孵化場の建設	(1971) ライセンスの選択制（A, A-I, B） (1972) Bライセンスを時間制限なく使用可能になる（本来Bは一時的所有） (1974) 第二次先住民漁師援助計画（78年まで） (1977) 先住民に雇用 サケ増加プログラムを受けて
1980	(1980) Jack判決 (1982) ピアースの報告（Turning the Tideの出版） (1982) カナダ憲法制定（先住権の承認）	(1982) 養殖企業の参入	(1980) 緊急の先住民漁師援助プログラム（82年に終了）

1990	(1990) Sparrow判決 (1991) Delgamuukw判決 (1992) 先住民漁業戦略		

【付録2　2000年シーズンにおける〈PF〉の操業記録（7月10日から8月8日まで）】

［7月10日］*

場所：Porcher島の南沖

セット#	時間	漁獲（Sockeye-Pink-Chum）	トラブルの有無	その他
1	6:00－6:37	1		
2	6:40－7:23	3		
3	8:00－8:40	3		
4	9:25－10:10	8		
5	10:15－11:00	11		
6	11:10－11:45	13		
7	12:08－12:55	6		
8	13:10－13:48	13		
9	13:59－14:30	3		ギンザケ捕獲後リリース
10	14:33－15:15	5		
11	15:18－15:58	12		
12	16:00－16:45	6		
13	16:48－17:29	18		
14	17:33－18:15	2		
15	18:30－19:30	12	漁網破損	
16	19:35－20:15	3		
合計：119（60－40－19）				

*この日は種ごとに漁獲を数えていなかった。合計欄の各種の尾数は推定。

［7月11日］

場所：Porcher島の南沖

セット#	時間	漁獲（Sockeye-Pink-Chum）	トラブルの有無	その他
1	6:00－6:55	6（2－4－0）	漁網破損	
2	7:00－7:40	9（3－6－0）		
3	7:56－8:45	4（1－3－0）	漁網破損	
4	8:50－9:35	12（3－9－0）	漁網破損	
5	10:12－11:00	33（13－20－0）		以後3回、〈NQ〉と
6	11:35－12:25	6（5－1－0）		同じ漁場を使用（つまり
7	13:09－13:47	1（1－0－0）		〈NQ〉仕掛け時は待機）
8	14:33－15:15	3（2－1－0）		
9	15:38－未遂		漁網大きく破損	
合計：74（30－44－0）				

この後、プリンス・ルパートに陸揚げに向かう。

［7月14日］

場所：Anthony島、Tracy湾（ナス川河口域）

セット＃	時間	漁獲（Sockeye-Pink-Chum）	トラブルの有無	その他
1	6:33－7:20	32（1－9－22）	手際が悪い	
2	7:25－8:10	20（3－5－12）		
3	8:35－9:20	23（5－8－10）		
4	9:25－10:15	31（0－9－22）		
5	10:37－11:25	60（2－27－31）		以後3回、〈WR〉と同じ漁場を使用
6	12:00－12:45	44（2－10－32）		
7	13:24－14:10	110（6－45－59）	手際が悪い	
8	14:13－15:05	126（12－34－80）		
9	15:10－15:40	60（6－6－48）	手際が悪い	
10	16:05－16:45	64（9－10－45）		
合計：570（46－163－361）				

［7月15日］

場所：Porcher島の北沖

セット＃	時間	漁獲*	トラブルの有無	その他
1	6:00－6:35	44		
2	6:40－7:10	50		
3	7:20－7:55	43		
4	8:00－8:33	34		
5	8:38－9:05	17		
6	9:10－9:50	27		
7	9:55－10:35	42		
8	10:37－11:05	53		
9	11:05－11:43	12		
10	11:45－12:15	7		
11	12:25－13:05	27		
12	13:05－13:45	31		
13	13:50－14:24	5		
14	14:40－15:13	27		
15	15:15－未遂		ドラム壊れる	
合計419（419－0－0）				

* この日の漁獲はすべてベニザケ。

この後、陸揚げとドラム修理のためプリンス・ルパートに向かう。

［7月17日］*

場所：Finlayson島からBarnie島へ

セット＃	時間	漁獲（Sockeye-Pink-Chum）	トラブルの有無	その他
1	19:00－19:35	7（6－0－1）		
2	19:52－20:35	2（1－0－1）		
合計9（7－0－2）				

* ドラム修理に時間をとられ、この日は19時から仕掛けを開始。

［7月18日］

場所：Porcher島の南沖

セット#	時間	漁獲（Sockeye-Pink-Chum）	トラブルの有無	その他
1	7:00－7:45	45（6－20－19）		
2	8:00－8:55	800（40－660－100）		
3	9:00－9:55	366（23－310－33）		〈NQ〉、〈WS〉と
4	11:00－11:30	23（1－15－7）		同じ漁場を使用
5	13:15－13:50	73（60－12－1）		Finlayson島沖へ
6	13:55－14:25	8（1－6－1）		
7	14:25－14:50	2（0－2－0）		
8	15:02－15:35	32（22－8－2）		
9	15:40－16:07	35（16－15－4）		
10	17:05－17:37	39（25－13－1）		Porcher島沖へ
11	17:40－18:06	84（75－8－1）		
12	18:10－18:37	15（13－2－0）		
13	18:43－19:15	4（4－0－0）		
合計：1,526（286－1,071－169）				

この後、プリンス・ルパートへ陸揚げに向かう。

［7月22日］

場所：Smith島北沖からPorcher島北沖、そしてSmith島西沖へ

セット#	時間	漁獲（Sockeye-Pink-Chum）	トラブルの有無	その他
1	6:00－6:30	59（58－1－0）		
2	6:35－7:10	128（126－2－0）		
3	7:15－7:43	0		
4	7:49－8:10	5（4－1－0）		
5	8:43－9:17	82（78－4－0）		
6	9:51－10:30	111（95－16－0）		
7	11:37－12:09	91（71－19－1）		漁場の使用に3隻まち
8	12:20－12:57	58（46－12－0）		
9	12:59－13:32	26（24－2－0）		
10	14:01－14:33	21（20－1－0）		
11	14:37－15:14	14（14－0－0）		
12	15:15－15:40	41（36－5－0）		
13	15:45－16:30	52（45－7－0）		
14	16:35－17:30	216（205－11－0）	漁網破損	
15	17:30－18:03	108（92－16－0）		
16	18:15－18:45	61（58－2－1）		
17	18:50－19:20	34（30－4－0）		
18	19:35－20:20	345（295－49－1）		無線でBNから情報入手
19	20:35－21:13	123（114－9－0）		
合計：1,575（1,411－161－3）				

付録2

［7月23日］

場所：Smith島西沖からPorcher島北沖へ

セット#	時間	漁獲（Sockeye-Pink-Chum）	トラブルの有無	その他
1	6:00 – 6:33	64（60 – 4 – 0）		
2	6:37 – 7:13	90（87 – 3 – 0）		
3	7:16 – 7:51	84（77 – 6 – 1）		
4	7:52 – 8:41	110（91 – 19 – 0）		
5	8:44 – 9:20	219（208 – 11 – 0）		
6	9:26 – 10:00	61（58 – 3 – 0）		
7	10:04 – 10:35	119（110 – 8 – 1）		
8	10:43 – 11:15	40（40 – 0 – 0）		
9	11:20 – 11:57	2（2 – 0 – 0）		
10	12:35 – 12:57	85（83 – 2 – 0）		徘徊して他船の様子見
11	13:17 – 13:50	33（29 – 4 – 0）		
12	13:55 – 16:35	6（6 – 0 – 0）	漁網破損	
13	16:37 – 17:15	42（34 – 8 – 0）		
14	18:00 – 18:40	41（35 – 6 – 0）		
15	19:00 – 19:30	27（26 – 1 – 0）		
合計：1,023（946 – 75 – 2）				

この後、Porcher島沖に来ていた船に水揚げする。

［7月24日］

場所：Porcher島北沖

セット#	時間	漁獲（Sockeye-Pink-Chum）	トラブルの有無	その他
1	6:00 – 6:35	99（88 – 11 – 0）		
2	6:40 – 7:20	431（391 – 39 – 1）		
3	7:25 – 8:07	273（196 – 74 – 3）		
4	8:20 – 8:58	218（159 – 54 – 5）		
5	9:04 – 9:45	351（303 – 44 – 4）		
6	10:13 – 10:47	164（130 – 30 – 4）		仕掛け開始に2隻まち
7	11:10 – 11:35	56（45 – 11 – 0）		
8	11:40 – 12:20	42（35 – 6 – 1）	縄が絡まる	
9	12:20 – 13:05	16（14 – 2 – 0）		アザラシ捕獲後、リリース
10	13:10 – 13:48	99（85 – 14 – 0）		
11	13:50 – 14:33	98（94 – 4 – 0）		
12	15:00 – 15:40	118（114 – 4 – 0）		
13	15:50 – 16:25	89（74 – 15 – 0）		
14	16:26 – 17:05	49（46 – 3 – 0）		
15	17:06 – 17:55	111（85 – 26 – 0）		
16	18:00 – 18:36	98（89 – 9 – 0）		
17	18:52 – 19:53	25（21 – 4 – 0）		
合計：2,337（1,969 – 350 – 18）				

[7月25日]

場所：Porcher島北沖からSteven島東岸、その後Porcher島北沖へ

セット#	時間	漁獲（Sockeye-Pink）*	トラブルの有無	その他
1	6:17－6:50	28（22－6）		朝食に問題、開始遅れる
2	7:12－7:48	126（117－9）		仕掛け開始に1隻まち
3	8:00－8:41	79（68－11）		
4	8:51－9:40	165（160－5）	手際が悪い	
5	9:45－10:20	6（4－2）	漁網破損	
6	11:22－11:51	25（18－7）		Steven島へ
7	12:22－未遂		漁網絡まる	
8	14:08－14:41	39（15－24）		Porcher島へ
9	15:58－16:30	40（31－9）		
合計：508（435－73）				

* この日から北部域ではシロザケが捕獲禁止の対象となる。

この後、Porcher島沖に停泊している船に陸揚げする。

[7月26日]

場所：Porcher島北沖からSmith島南端、その後Skeena川河口にいき*、Smith島南端に戻る。

セット#	時間	漁獲（Sockeye-Pink）	トラブルの有無	その他
1	6:00－6:35	65（50－15）		
2	6:52－7:21	21（9－12）		
3	7:30－8:10	94（58－36）		
4	8:15－8:50	97（78－19）		
5	8:55－9:30	54（26－28）		
6	9:50－10:30	19（11－8）		
7	12:10－12:40	10（7－3）		Smith島南端へ移動
8	13:02－13:37	1（1－0）		この後Skeena河口へ
9	17:15－17:52	87（68－19）		Skeena河口にて
10	18:25－18:52	1（1－0）		Smith島南端へ移動
11	19:25－20:15	11（6－5）	手際が悪い	
合計：460（315－145）				

* この日は17時から1時間だけ、Skeena河口での漁が許可された。

付録2

［7月27日］

場所：Smith島南端から同島北端、その後また同島南端へ

セット＃	時間	漁獲（Sockeye-Pink）	トラブルの有無	その他
1	6:00－6:40	3（1－2）	手際が悪い	強風でタイ・アップもたつく
2	6:43－7:20	7（2－5）		
3	7:22－7:55	5（4－1）		
4	8:00－8:46	75（72－3）	漁網絡まる	
5	8:58－9:37	89（84－5）	漁網絡まる	
6	9:40－10:20	115（100－15）	漁網絡まる	
7	10:25－11:05	87（82－5）		
8	11:16－12:05	138（124－14）		
9	12:10－12:50	90（80－10）		アザラシ捕獲後、リリース
10	13:10－13:49	27（18－9）	手際が悪い	
11	15:02－15:35	28（20－8）		
12	16:02－16:35	1（1－0）		
13	17:07－未遂		縄が切断、回収	
合計：665（588－77）				

この後、プリンス・ルパートへ陸揚げに向かう。

［7月30日］

場所：Smith島南端からKenedy島北沖へ

セット＃	時間	漁獲（Sockeye-Pink）	トラブルの有無	その他
1	6:00－6:41	61（54－7）		
2	6:52－7:21	7（0－7）		
3	8:30－9:03	152（149－3）		Kenedy島へ移動
4	9:10－9:38	101（88－13）		
5	9:48－10:38	144（128－16）		〈WS〉と同じ漁場を使用
6	11:05－未遂		漁網絡まる	
7	11:55－12:30	41（29－12）		
8	13:26－14:00	17（10－7）		
9	18:50－19:27	48（39－9）	濃霧	霧が晴れるまで待機
合計：571（497－74）				

［7月31日］

場所：Kenedy島北端からSmith島北端、その後Kinahan島周辺へ

セット#	時間	漁獲（Sockeye-Pink）	トラブルの有無	その他
1	6:50－7:30	25（24－1）		他船まちで開始遅れる
2	7:32－8:15	2（1－1）	漁網絡まる	
3	8:17－9:10	194（132－62）	漁網破損	
4	9:20－9:51	93（80－13）	漁網絡まる	大量の魚が逃げる
5	10:01－10:40	36（32－4）		
6	11:12－11:50	50（29－21）		〈WR〉と同じ漁場を使用
7	15:52－16:22	62（26－36）		〈NQ〉より無線連絡、
8	16:41－17:25	36（10－26）		以後Kinahan島へ
9	17:28－18:20	44（12－32）		
10	18:38－19:09	52（28－24）		
11	19:12－19:50	133（111－22）		
12	19:53－20:20	7（5－2）		
合計：734（490－244）				

この後、停泊中の船に陸揚げし、Grenville海峡へと南下を開始する。

［8月3日］

場所：Grenville海峡

セット#	時間	漁獲（Sockeye-Pink）	トラブルの有無	その他
1	7:17－8:15	279（6－273）		
2	8:40－9:35	757（15－742）		
3	10:05－10:55	226（4－222）		
4	11:52－12:40	380（4－376）		漁場の移動、3隻まち
5	13:52－14:42	127（3－124）		開始まで3隻まち
6	15:35－16:23	213（2－211）		開始まで3隻まち
7	17:53－20:20	1,943（15－1,928）		HA推定漁獲は5,000
8	20:20－20:57	131（2－129）		
合計：4,056（51－4,005）				

［8月4日］

場所：Grenville海峡

セット#	時間	漁獲（Sockeye-Pink）	トラブルの有無	その他
1	7:37－8:37	911（3－908）		開始まで3隻まち
2	10:40－12:15	2,704（20－2,684）		
3	14:00－14:53	137（3－134）		4隻まち
4	17:10－18:12	594（2－592）		
合計：4,346（28－4,318）				

このあと陸揚げし、一路Jonstone海峡まで南下。

付録2

[8月7日]
場所：Jonstone海峡*

セット#	時間	漁獲（Sockeye-Pink-Chum）	トラブルの有無	その他
1	6:00－6:28	14（0－14－0）		
2	6:30－7:00	64（27－37－0）		前の仕掛け不調で場所移動
3	7:23－7:55	19（3－16－0）		前の仕掛け不調で場所移動
4	8:00－8:32	192（180－12－0）		前の仕掛け不調で場所移動
5	8:55－9:27	217（174－42－1）		
6	9:57－10:29	52（21－29－2）		
7	10:38－11:04	21（3－18－0）		前の仕掛け不調で場所移動
8	11:07－11:34	0		前の仕掛け不調で場所移動
9	11:37－12:05	0		前の仕掛け不調で場所移動
10	12:10－12:58	10（7－3－0）	縄が切断	
11	13:19－13:45	15（11－4－0）		他船の偵察を繰り返す
12	13:50－14:22	18（1－17－0）		
13	16:50－17:26	46（45－0－1）		徘徊して漁場探し
14	19:00－19:33	12（2－10－0）		
15	20:19－21:05	103（7－95－1）		
合計：783（481－297－5）				

* 南部域に入ったので再びシロザケ捕獲が許可される。

[8月8日]
場所：Jonstone海峡

セット#	時間	漁獲（Sockeye-Pink-Chum）	トラブルの有無	その他
1	6:00－6:35	159（6－153－0）		
2	6:49－7:15	40（0－40－0）		前の仕掛け不調で場所移動
3	9:23－10:02	92（67－23－2）		前の仕掛け不調で場所移動
4	10:05－10:42	62（32－30－0）		
5	10:50－11:27	118（97－18－3）		
6	11:30－12:10	146（128－18－0）		
7	12:15－13:05	413（346－66－1）		場所移動
8	13:15－13:55	423（390－32－1）		
9	14:00－14:42	282（237－44－1）		
10	17:36－18:27	692（675－17－0）		
11	18:40－19:35	383（366－16－1）	縄が切断	大量の魚が逃げる
12	19:42－20:10	105（62－42－1）		
13	20:12－20:41	252（29－222－1）		
合計：3,167（2,435－721－11）				

この翌朝に陸揚げし、その後キャンベル・リバーに帰港。

あとがき

本著は、私が二〇〇五年度に東京都立大学大学院に提出した学位論文「近代産業のなかの北米先住民――クワクワカワクゥ社会におけるサケ漁業の歴史的意義に関する人類学的研究」を骨子としている。さらにこの学位論文（と本著）は、私が発表した以下の論文の内容を（後者に修正を加えた形で）反映している。

①「クワクワカワクゥ貴族層の衰退――カナダ植民地統治期における世界観とポトラッチの変容」『民族学研究』六四－一、一九九九、一－二二頁（本著の第二章にて引用）
②「ポトラッチ研究史と将来の展望」『社会人類学年報』（弘文堂）二五、一九九九、一六七－一八五頁（本著の第一章にて引用）
③「サケ漁業・缶詰業とレクウィルトクの経済活動――一八五〇－一九二〇年代」『社会人類学年報』（弘文堂）二八、二〇〇二、七九－一〇五頁（本著の第二章にて引用）
④「クワクワカワクゥはいかに漁業に参入したか――企業家の誕生、活動と戦略」『文化人類学研究』三、二〇〇二、一二〇－一四三頁（本著の第三章にて引用）
⑤「カナダ太平洋沿岸のサケ漁」『Arctic Circle』（北海道立北方民族博物館）四八、二〇〇三、一四－一七頁（本著の第四章にて引用）
⑥「カナダの北西海岸先住民にとってのサケの社会・経済的な意義――現代のクワクワカワクゥ漁師の経済活動に関する事例

から」『国立民族学博物館研究報告』二九－二、二〇〇四、三〇七－三五二頁（本著の第四章にて引用）
⑦「クワクワカワクゥ――『伝統』と近代を生きる人びと」富田虎男・スチュアート　ヘンリ（編）『世界の先住民族――ファースト・ピープルズの現在（07）北米』明石書店、二〇〇五、三二六－三三九頁（本著の第二章にて引用）
⑧「リクルーター制度と労働組合――カナダ、北西海岸先住民によるサケ漁業操業を支えた経済的環境について」『人文論叢』二四、二〇〇七、一七九－一九二頁（本著の第三章にて引用）
⑨"Is Commercial Fishing a Traditional Pursuit? Technological Development of the Commercial Salmon Fishery and Adaptation by Kwakwaka'wakw Commercial Fishers." *Japanese Review of Cultural Anthropology* 8, 2008, 29-52（本著の第五章にて引用）

なお、⑧と⑨は学位論文審査やその他の機会に頂戴したコメントをもとに発表したものなので、その内容が本著には反映されているが、学位論文には反映されていない。

第一章第三節でもふれたように、私は本著の一次データをとるためのフィールド調査をカナダ、ブリティッシュ・コロンビア州のキャンベル・リバーという町でおこなった。本文中では述べていないが、調査では、それなりに現地での人脈をつくるのに苦労した。たとえば、一九九九年に三か月おこなった予備的な調査では、先住民宅に家賃を払ってホーム・ステイさせてもらおう（それによって人脈をつくると同時に滞在費を節約させられる）と考えた私は、居留地事務所がだす回覧板にその旨告知を掲載してもらったものの、一切返事をもらえなかった。また、別ルートでアポイントをとった先住民に約束をすっぽかされたことも、一度や二度のことではなかった。それでもめげずに、私は週に何度か居留地を訪れたが、人びとは、表面上はにこやかだったが、よそよそしい態度を崩さなかった。結局、居留地近くのある白人の家に下宿するしかなくなった私は、最初の二か月、つまり本著の主人公であるＨＡにであうまで、「俺はいったい何しに来たんだ?」と考えつつ、この白人大家の家の芝を刈っていた。

別に私は、当時の苦労話を自慢気に披露したいわけではない。あとでよくよく考えてみれば、太平洋を隔てた遠い異国の地から、「あなたの文化を勉強しにやってきた」という、怪しげな日本人の男を受け入れてくれる人のほうが奇特なのだ。そういう意味で、私は、きっと「こいつ怪しいな」と思っていたに違いないものの、それでも私を受け入れてくれたHAや、彼の家族たちの懐の広さに感謝せずにはいられないのである。

こうして私は、翌二〇〇〇年、まる一年の調査をHAの周辺でおこなうことができた。しかし一年もいればいろいろと問題もでてくるもので、実際私はこの一年に、いますぐに思いだせるだけで、HAと大きな喧嘩を三回はしている。こういったとき、キャンベル・リバーで日本食レストランを経営しているトニー&カズエ・マエダ夫妻、その店で当時従業員として働いていた本間貴子さんのほか、スティーブストンのネット・ロフトで働いていたゴーディ・タニワさんは、精神的に私を支えてくれた。これらの方々なくして、私のフィールド調査も学位論文も、また本著も不可能だったはずだ。改めて御礼を述べたい。

その後、日本に帰国した私は二〇〇五年度に学位を得、その直後の二〇〇六年の夏に現地で学位論文のプレゼンテーションをおこなった。このプレゼンテーションはかねてからのHAとの約束で、それに先立って、私は論文要旨、事例紹介のための章と考察の核となる章、論文の目次などを英語に訳してそのコピーを用意し、持参した。それらのコピーを彼らがキッチンで回し読みしたのだが、正直、私にとって、この瞬間は、一時間半に及んだ学位論文審査よりも緊張するものだった。しかし私の緊張は、すぐに安堵に変わった。HAは私の提示した事例の間違いを一つ指摘した以外、私の議論を批判することはなかった。もちろん彼が私の論すべてに賛同したとは思っていない。しかし私は、彼の表情のうちに、なんだかにやけつつも、興奮したものをみいだした。察するに、このにやけ顔と興奮は、自分ではなんとなくわかっていたが言葉にできなかったサケ漁の意義について、はじめてそれを説明する論理的な言葉を得た喜びからでたものだと思う（かつて私も、人類学を学びはじめたとき、それと同じ表情を浮かべたことがある）。とにかく、あの表情をみた瞬間、私は、自分がやってきた研究が現地の人びとにいくらか役に立ったのだと思い、満足した。

こうして私は無事にフィールド調査をおこない、学位論文を書き、本著を発表することができたのだが、もちろん私がお世話になったのは、フィールドであった上記の方々ばかりではない。すべての方の名前をあげることはできないが、それでも以下の方々には改めて感謝の意を表したい。

私に人類学の基礎を教えてくださった東京外国語大学の中山和芳先生と栗田博之先生。東京都立大学の大学院でさらなる教育を授けてくださった松園万亀雄先生、大塚和夫先生、伊藤眞先生、渡邊欣雄先生（現・中部大学）、棚橋訓先生（現・お茶の水女子大学）、また、先輩として私を叱咤激励してくれた高倉浩樹さん（現・東北大学）。とくに伊藤先生は、博士課程時代の私の指導教官として、また学位論文の主査として、同じく論文審査を引き受けてくださった岸上伸啓先生（国立民族学博物館）と高桑史子先生（首都大学東京）とともに、大変貴重な助言をくださった。

ほかにも、私と同じく北米先住民を研究していることで、幾度となく適切な助言をくださったスチュアート　ヘンリ先生（放送大学）、大村敬一先生（大阪大学）、リーランド・ドナルド教授（ビクトリア大学）。私が学位論文や本著を書くにあたって、いろいろと融通をはかってくださった三重大人文学部の先生方、とくに社会学系の先生方。（紙幅の関係で名前はださないが）これまで精神的、経済的に私を支えてくれた宮崎、愛知、三重の家族と親族たち。そのほか、本著の出版にあたって御茶の水書房を紹介してくださった山田千香子先生（長崎県立大学）、本著の出版を快く認めてくださった同社の橋本盛作社長、編集の労をいとわなかった小堺章夫さん。これらの方々には、言葉でい い表せないほどお世話になりました。改めて厚く御礼申し上げます。

なお、本著の出版にあたり幸運なことに、二〇〇八－二〇〇九年のカナダ出版賞を受賞した。私にとって、この受賞は、研究を進める上でおおいに励ましとなっている。改めてカナダ政府と日本カナダ大使館関係者の方々に御礼申し上げます。

最後に、本著を、私の恩師の一人である大塚和夫先生に捧げたい。先生は、私の修士課程在籍時の指導教官だったほか、博士課程在籍時も本著の下敷きとなる私の投稿論文の草稿ほぼすべてに目を通し、丁寧なコメントをくださった。余白にぎっしり鉛筆でコメントが書き込まれた論文のコピーは、私（と同世代の都立大学院生）の財産となっている。私が二〇〇四年に三重大学への就職を報告するため、同じく長崎大学に就職が決まった先輩の増田研さんとともに都立大学を訪問した際、先生は冷静に「ま、よかったな」といってくださっただけだったが、後で後輩から聞いたところによると、じつは私（と増田さん）の就職を心から喜んでくださったようだった。だから、ようやく私が博士論文の刊行にとりつけ、またカナダ出版賞を受賞したというニュースも、先生は喜んでくれるものと思ったが、その報告が先生に届く、おそらく一日前に、先生は亡くなられた。残念でならない。

おそらく二〇〇三年のことだったと記憶しているが、大塚先生のご自宅近くのそば屋にて、コメントが書かれた論文コピーを私に手渡しながら、先生は「そろそろお前も独り立ちしなくちゃな」といわれた。こうして本を出版し、賞を一つ受賞したからといって独り立ちしたとはいえないだろうが、私が努力し、着実に一歩ずつ進んでいる証にはなるかもしれない。本著の刊行を、大塚先生が喜ばれていることを望みます。

二〇〇九年　八月二六日

伊勢湾を背にして

立川　陽仁

Summary

Ethnography on the Aboriginal People of Canada and Modern Industry
The Commercial Salmon Fishery and Technological Adaptation among Aboriginal Fishers on the Northwest Coast

While many Aboriginal or indigenous societies are considered "underdeveloped", the aboriginal societies of the Pacific Coast of British Columbia, Canada, have been treated as a sort of exception. Indeed, the aboriginal people of the region began to be enthusiastically involved in the commercial salmon fishery soon after its introduction onto the coast in the 1880s. Some historical and legal studies, which have focused on the relation between the people and the industry from a macro-scale perspective, however, still regard these people as "victims" of "modernization" of the province, and arrived at the conclusion that they were eventually excluded from the industry.

This book, in contrast, adopts an anthropological point of view based on long-term fieldwork, and challenges the arguments put forth by such macro-scale historical and legal studies. Setting the stage on a seine fishing vessel of a Kwakwaka'wakw fisher, this book not only follows the labor and communication among crew members, but also discuss the issue of how these matters on the "sea" connect to, and affect those on the "land". For this purpose, the argument focuses on labor technique and skills and learning system.

Fisheries all over the world have been subject to "modernization". This is also true of the salmon fishery on the Pacific Coast of Canada. How, then, did the aboriginal people react to the "modernization" of the salmon fishery, i.e. the development of catching technology and multi-polarization of the industry structure? To address this question, this book will raise and examine two features that are seen among the aboriginal fishers: recruitment of crew members through kinship and apprentice skill-learning and life on board. Weaving these two features into the operation has enabled aboriginal fishers to overcome numerous attributable to the "modernization" of the fishery.

Moreover, these fishers have been able to connect the "sea" and the "land", "labor" (in its modern meaning) and "daily life", and therefore, "modernity" and "tradition" by activating these two features. Though the salmon fishery was originally a capitalist industry, and therefore a "stranger" to the aboriginal people, they have incorporated this strange modern industry into their own world, tamed it and made it part of their way of life.

人名索引

アスー（父子）（Assu, B. and H. Assu）65-6, 71-3, 75-6, 78, 81, 91, 97, 101, 103, 105-114, 116, 118, 142
アダムス（Adams, A.）……117-19
アチスン（Acheson, J）…… 180, 205
ウォーラーステイン（Wallerstein, I.）24, 26
ウルフ（Wolf, E.）……24-5
小田　亮……32, 254-5
オバーグ（Oberg, K.）…… 38
ガロワ（Galois, R.）‥ 11, 48, 67, 75, 80-1
キュー（Kew, M.）…… 19-20
グッドラド（Goodlad, C.）……25-6
ゴードン（Gordon, H.）…… 123-4
コルダー（Calder, F.）……60
サトルズ（Suttles, W.）17-8, 38, 53, 80
シウィド（Sewid, J.）‥101-2, 104-112, 114, 235-6
シンクレア（Sinclair, W.）‥123-4, 126
スチュアート　ヘンリ……95, 257
スパロー（Sparrow, R.）…… 132
高倉　浩樹……25-6
デービス（Davis, J.）…… 125-6
ドナルド（Donald, L.）……18, 40, 47-8, 65, 69-73, 75, 77-80
ドラッカー（Drucker, P.）‥ 47-9, 53, 120
ナイト（Knight, R.）‥ 20-1, 30, 85, 89, 142, 244
ニュウェル（Newell, D.）‥ 21, 95-8, 127, 130, 139-40, 143
ハーディン（Hardin, G.）…… 122-3
バルト（Barth, F.）……23, 108, 257
バンクーバー（Vancouver, G.）‥56
ハント（Hunt, G.）……37
福島　真人……31
ベネディクト（Benedict, R.）‥ 5, 16, 53
ボアズ（Boas, F.）‥5, 11, 15-8, 20-1, 37-8, 46-8, 53-4, 64, 66, 69, 265
ポール（Paul, A.）…… 119-20
マスコ（Masco, J.）…… 54, 56, 79, 249
マーティン（Martin, M.）……59
ミッチェル（Mitchell, D.）‥ 18, 47-8, 65, 69-73, 75, 77-80
三輪　千年……23, 27, 29
モース（Mauss, M.）…… 5, 16, 53-4
レイヴとウェンガー（Lave. J. and E. Wenger）……31, 221-3
レヴィ＝ストロース（Lévi-Strauss, C.）5, 32, 254
ローナー（Rohner, R.）‥18, 38, 76-7, 141, 265
若林　良和　…… 23, 27-9, 180

事項索引

な行

は行

ま行

や行

ら行

わ行

図表索引

参考文献一覧

ACHESON, J.

1977 "Technical Skills and Fishing Success in the Maine Lobster Industry." in H. Lechtman and R. Merrill (eds.), *Material Culture: Styles, Organization, and Dynamics of Technology*. NewYork: West Publishing Co., pp. 111-138.

1981 "Anthropology of Fishing." *Annual Review of Anthropology* 10: 275-316.

秋道　智彌・岸上　伸啓（編）

2002 『紛争の海――水産資源管理の人類学』人文書院。

AMES, M. and H. MASHNER

1999 *Peoples of the Northwest Coast: Their Archaeology and Prehistory.* London: Thames and Hudson.

ANDERSON, R. and C. WADEL (eds.)

1972 *North Atlantic Fishermen: Anthropological Essays on Modern Fishing*. New Foundland Social and Economic Papers No. 5, Institute of Social and Economic Research, Memorial University of New Foundland.

ASCH, M. (ed.)

1997 *Aboriginal and Treaty Rights in Canada: Essays on Law, Equality, and Respect for Difference*. Vancouver: University of British Columbia Press.

ASSU, H. with J. Inglis

1989 *Assu of Cape Mudge: Recollections of a Coastal Indian Chief.* Vancouver: University of British Columbia Press.

BAILEY, F.

1969 *Stratagems and Spoils: A Social Anthropology of Politics*. Oxford: Basil Blackwell.

BARNETT, H. G.

1938 "The Nature of Potlatch." *American Anthropologist* 40-3: 349-358.

BARTH, F.

1966 *Models of Social Organization*. Man. Occasional Papers of the Royal Anthropological Institute of Great Britain and Ireland 23. London: Royal Anthropological Institute of Great Britain and Ireland.

バタイユ、G.

1973 『呪われた部分――有用性の限界』生田耕作（訳）二見書房（Georges Bataille, 1949, *La Part Maudite*, Paris: Les Éditions de Minuit）。

ベネディクト、R.

1973 『文化の型』米山俊直（訳）社会思想社（Ruth Benedict, 1934, *Patterns of Culture*, Boston: Houghton Mifflin Company）。

BOAS, F.

1897 *The Social Organization and Secret Societies of the Kwakiutl*. United States National Museum, Report for 1895.

1910 *Kwakiutl Tales*. Columbia University Contributions to Anthropology 2.

1920 "The Social Organization of the Kwakiutl." *American Anthropologist* 22: 111-126.

1921 *Ethnology of the Kwakiutl*. Bureau of American Ethnology, 35th Annual Report.

1925 *Contributions to the Ethnology of the Kwakiutl*. Columbia University Contributions to Anthropology 3.

1935[1976] *Kwakiutl Culture: as Reflected in Mythology*. American Folklore Society. NewYork: G. E. Stechert and co., Reprinted by Kraus reprint co.: NewYork

1955 *Primitive Art*. NewYork: Dover Publications.

1966 *Kwakiutl Ethnography*. H. Codere (ed.), Chicago: University of Chicago Press.

BOISSEVAIN, J.

1974 *Friends of Friends: Networks, Manipulators and Coalitions*. Oxford: Basil Blackwell.

BOON, J. A.

1984 "Folly, Bali, and Anthropology, or Satire Across Cultures." in E. Bruner (ed.), *Text, Play, and Story: The Construction and Reconstruction of Self and Society*. Long Grove: Waveland Press, pp. 156-177.

BOXBERGER, D.

1989 *To Fish in Common: The Ethnohistory of Lummi Indian Salmon Fishing*. Seattle: University of Washington Press.

BOYD, R.

1990 "Demographic History, 1774-1874." in W. Suttles (ed.), *Handbook of the North American Indian, vol. 7. Northwest Coast*. Washington: Smithsonian Institution Press, pp. 135-148.

BRACKEN, C.

1997 *The Potlatch Papers: A Colonial Case History*. Chicago: University of Chicago Press.

CANADA, DE (Department of Environment)

1986 *Preliminary Catalogue of Salmon Streams and Spawning Escapements in Statistical Area 13 (Campbell River)*.

CANADA, DFO (Department of Fisheries and Oceans)

1992 *The British Columbia Salmon Fleet: 1986-1990*.

2000 *Pacific Region Integrated Fisheries Management Plan, Salmon: Northern B. C. April 1, 2000 to March 31, 2001*.

CANADA, DIA (Department of Indian Affairs)

1883, 1907 *Annual Report*.

CANADA, DINA (Department of Indian and Northern Affairs)

1990 *Schedule of Indian Bands, Reserves, and Settlements Including-Membership and Population Location and Area in Hectares*.

CANADA, FTNO (Federal Treaty Negotiation Office)

1993-2000 *Treaty News*.

CANNIZZO, J.

1983 "George Hunt and the Invention of Kwakiutl Culture." *Canadian Review of Sociology and Anthropology* 20: 44-58.

クリフォード、J.

2002 『ルーツ――二〇世紀後期の旅と翻訳』毛利嘉孝・柴山麻妃・福住廉・有本健・島村奈生子・遠藤水城（訳）月曜社（James Clifford, 1997, *Routes: Travel and Translation in the Late Twentieth Century*, Cambridge, Mass.: Harvard University Press）。

CODERE, H.

1950 *Fighting with Property: A Study of Kwakiutl Potlatching and Warfare, 1792-1939*. Monographs of the American Ethnological Society, 28. NewYork: American Ethnological Society.

1956 "The Amiable Side of Kwakiutl Life: The Potlatch and the Play Potlatch." *American Anthropologist* 58-2: 334-351.

1961 "Kwakiutl." in E. S. Spicer (ed.), *Perspectives in American Indian Culture Change*. Chicago: University of Chicago Press, pp. 431-516.

COLE, D. and I. CHAIKIN

1990 *An Iron Hand upon the People: The Law against the Potlatch on the*

Northwest Coast. Seattle: University of Washington Press.

DAWLY, A.

2000 *Class and Community: The Industrial Revolution in Lynn*. Cambridge, Mass.: Harvard University Press.

DAWSON, G.

1887 *Notes and Observations on the Qwakiool People of the Northern Part of Vancouver Island and Adjacent Coasts*. Reprinted in 1973. Fairfield: Ye Galleon Press.

DONALD, L.

1997 *Aboriginal Slavery on the Northwest Coast of North America*. Berkeley: University of California Press.

DONALD, L. and D. MITCHELL

1975 "Some Correlates of Local Group Rank among the Southern Kwakiutl." *Ethnology* 14-4: 325-346.

1994 "Nature and Culture on the Northwest Coast of North America: The Case of Wakashan Salmon Resources." in E. Burch Jr. and L. Ellanna (eds.), *Key Issues in Hunter-Gatherer Research*. Oxford: Berg, pp.95-117.

DRIVER, H.

1961 *Indians of North America*. Chicago: University of Chicago Press.

DRUCKER, P.

1939 "Rank, Wealth, and Kinship in Northwest Coast Society." *American Anthropologist* 41: 55-65.

1955[1963] *Indians of the Northwest Coast*. American Museum of Natural History, Anthropological Handbook, No. 10. Paperback Edition.

1958 *The Native Brotherhoods: Modern Intertribal Organizations on the Northwest Coast*. Smithsonian Institution Bureau of American Ethnology Bulletin 168.

DRUCKER, P. and R. HEIZER

1967 *To Make My Name Good*. Berkeley: University of California Press.

DUBLIN, T.

1979 *Women at Work: The Transformation of Work and Community in Lowell, Massachusetts,1826-1860*. New York: Columbia University Press.

DUFF, W.

1964 *The Impact of the White Man: The Indian History of British Columbia, 1*. Anthropology in British Columbia, Memoir No. 5. Victoria: Provincial Museum of British Columbia.

DUNDES, A.

1979 "Heads or Tails: A Psychoanalytic Study of the Potlatch." *Journal of Psychological Anthropology* 2-4: 395-424.

FISHER, R.

1977 *Contact and Conflict: Indian-European Relations in British Columbia, 1774-1890*. Vancouver: University of British Columbia Press.

FORD, C. (ed.)

1941[1968] *Smoke from Their Fires: The Life of a Kwakiutl Chief*. Hamden, Conn.: Archon Books.

FRANK, A.

1966 "The Development of Underdevelopment." *Monthly Review* 18: 17-31.

1978 *World Accumulation 1492-1789*. New York: Monthly Review Press.

FRIDAY, C.

2000 "Foreword to the 2000 paperback edition." in D. Boxberger, *To fish in common: the Ethnohistory of Lummi Indian Salmon Fishing*. Seattle: University of Washington, pp. vii-xi.

福島　真人

2001a 『暗黙知の解剖――認知と社会のインターフェイス』金子書房。

2001b 「状況・行為・内省」茂呂雄二（編）『実践のエスノグラフィ』金子書房: pp. 129-178。

福島　真人（編）

1995 『身体の構築学――社会的学習過程としての身体技法』ひつじ書房。

GALOIS, R.

1994 *Kwakwaka'wakw Settlements, 1775-1920: a Geographical Analysis and Gazetteer*. Vancouver: University of British Columbia Press.

GLADSTONE, P.

1972 "Native Indians and the Fishing Industry of British Columbia." in M. Nagler (ed.), *Perspectives on the North American Indians*. Toronto: McClelland and Stewart: pp. 156-174.

GLADSTONE, P. and S. JAMIESON

1950 "Unionism in the Fishing Industry of British Columbia." *The Canadian Journal of Economics and Political Science*. 16: 1-11, 146-171.

GOLDMAN, I.

1975 *The Mouth of Heaven: An Introduction of Kwakiutl Religions Thought*. NewYork: John Wiley and Sons.

GOODLAD, C.

1972 "Old and Trusted, New and Unknown: Technological Confrontation in the Shetland Herring Fishery." in R. Anderson and C. Wadel (eds.), *North Atlantic Fishermen: Anthropological Essays on Modern Fishing*. Newfoundland Social and Economic Papers No.5, Institute of Social and Economic Research, Memorial University of Newfoundland, pp. 61-81.

HAAS, J.

1972 "Binging: Educational Control among High Steel Ironworkers." in B. Greer (ed.), *Learning to Work*. Thousand Oak, California: Sage Publications, pp. 27-34.

HARDIN, G.

1968 "The Tragedy of the Commons." *Science* 162: 1243-2005.

HARRIS, D.

2001 *Fish, Law, and Colonialism: The Legal Capture of Salmon in British Columbia*. Toronto: University of Toronto Press.

橋本　裕之

1995 「『民俗芸能』における言説と身体」福島真人（編）『身体の構築学——社会的学習過程としての身体技法』ひつじ書房: pp. 143-206。

橋本　毅彦・栗山　茂久（編）

2001『遅刻の誕生——近代日本における時間意識の形成』三元社。

HUTCHINS, E.

1995 *Cognition in the Wild*. Mass.: Massachusetts Institute of Technology Press.

飯田　卓

2005 「マレーシア東海岸における小規模漁民の操業と漁種選択」『地域漁業研究』44-3: 1-22。

2008 『海を生きる技術と知識の民族誌——マダガスカル漁撈社会の生態人類学』世界思想社。

岩崎・グッドマン　まさみ

1999 「サケ資源の減少とナムギースの人びと」秋道智彌（編）『自然はだれのものか——「コモンズの悲劇」をこえて』昭和堂: pp. 65-86。

2002 「カナダ北西海岸におけるサケをめぐる対立」秋道智彌・岸上伸啓（編）『紛争の海——水産資源管理の人類学』人文書院: pp. 168-188。

2007 「サケをめぐるいまと昔——カナダ北西海岸先住民のサケ漁」『先住民による海洋資源の流通と管理』（平成15年度～18年度科学研究費補助金基盤研究（A）研究成果報告書、代表：岸上伸啓）: 93-111。

JORGENSEN, J.G.
1980 *Western Indians: Comparative Environments, Languages, and Cultures of 172 Western American Indian Tribes*. San Francisco: W. H. Freeman.

KAN, S.
1989 *Symbolic Immortality: The Tlingit Potlatch of the Nineteenth Century*. Washington: Smithsonian Institution Press.

KEW, M.
1990 "History of Coastal British Columbia since 1849." in W. Suttles (ed.), *Handbook of the North American Indian-n* vol. 7 Northwest Coast. Washington: Smithsonian Institution Press, pp. 159-168.

岸上　伸啓
1999 「イヌイットの青年・中年男性の生業離れについて――カナダ・ヌナヴィクのアクリヴィク村の事例を中心に」『民博通信』86: 67-87。

岸上　伸啓（編）
2003 『海洋資源の利用と管理に関する人類学的研究』SER（国立民族学博物館調査報告）46。

KNIGHT, R.
1996 *Indians at Work: An Informal History of Native Labour in British Columbia, 1858-1930*. Revised Edition. Vancouver: New Star Books.

KOTTACK, C.
1966 *The Structure of Equality in a Brazilian Fishing Community*. Ph.D. thesis, Columbia University.

KROEBER, A.
1923 "American Culture and the Northwest Coast." *American Anthropologist* 25-1: 1-20.

レイヴ、J．・E．ウェンガー
1993 『状況に埋め込まれた学習――正統的周辺参加』佐伯胖（訳）産業図書（Jean Lave and Etienne Wenger, 1991, *Situated Learning: Legitimate Peripheral Participation*, Cambridge: Cambridge University Press）。

LÉVI-STRAUSS, C.
1982 *The Ways of the Masks*. translated by S. Modelski, Seattle: University of Washington Press (Claude Lévi-Strauss, 1979, *La voite des Masques*, Paris: Plon).

LA VIOLETTE, F.
1961 *The Struggle for Survival: Indian Cultures and the Protestant Ethic in British Columbia*. Toronto: University of Toronto Press.

MACNAIR, P.

1971 "Descriptive Notes on the Kwakiutl Manufacture of Eulachon Oil." *Syesis* 4: 169-177.

1986 "From Kwakiutl to Kwakwaka' wakw." in R. B. Morrison and C.R. Wilson (eds.), *Native Peoples: the Canadian Experience*. Toronto: McCelland and Stewart, pp. 586-605.

前川　啓治

2000 『開発の人類学――文化接合から翻訳的適応へ』新曜社。

MASCO, J.

1995 "It Is a Strict Law That Bids Us Dance: Cosmologies, Colonialism, Death and Ritual Authority in the Kwakwaka' wakw Potlatch, 1849-1922." *Comparative Studies in Society and History* 37: 41-75.

1996 "Competitive Displays: Negotiating Genealogical Rights to the Potlatch at the American Museum of Natural History." *American Anthropologist* 98-4: 837-852.

モース、M.

1973 『社会学と人類学Ⅰ』有地亨、伊藤昌司、山口俊夫（共訳）弘文堂（Marcel Mauss, 1968, *Sociologie et Anthropologie*, Paris: Presses Universitaires de France）。

1976 『社会学と人類学Ⅱ』有地亨・伊藤昌司・山口俊夫（共訳）弘文堂（Marcel Mauss, 1968, *Sociologie et Anthropologie*, Paris: Presses Universitaires de France）。

McDOWELL, J.

1997 *Hamatsa: The Enigma of Cannibalism on the Northwest Coast*. Vancouver: Ronsdale Press.

McFEAT, T. (ed.)

1961[1992] *Indians of the North Pacific Coast*. Ottawa: Carleton University Press.

MEGGS, G.

1991 *Salmon: The Decline of the British Columbia Fishery*. Vancouver: Douglas and McIntyre.

MELTZOFF, S. and E. LIPUMA

1986 "Hunting for Tuna and Cash in the Solomons: A Rebirth of Artisanal Fishing in Malaita." *Human Organization* 45: 53-62.

MITCHELL, D.

1983 “Seasonal Settlements, Village Aggregations, and Political Autonomy on the Central Northwest Coast.” in E. Tooker (Ed.), *The Development of Political Organization in Native North America*. Washington: 1979 Proceedings of the American Ethnological Society, pp. 97-107.

MITCHELL, D. and L. DONALD

1988 “Archaeology and the Study of Northwest Coast Economies.” *Research in Economic Anthropology*, Supplement 3: 293-351.

2001 “Sharing Resources on the North Pacific Coast of North America: The Case of the Eulachon Fishery.” *Anthropologica* 43: 19-35.

三輪　千年

2000 『現代漁業労働論』成山堂書店。

MORRIS, R.

1994 *New Worlds from Fragments: Film, Ethnography, and the Representation of Northwest Coast Cultures*. Boulder: West View Press.

MUCKEE, C.

1996 *Treaty Talks in British Columbia: Negotiating a Mutually Beneficial Future*. Vancouver: University of British Columbia Press.

MUCKLE, R.

1998 *The First Nations of British Columbia*. Vancouver: University of British Columbia Press.

MUNRO, J. A. and I. McT. COWAN

1947 *A Review of the Bird Fauna of British Columbia*. Victoria: British Columbia Provincial Museum.

MURDOCK, G. P.

1936 *Rank and Potlatch among the Haida*. New Haven: Yale University Press.

NEWELL, D.

1993 *Tangled Webs of History: Indians and the Law in Canada's Pacific Coast Fisheries*. Toronto: University of Toronto Press.

OBERG, K.

1973 *The Social Economy of the Tlingit Indians*. Seattle: University of Washington Press.

小田　亮

2001 「越境から、境界の再領土化へ――生活の場での〈顔〉のみえる想像」杉島敬志(編)『人類学的実践の再構築――ポストコロニアル転回以後』世界思想社: pp. 297-321。

大村　敬一
2003　「近代科学に抗する科学」『社会人類学年報』（弘文堂）29: 27-58。
大島　襄二（編）
1977　『魚と人と海――漁撈文化を考える』日本放送出版協会。
大津　昭一郎・酒井　俊二
1981　『現代漁村民の変貌過程』御茶の水書房。
PAINE, R. (ed.)
1971　*Patrons and Brokers in the Eastern Arctic*. New Foundland Social and Economic Papers, No.2. Institute of Social and Economic Research of Memorial University of New Foundland.
PIDDOCKE, S.
1965　"The Potlatch System of the Southern Kwakiutl: A New Perspective." *Southwestern Journal of Anthropology* 21: 243-264.
ポラニー、M.
1980　『暗黙知の次元――言語から非言語へ』佐藤敬三（訳）紀伊国屋書店（Michael Polanyi, 1966, *The Tacit Dimension*, London: Routledge and Kegan Paul Ltd.）。
ROHNER, R.
1967　*The People of Gilford: a Contemporary Kwakiutl Village*. National Museum of Canada Bulletin 225 (Anthropological Series 83). Ottawa: National Museum of Canada.
ROHNER, R. (ed.)
1969　*The Ethnography of Franz Boas: Letters and Diaries of Franz Boas written on the Northwest Coast from 1886 to 1931*. Chicago: University of Chicago Press.
ROSMAN, A. and P. G. RUBEL
1971　*Feasting with Mine Enemy: Rank and Exchange Among Northwest Coast Societies*. NewYork: Columbia University Press.
SANDERS, D., STUCKEY, N., MOONEY, K. and L. DONALD
1999　"What the People Said: Kwakwaka'wakw, Nuu-Chah-Nulth, and Tsimshian Testimonies Before the Royal Commission on Indian Affairs For the Province of British Columbia (1913-1916)." *The Canadian Journal of Native Studies* 19-2: 213-248.
澤田　英三
2001　「漁業者の生態学的な認知――豊島からの報告」茂呂雄二（編）『実践のエスノグラフィ』金子書房: pp. 180-204。

SEWID, A. and V. SEWID

2008 *Canning Salmon... in the Way We Were Taught*. Victoria: Trafford Publishing.

SEWID-SMITH, D.

1979 *Prosecution or Persecution*. Cape Mudge, B.C.: Nu-Yum-Baleess Society.

苑原　俊明

2001 「先住民の権利」国際法学会（編）『日本と国際法の100年（4）人権』三省堂: pp. 130-153。

SPRADLEY, J. (ed.)

1969[1972] *Guests Never Leave Hungry: The Autobiography of James Sewid, a Kwakiutl Indian*. Montreal and Kingston: McGill Queen's University Press.

STEWART, H.

1977 *Indian Fishing: Early Methods on the Northwest Coast*. Vancouver: Douglas and McIntyre.

1993 *Looking at Totem Poles*. Vancouver: Douglas and McIntyre.

スチュアート　ヘンリ

1996 「現在の採集狩猟民にとっての生業活動の意義――民族と民族学者の自己提示言説をめぐって」スチュアート　ヘンリ（編）『採集狩猟民の現在――生業文化の変容と再生』言叢社: pp. 125-154。

1997 「マス･メディアに登場する『民族』『部族』『族』使い分けの基準は何か」青柳まちこ（編）「（資料と通信）いま人種･民族の概念を問う」『民族学研究』62-1: 108-110。

1998 「民族呼称とイメージ――『イヌイト』の創成とイメージの操作」『民族学研究』63-2: 151-159。

2002 『民族幻想論――あいまいな民族つくられた人種』解放出版社。

STORR, T.

1999 "Harry Assu Fondly Remembered at Service." *Discovery Islander*, Issue No. 18, February 12th, 1999.

SUTTLES, W.

1960 "Affinal Ties, Subsistence, and Prestige among the Coast Salish." *American Anthropologist* 62-2: 296-305.

SWARTZ, M. (ed.)

1968 *Local-Level Politics: Social and Cultural Perspectives*. Chicago: Aldine.

立川　陽仁
1999a 「クワクワカワクゥ貴族層の衰退――カナダ植民地統治期における世界観とポトラッチの変容」『民族学研究』64-1: 1-22。
1999b 「ポトラッチ研究史と将来の展望」『社会人類学年報』（弘文堂）25: 167-185。
2002a 「サケ漁業・缶詰業とレクウィルトクの経済活動――1850－1920年代」『社会人類学年報』（弘文堂）28: 79-105。
2002b 「クワクワカワクゥはいかに漁業に参入したか――企業家の誕生、活動と戦略」『文化人類学研究』3: 120-143。
2003a 「海上におけるサケの『管理』――カナダ北西海岸の先住民漁業漁師／カウンセラーに見られる行為と認識」岸上伸啓（編）『海洋資源の利用と管理に関する人類学的研究』（国立民族学博物館調査報告46）: 161-178。
2003b 「カナダ太平洋沿岸のサケ漁」『Arctic Circle』（北海道立北方民族博物館）48: 14-17。
2004a 「カナダの北西海岸先住民にとってのサケの社会･経済的な意義――現代のクワクワカワクゥ漁師の経済活動に関する事例から」『国立民族学博物館研究報告』29-2: 307-352。
2004b 「〈意味〉と〈型〉――ポトラッチをめぐるクワクワカワクゥ内外の視点」渡邊欣雄（編）『世界の宴会』勉誠出版: pp. 174-183。
2005a 「クワクワカワクゥ――『伝統』と近代を生きる人びと」富田虎男・スチュアート　ヘンリ（編）『世界の先住民族――ファースト・ピープルズの現在（07）北米』明石書店: pp. 326-339。
2005b 「サケは獲るものか､養うものか――カナダの先住民社会における『伝統』と『近代』」石井眞夫・児玉克哉（編）『民族文化の多元性を考える（三重大学COE研究報告）』: pp. 94-111。
2006a 『近代産業のなかの北米先住民――クワクワカワクゥ社会におけるサケ漁業の歴史的意義に関する人類学的研究』（東京都立大学提出、博士学位論文）。
2006b 「カナダ、バンクーバー島の先住民とサケの養殖業」『季刊民族学』118: 90-93。
2007 「リクルーター制度と労働組合――カナダ、北西海岸先住民によるサケ漁業操業を支えた経済的環境について」『人文論叢』24: 179-192。
2008a 「現代カナダにおける北西海岸先住民の生業活動――クワクワカワクゥの漁業漁師の例から」『RIKKYO American Studies』30: 77-94。

2008b 「カナダ・バンクーバー島の先住民族クワクワカワクゥとサケの養殖業——経済vs.環境をめぐる三つの次元」岸上伸啓（編）『北アメリカ先住民の社会経済開発（みんぱく実践人類学シリーズ４）』明石書店: pp. 273-300。

2008c 「アーティストの社会的地位と政治力——キャンベル・リバーのクワクワカワクゥの例から」『トーテムの物語——北西海岸インディアンのくらしと美（第23回特別展　環北太平洋の文化Ⅲ）』北海道立北方民族博物館: pp. 22-25。

TACHIKAWA, A.

2008 "Is Commercial Fishing a Traditional Pursuit? Technological Development of the Commercial Salmon Fishery and Adaptation by Kwakwaka'wakw Commercial Fishers." *Japanese Review of Cultural Anthropology* 8: 29-52.

高倉　浩樹

2000 『社会主義の民族誌——シベリア・トナカイ飼育の風景』東京都立大学出版会。

TENNANT, P.

1990 *Aboriginal Peoples and Politics: The Indian Land Question in British Columbia, 1849-1989*. Vancouver: University of British Columbia Press.

VANCOUVER, G.

1798 *Voyage of Discovery to the North Pacific Ocean and Around the World*. London: Robinson and Edwards.

VAYDA, A.

1961 "A Re-examination of Northwest Coast Economic Systems." *Transactions of the New York Academy of Science* 23: 618-624.

若林　良和

1991 『カツオ一本釣り』中央公論社。

2000 『水産社会論——カツオ漁業研究における「水産社会学」の確立を目指して』御茶の水書房。

WALENS, S.

1981 *Feasting with Cannibals: An Essay on Kwakiutl Cosmology*. Princeton: Princeton University Press.

1982 "The Weight of My Name Is a Mountain of Blankets: Potlatch Ceremonies." in V. Turner (ed.), *Celebration: Studies in Festivity and Ritual*. Washington: Smithsonian Institution Press, pp. 178-189.

ウォーラーステイン、Ｉ.

1981 『近代世界システムＩ』川北稔（訳）岩波書店（Immanuel Wallerstein, 1974, *The Modern World-System: Capitalist Agriculture and the Origins of the European World-economy in the Sixteenth Century*, NewYork, London: Academic Press）。

WOLF, E.

1982 *Europe and the People without History*. Berkeley: University of California Press.

山岡　栄市

1965『漁村社会学の研究』大明堂。

山田　千香子

2000 『カナダ日系社会の文化変容――「海を渡った日本の村」三世代の変遷』御茶の水書房。

山田　亨

2005 「ニスガーとシーシェルト――自治権を持つ北西沿岸の先住民」富田虎男・スチュアート　ヘンリ（編）『世界の先住民族――ファースト・ピープルズの現在（07）北米』明石書店: pp. 308-325。

著者紹介

立川　陽仁（たちかわ　あきひと）

1996年　東京外国語大学外国語学部卒業
1998年　東京都立大学大学院社会科学研究科（修士）修了
2003年　東京都立大学大学院社会科学研究科（博士）満期退学
2003年　日本学術振興会特別研究員（PD）、国立民族学博物館外来研究員
2004年　三重大学人文学部講師
博士（社会人類学）
現在、三重大学人文学部准教授。
専門は社会人類学。

論文：「クワクワカワクゥ貴族層の衰退——カナダ植民地統治期における世界観とポトラッチの変容」『民族学研究』64-1, 1999年。
「カナダの北西海岸先住民にとってのサケの社会･経済的な意義——現代のクワクワカワクゥ漁師の経済活動に関する事例から」『国立民族学博物館研究報告』29-2, 2004年。
"Is Commercial Fishing a Traditional Pursuit? Technological Development of the Commercial Salmon Fishery and Adaptation by Kwakwaka'wakw Commercial Fishers." *Japanese Review of Cultural Anthropology* 8, 2008年。

カナダ先住民《せんじゅうみん》と近代産業《きんだいさんぎょう》の民族誌《みんぞくし》
——北西海岸《ほくせいかいがん》におけるサケ漁業《ぎょぎょう》と先住民漁師《せんじゅうみんりょうし》による技術的適応《ぎじゅつてきてきおう》——

2009年11月10日　第１版第１刷発行

著　　者　立川陽仁
発 行 者　橋本盛作
発 行 所　株式会社御茶の水書房
〒113-0033 東京都文京区本郷5-30-20
電話 03-5684-0751
印刷／製本：東洋経済印刷

Printed in Japan

ISBN 978-4-275-00854-1 C3039